Theodor von Heuglin

Reisen in Nord-Ost-Afrika

Schilderungen aus dem Gebiete der Beni Amer und Habab nebst zoologischen

Skizzen und einem Führer für Jagdreisende - 2. Band

Theodor von Heuglin

Reisen in Nord-Ost-Afrika
Schilderungen aus dem Gebiete der Beni Amer und Habab nebst zoologischen Skizzen und einem Führer für Jagdreisende - 2. Band

ISBN/EAN: 9783743674035

Hergestellt in Europa, USA, Kanada, Australien, Japan

Cover: Foto ©Andreas Hilbeck / pixelio.de

Weitere Bücher finden Sie auf **www.hansebooks.com**

Reise in Nordost-Afrika.

Schilderungen

aus dem

Gebiete der Beni Amer und Habab

nebst zoologischen Skizzen

und einem Führer für Jagdreisende

von

M. Th. v. Heuglin.

Zwei Bände.

———

Zweiter Band.

Mit drei colorirten Tafeln und drei Illustrationen.

———————————

Braunschweig,

Druck und Verlag von George Westermann.

1877.

Inhaltsverzeichniß.

~~~~~~~~

A. Säugethiere.

Ord. Affen . . . . S. 3
Ord. Fledermäuse . . . . S. 13
Ord. Raubthiere . . . . S. 36
Ord. Nagethiere . . . . S. 57
Ord. Zahnlücker . . . . S. 86
Ord. Einhufer . . . . S. 87
Ord. Dickhäuter . . . . S. 91
Ord. Wiederkäuer . . . . S. 99
Ord. See=Säugethiere . . . . S. 135

B. Vögel.

Ord. Raubvögel . . . . S. 143
   I. Tagraubvögel . . . . S. 143
   II. Eulen . . . . S. 156
Ord. Singvögel . . . . S. 158
   I. Sperrschnäbler . . . . S. 158
   II. Dünnschnäbler . . . . S. 168
   III. Zahnschnäbler . . . . S. 171
   IV. Kegelschnäbler . . . . S. 202
Ord. Klettervögel . . . . S. 223
Ord. Tauben . . . . S. 232
Ord. Hühnervögel . . . . S. 235
Ord. Straußvögel . . . . S. 240
Ord. Laufvögel . . . . S. 240
Ord. Schwimmvögel . . . . S. 261

Verzeichniß der im nordöstlichen Afrika gebräuchlichen Benennungen der
Säugethiere und Vögel . . . . S. 271

Nachträge und Berichtigungen zur Aufzählung der Säugethiere und Vögel
des Gebietes der Beni Amer und Habab . . . . S. 287

Nachträge zum Verzeichniß der Fremdwörter, Th. I, p. 266 2c. . S. 294

Illustrationsverzeichniß.

Afrikanisches Nashorn (Rhinoceros Keitloa) . . . . S. 93

Langöhrige Gazelle (Antilope leptoceros) . . . . S. 101

Baker's Pferd=Antilope (Hippotragus Bakeri) . . . . S. 110

Gehörne von Kuh=Antilopen (Acronotus Lelwel und Acronotus

    Caama) . . . . S. 124

Kleiner Braunschwanz (Philothamna minor) . . . . . . S. 182

Ostafrikanischer Feldschnepper (Batis orientalis) . . . . . S. 194

A. Säugethiere.

Bemerkung.

Alle im Text vorkommenden Messungen beziehen sich auf den alten französischen Fuß (pied du roi).

Die hier hauptsächlich citirten Schriften sind folgende:

Rüpp. Atl.: Rüppell, Atlas zu der Reise im nordöstlichen Afrika. Frankfurt 1826.

Rüpp. N. W.: Rüppell, Neue Wirbelthiere zur Fauna von Abessinien gehörig. Frankfurt 1835.

H. et Ehr. Symb. phys.: Hemprich et Ehrenberg, Symbolae physicae. Berol. 1828—1830.

Schreb. Säugeth: Schreber, Die Säugethiere. Mit Fortsetzung und Supplementen von A. Wagner.

Heugl. Fauna R. M.: Heuglin, Fauna des Rothen Meeres und der Somali-Küste. Peterm. Geogr. Mitth. 1861, p. 11 bis 32.

Brehm, Habesch: Brehm, Ergebnisse einer Reise nach Abessinien. Hamburg 1863.

Fitz. u. Heugl. Säugeth.: Fitzinger und Heuglin, Systematische Uebersicht der Säugethiere Nordost-Afrika's. Sitzungsber. der k. k. Akad. der Wissenschaften, Wien 1866, Separat-Abdruck.

Blanf. Abyss.: Blanford, Observationes on the Geology and Zoology of Abyssinia. London 1870.

Ord. Affen (Simiae).

Fam. Schmalnasige Affen (Simiae catarrhinae).

1. Die Gueriéza, Colobus Quereza (Rüpp.).

Rüpp. N. W. t. I. — Fitz. u. Heugl. Säugeth. p. 2. — Heugl. Reise in das Gebiet des Weissen Nil, p. 329. — Heugl. Reise nach Abyssinien 1852/53. p. 33. — Heugl. Reise nach Abessinien 1861/62. p. 232. — Schreb. Säugeth. Suppl. I. p. 166.

Amchar. Gueriéza. Geez Fonges.

Ich nehme die Gueriéza unter die Säugethiere unseres Be-obachtungsgebietes im weiteren Sinne auf, weil sie sich haupt-sächlich in den Niederungen des Quellenlandes der Flüsse Takazié (Setit), Mareb (Dasch) und um die Quellen des Rahab und Dender findet; ohne Zweifel kommt dieselbe auch im oberen Barkah vor; endlich in Godscham, Damot, im wärmeren Schoa und um den Kir, wohl bis Kafa, Narea und Ourauguié. Nach Blanford (Abyss. p. 226) werden häufig Häute dieses Affen von den Bergen des Somal-Landes nach Aden gebracht. Man trifft sie nur in der Waldregion des Tieflandes und zwar stets in der Nähe von Wasserplätzen.

Sie ist von gesellschaftlichem Wesen und treibt sich fast be-ständig in den höchsten Gipfeln dichtbelaubter Bäume umher, in ungeheuren Sätzen sich von einem Ast zum anderen schwingend.

1*

Verfolgt man sie, so bergen sich diese herrlichen Thiere im Ge-
wirr von Schlingpflanzen, oder sie drücken sich fest an dickere
Aeste, falls die Oertlichkeit ein Abstehlen von Baumkrone zu
Baumkrone nicht erlaubt.

Glaubt sich die Heerde in ihren luftigen Wohnsitzen aber
sicher genug, so kläffen die Affen, den Kopf und Oberkörper tief
zwischen die aufgestemmten Vorderfüße legend, den Gegenstand
ihrer Neugierde an.

Anmerkung. In der abessinischen Provinz Agaumeder,
im Gau Matakel, findet sich nach Aussage meiner Jäger ein
Colobus, der Gueriéza in Gestalt (namentlich auch Mangel des
Daumens und in Schwanzbildung) und Lebensweise sehr ähnlich.
Derselbe unterscheidet sich durch dunklen Kopf mit weißer Binde
über die Schläfe und durch rauhborstige Behaarung des Rückens,
die sowohl in Bezug auf Bildung als Farbe derjenigen von
Oreotragus saltatrix gleichen soll.

Einen anderen, wohl auch zur Gattung Colobus gehörigen
Affen vom Niamniam-Lande beschrieb ich unter der Benennung
C. diadematus (vielleicht identisch mit der eben erwähnten Form
aus Agaumeder). In denselben Gegenden, um die westliche Wasser-
scheide des oberen Nil, lebt ferner eine dem Gorilla und Schim-
panse nahe verwandte Art, die paar- und familienweise auf
Hochbäumen längs einiger größerer, nach Nordwest abfließender
Ströme haust und ungeheure Nester und Schirmdächer zwischen
Astgabeln anlegt. Die Niamniam nennen dieses von ihnen
wegen seiner ausnehmenden Kraft und Wildheit gefürchtete Thier
M'bän. Die Färbung ist olivenbraunschwärzlich mit weißlichem
Gesäß. Gesicht nackt, Oberseite der Hände mit einzelnen schwar-
zen Haaren besetzt.[1]

----

[1] Vergl. Heuglin, Reise in das Gebiet des Weißen Nil, p. 208. —
Könnte identisch sein mit Troglodytes niger, Geoffr.

2. Die graugrüne Meerkatze, Cercopithecus griseo-viridis (Desm.).

C. *griseus*, Fr. Cuv. Mammif. t. 20. — C. *sabaeus*, Is.
Geoffr. — Wagn. Schreb. Säugeth. Suppl. I. p. 115, u. V.
p. 39. — Fitz. u. Heugl. Säugeth. p. 3. — Heugl. Fauna
R. M. Nr. 2. — Brehm, Habesch, p. 72. — Blanf. Abyss.
p. 224. — Heugl. Reise nach Abessinien 1861/62. p. 172.
— Wagn. Schreb. Säugeth. Suppl. I. p. 114.

Arab. Abu Leng oder Lang, auch Abaleng. Amhar.
Tota. Tigr. Wag oder Woág. Masaua. Wagié. Nach Ludolf
auf Geez χalestejo, was wahrscheinlich Wildesel bedeutet.

Diese allbekannte Meerkatze bewohnt meist in größeren Gesellschaften die abessinischen Tiefländer, den Fuß des Ost-Abfalls
der Berge gegen Masaua hin bis zum oberen Anseba, namentlich
die Wasserplätze um den Taranta, bei Ailet und Azuz, ferner
das südliche Nubien nordwärts bis gegen Abu Hamed, den
Blauen und Weißen Nil sowie Ost-Kordofan.

Tritt an den Gebirgsbächen Wassermangel ein, so wandern
die dort ansässigen Meerkatzen über die Zeit der Trockenheit aus.
Sie lieben vorzüglich baumreiche Gegenden, namentlich solche,
wo viel wildes Steinobst (Rhamnus, Balanites ꝛc.) wächst,
deren Früchte sie besonders gern genießen.

Anmerkung. Nicht in unserem engeren Beobachtungsgebiet vorzukommen scheint Cercopithecus ruber, Gm., der im
westlichen Afrika heimisch ist, sich aber bis Kordofan und Senar
ostwärts erstreckt. Im östlichen Sudan heißt die rothe Meerkatze Abulang ah'mar, nach Rüppell in Kordofan Nango.

Eine angeblich aus Dar For stammende, ähnlich aber bunter
gefärbte, ansehnlich größere Art beschreibt Ehrenberg als Cercopithecus pyrrhonotus. — Von dieser wiederum verschieden
scheint eine prachtvolle Meerkatze, von welcher ich ein lebendes
Exemplar aus Fazoql erhielt und welche ich später im Freileben

in den Ebenen zwischen dem Kir und Kosanga-Fluß öfter zu beobachten Gelegenheit hatte. Ihr wurde die unpassende Benennung Cercopithecus poliophaeus beigelegt. Dieselbe muß in C. poliolophus umgeändert werden. Diese Art ist dem C. pyrrhonotus nächst verwandt, jedoch von noch ansehnlicherer Statur, mit sehr langem, wallendem grauen Mantel, dieser beim jüngeren Männchen weniger entwickelt und von mehr dunkel rußgrauer Färbung. Gesicht schwarz, die Oberlippe mit deutlichem weißen Bart; Oberseite des Schwanzes glänzend und dunkel purpurbraunroth; Kranzhaare der lebhaft spangrünen bis türkisblauen Geschlechtstheile glänzend safrangelb; Gesäßschwielen vom schönsten Rosenroth. Das Weibchen kenne ich nicht.

In Abessinien erzählte man mir von einer weißen Meerkatze mit schwarzen Gesäßschwielen, die gesellschaftlich auf Bäumen zwischen Tselemt und Mai-Tsahlo heimisch sein soll. Sie wird dort Tota benannt, wie Cercopithecus griseo-viridis.

Der Hundsaffe, Inuus ecaudatus, Linn., kommt hier und da durch Pilger oder Karawanen aus dem nordwestlichen Afrika (Algerien) nach Egypten. Er heißt dort Nisnás (d. h. Menschengesicht). Ich bezweifle sehr die Angabe Rüppell's, daß diese Art auch in den Oasen der libyschen Wüste heimisch ist. In Algerien wird sie Sadi und Gird benannt.

Der Tschelada, Theropithecus Gelada, Rüpp. (arab. Tselada, nicht Gelada), sowie mehrere Verwandte dieses Pavians, nämlich Theropithecus obscurus, Heugl. (amch. Toqur Zendsero, d. i. schwarzer Pavian) und Theropithecus senex, Puch., leben ausschließlich in den abessinischen Hochgebirgen.

Vermuthlich ist Th. senex derjenige Erdpavian, welcher mir Unquelal (von Unqolaleh, das Ei) benannt wurde. Kleiner als der Tschelada, von weißlicher Farbe, hat er keinen nackten Brustfleck und lebt in Felsen des Schoada-Thales am Südwest-Abhang von Semién.

Eine noch kleinere Art wurde mir Tane⸗ Zendšcro (d. i. Zwerg=Pavian) benannt, eine dritte, mit kleinem, plattem Gesicht und von dunkel braunschwärzlicher Farbe, kommt nach Schimper im District Qamo in Tsagabié vor.

3. Der graue Pavian, Cynocephalus Hamadryas (Linn.).

Wagn. Schreb. Säugeth. Suppl. I. p. 153 u. V. p. 62. — Ehr. Symb. phys. II. t. 11. — Heugl. Fauna R. M. p. 12. — Fitz. u. Heugl. Säugeth. p. 5. — Brehm, Habesch, p. 81. — Blanf. Abyss. p. 222. — Brehm, Thierleben, I. p. 75. — Schreb. Säugeth. Suppl. I. p. 153.

Heißt bei den Arabern des Rothen Meeres Robah'; in Egypten Qird. Geez Hebej. Tigr. und amchar. Žindšcro. Bel. Djogura. Halenga=Dialekt H'awóleh. Masauan. Kombai. Danak. Domātu. Som. Dajer. Nach Rüppell in Kordofan und Dar For Farkale.

Der graue Pavian scheint den 19. Grad nördl. Br. kaum zu überschreiten. Hemperich und Ehrenberg trafen ihn aber noch in den Gebirgen der Wehabiten und bei Oonfudah in Arabien. Hier reicht er südwärts bis zum Bab el Mandeb und Aden. Seine östliche Verbreitung ist mir unbekannt. Auch im nörd= lichen Somal-Gebiet soll sich derselbe noch finden. Häufig trifft man ihn im Lande der Danakil, am Ost=Abfall der abessinischen Gebirge, im östlicheren Habesch, hier zuweilen bis über die Woina Dega ansteigend (8000 Fuß Meereshöhe); im Gebiet des Anseba und Barkah, bis nach Kasalah hinüber; angeblich endlich auf einigen Felsinseln des Rothen Meeres. Ueber sein Vorkommen nördlich vom Barkah habe ich niemals sichere Kunde erlangen können. Nach Rüppell wäre endlich diese Art auch in Senar, Kordofan und Dar For heimisch, wo ich ihr weder im Freileben begegnet bin, noch sie in Gefangenschaft gesehen habe.

Lebt in Familien und Gesellschaften von zehn bis hundert und mehr Individuen beisammen, doch scheint die Zahl der alten Männchen stets geringer als diejenige der Weibchen. Jedes Rudel hat seine besonderen Standorte, von wo aus die Thiere unter Anführung eines alten Männchens, des Schech, wie sich die arabischen Jäger ausdrücken, weite Streifzüge unternehmen. Zeitig am Abend, und stets noch vor Sonnenuntergang, finden sie sich aber wiederum in ihrer eigentlichen Ansiedlung ein, meist auf hohen isolirten Felsgruppen mit senkrechten Wandungen und überhängenden Gesimsen oder Höhlen, von wo sie sich selbst bei vielfältiger Verfolgung nicht auf lange Zeit vertreiben lassen.

Während der heißen Jahreszeit kommt die ganze Heerde sowohl in den Vormittags= als in den Abendstunden zur Tränke und nur durch eintretenden Wassermangel sieht sich die Gesell=schaft zuweilen veranlaßt, ihre Standorte zu verlassen. Bei Wanderungen halten diese Thiere immer ihre gewohnten Wechsel ein, welche längs der steilen Felsgehänge auf schmalen Absätzen hinführen; sie überschreiten aber auch weite Thäler und Hoch=ebenen. Eigentliche Hochbäume besucht der graue Pavian nicht, dagegen benutzt er überhängende Wurzeln und Stämme zu sei=nem Auf= und Absteigen an den Berglehnen und klettert wohl, um Rundschau zu halten, hier und da auf einen niedrigen Ast.

Die Nacht bringt er, wie gesagt, womöglich in Höhlen, Klüften oder unter Felsvorsprüngen an möglichst steilen und geschützten Orten zu. Dort drängt sich die Familie dicht zu=sammen. Ist die Luft kühl, so zieht er nicht früh auf Nahrung aus, sondern wärmt sich an vor Wind geschützten Stellen be=haglich im Sonnenschein. Gegen Regen und Kälte ist das Thier höchst empfindlich.

Die Nahrung der Paviane besteht in saftigen Kräutern, Halmen, Knospen, Zwiebelgewächsen, Wurzeln, Leguminosen, wilden Feigen und Steinfrüchten, Getreide aller Art, Oelsamen

u. dergl., mit Vorliebe verzehren sie jedoch auch Larven aller
Art, namentlich diejenigen großer Käfer, ferner Ameisen, Puppen,
Schnecken und Würmer, zuweilen fangen sie Heuschrecken, Spinnen, Käfer und Schmetterlinge; sie berauben die Nester, gleich-
viel ob dieselben Eier oder Junge enthalten, und fressen gelegentlich auch kleinere und junge Säugethiere. Ueberhaupt scheint
ihnen von Zeit zu Zeit animalische Nahrung Bedürfniß zu werden. Beim Anblick von Schlangen und großen Eidechsen legen
sie eine entsetzliche nervöse Aufregung und einen derartigen Schreck
an den Tag, daß sie eine Zeit lang sich nicht von der Stelle zu
rühren vermögen. Auch meidet der Pavian, wie die meisten
Affen, in nähere Berührung mit tieferem Wasser zu kommen,
obwohl sie sonst nicht selten Beweise von großer Kühnheit und
Geistesgegenwart liefern. Ueber die Lebensweise schreibt namentlich Brehm sehr anziehend und ausführlich. Nie habe ich gehört,
daß der Hundskopf-Pavian, sei er einzeln oder in Gesellschaft,
den Menschen angreife, vorausgesetzt, daß er nicht etwa schwer
verwundet in die Enge getrieben wird. In solchen Fällen ver-
theidigt er sich mit seinen fürchterlichen Eckzähnen und unter
grimmigem Bellen und wüthendem Geschrei aufs Aeußerste.
Angeschossene Thiere entleeren sofort eine große Menge des In-
halts der Eingeweide. Man sagt, daß diese Affen, wenn sie sich
in ihre Schlupfwinkel verfolgt sehen, die Angreifer durch einen
förmlichen Steinhagel fernzuhalten suchen. Auch dies ist mir bei
vielfacher Begegnung mit Pavianen nicht vorgekommen, dagegen
habe ich gesehen, wie sie an steilen Gehängen Steine losmachten
und herabrollten, und endlich, daß sie zuweilen bis kopfgroße
Felsbrocken zu werfen versuchten, jedoch stets nach rückwärts,
d. h. mit nach mir zugekehrtem Rücken und abwärts. Um sich
von der Wirkung ihrer Geschosse zu überzeugen, neigten sie den
Kopf gegen den Boden und sahen zwischen den Hinterfüßen durch.
Ich glaube nicht, daß ein Affe im Stande sei, irgend einen

schwereren Gegenstand mit großer Gewalt in horizontaler oder aufsteigender Richtung vorwärts zu schleudern.

In Gesellschaft anderer Arten sind wir dem grauen Pavian nicht begegnet, dagegen haben wir gesehen, wie eine Truppe von Hamadryaden zugleich mit mehreren Familien von Tscheladas auf einer und derselben Ebene ruhig ihrer Nahrung nachging, ohne sich scheinbar um ihre Nachbarn zu bekümmern. Beide Gesellschaften waren eifrig beschäftigt, größere Steinblöcke umzu= wenden, um sich der darunter befindlichen Insecten, Larven und Schnecken zu bemächtigen. Einmal war ich dagegen Augenzeuge eines Ueberfalls, den eine Heerde von Hunderten von Pavianen auf das Getreidemagazin eines kleinen Strohhüttendorfes machte. Sie schlichen im Schutz einer Bergwand in größter Stille an, erbrachen das niedrige Dach und füllten hastig die Backen mit Korn; natürlich fielen die Dorfbewohner unter Geschrei, Stein= und Lanzenwürfen über die Plünderer her, die selbstverständlich die Flucht ergriffen, aber zum Theil noch versuchten, in aller Eile einiges Getreide in den über die Brust gekreuzten Armen mit sich fortzuschleppen.

Der Pavian braucht sehr lange Zeit, bis er ganz ausge= wachsen ist; doch pflanzen sich auch jüngere Individuen bereits fort. Die Weibchen kommen mindestens drei oder vier Mal im Jahr in Brunft und werfen deshalb auch nicht gleichzeitig.

Der vorzüglichste Feind dieser Thiere ist der Leopard und der Hyänenhund.

Die Abessinier bedienen sich hier und da der dicht behaarten Felle der alten Männchen als Pelzwerk; sonst wird ihnen im Allgemeinen nicht nachgestellt, obgleich sie viel Schaden in Gersten= und Erbsenfeldern anrichten.

Man erlegt den Pavian am sichersten auf dem Anstand bei den Trinkplätzen, die er regelmäßig zu besuchen pflegt. Auch sind die Hamadryaden dort, wo sie nicht systematisch verfolgt werden, keineswegs schüchtern und menschenscheu. Zu Pferde kamen wir öfter an größeren Gesellschaften vorüber, die sich kaum durch die Gegenwart von Menschen in ihren Beschäftigungen und Spielen stören ließen. Mehrere Male wurden große Gesellschaften dieser Thiere von meinen Jägern mit Einbruch der Nacht auf ihren heimathlichen Felsen heimgesucht, wo man eine Menge von den höchsten Vorsprüngen herabschießen konnte. Der Lärm, den die aufgeschreckten und beschossenen Thiere in solchen Fällen machen, ist ein wahrhaft entsetzlicher, ein wüthendes Bellen, Fauchen, Heulen, dazwischen das Wimmern und Angstgeschrei der Jungen und ihrer sorgsamen Mütter.

Angeschossene Paviane suchen sich zuweilen abzustehlen oder zwischen Klüften zu verstecken; auch bin ich fast gewiß, daß sie, wenn es möglich ist, von ihren Gefährten noch weggeschleift und in Sicherheit gebracht werden.

Anmerkung. Im südlichen Abessinien, namentlich im Gebiet der Wolo-Gala, trafen wir häufig noch eine zweite Art von Cynocephalus an, von der ich aber leider nur ein jüngeres Individuum erlegen konnte. Dieser Pavian heißt bei den Eingeborenen Netšo oder Netš-Zendšero, bei den Gala Gewerié. Er geht höher in die Gebirge als der graue Pavian, ist stärker bemähnt, heller von Farbe, hat theilweise nackte, rosenrothe Keulen, ebenso gefärbtes Gesicht und Schwielen, sowie einen dunklen Ring um die Augen. Ich habe ihn C. Netscho benannt.

Im Nil-Gebiet nordwärts bis zur Baiuda-Steppe, in Senar und Kordofan ostwärts bis Qalabat und Takah, südwärts aber Fazoql noch überschreitend, haust ebenfalls gesellschaftlich und zumeist auf Felsen lebend der Babuin, Cynocephalus Babuin, Desm. (*C. Anubis*, Fr. Cuv.), der von Peters auch in Mozambique aufgefunden wurde. Er heißt im Sudan Qird, nach Rüppell in Senar Bedír, in Syrien S'adān, türkisch Maimun, wie Cynocephalus Hamadryas.

Rüppell läßt den Babuin auch am Tana-See und in der

Gnola (Tiefland von Habesch) vorkommen, verwechselt ihn aber
wohl theilweise mit Cynocephalus porcarius, Bodd., den wir
im nordwestlichen Abessinien, sowohl in tiefer gelegenen Districten
als im Gebirge bis auf 9000 Fuß Höhe, endlich auch in großer
Zahl auf den Schiluk-Inseln im Weißen Nil angetroffen haben.
Es war mir nicht möglich, die von mir eingesammelten Bälge
und Schädel der Dokerié, wie dieser Pavian von den Abessiniern benannt wird, mit den nächst verwandten Arten zu vergleichen. Fitzinger erklärt ihn für identisch mit C. porcarius,
der sich durch schwärzere Extremitäten, intensivere, mehr oliven-
grüne Färbung des Pelzes und längeren Schwanz von C. ursi-
nus, Penn., unterscheide. Pucheran dagegen hält den abessinischen
Schwein-Pavian für eine besondere Species, welche er Cynocephalus Doquera benennt.[1]

Fam. Halbaffen (Prosimii).

Aus der Familie der Halbaffen (Prosimii) findet sich im
Gebiet des Weißen und Blauen Nil sowie in Kordofan nicht
selten der gemeine Galago (Otolienus galago, Schreb. — O.
senegalensis, Geoffr. — O. Teng, Sund. — O. Moholi, A. Smith),
von den Sudan-Arabern Ten oder Teng benannt.

Dieses niedliche Thier mit seinen großen, feurigen, hoch-
rothen Augen und eigenthümlich schließbaren Ohren lebt familienweise auf Hochbäumen, vorzüglich auf alten Tamarinden längs
der Ströme und Wildbäche; seine Nahrung besteht in Gummi,
Früchten, Körnern, vorzüglich aber in Insecten. Er führt eine
vollkommen nächtliche Lebensweise und verräth seine Gegenwart
oft durch sein gecko-artiges Geschrei. Ob der Teng in unserem
engeren Beobachtungsgebiet vorkomme, weiß ich nicht zu sagen.

[1] Rev. et Mag. de Zool. 1856. p. 96. et 1857. p. 250.

In den Wäldern des Kir trifft man noch eine zweite, größere, rostbräunlich gefärbte und dickschwänzige Art, wohl Otolienus crassicaudatus, Geoffr., im Niamniam = Lande, den Zwerg = Galago, Otolienus Demidoffii.

Ord. Fledermäuse (Chiroptera).

Das nordöstliche Afrika beherbergt eine ungewöhnlich große Artenzahl von Fledermäusen; in Egypten sind es namentlich die Gattungen Taphozous, Nycteris, Plecotus, Rhinopoma und Rhinolophus, welche auch an Individuen reich vertreten sind und meistens in alten Gräbern, Moscheen, Katakomben, Felsentempeln und im Innern der Pyramiden wohnen. Die einzelnen Arten halten sich hier streng an gewisse Oertlichkeiten und mischen sich selten unter andere.

Weiter im Süden herrschen die Baum= und Waldfledermäuse vor, die — wenige Formen ausgenommen — meist nicht sedentär sind, eine Art von Wanderleben führen und sich während der Regenzeit nur selten zeigen.

Das Wandern wird hauptsächlich durch die Nahrung bedingt. Die Flughunde (Pteropus) leben fast ausschließlich von Früchten und schweifen, je nachdem sie in einer Gegend viel reife Sykomoren, Cordien, Doleb=Nüsse (Borassus) u. dergl. finden, meist gesellschaftlich weite Reisen dahin. Sie schwärmen und ziehen zur Nachtzeit, sehen aber auch bei hellem Sonnenschein vortrefflich und sind, kühle Morgen ausgenommen, den ganzen Tag über lebhaft und mit Fressen beschäftigt, ohne jedoch ihre einmal eingenommenen Standorte gern zu verlassen, bis die betreffenden Bäume ihrer Erzeugnisse vollkommen beraubt sind. Dann zieht die Schaar plötzlich weiter und es können Monate und Jahre vergehen, bis man sie wieder auf derselben Stelle findet.

In vielen Gegenden Abessiniens folgen die kleineren raub=

fressenden Fledermäuse den Viehheerden vom Gebirg zum Tiefland und umgekehrt, weil letztere stets von großen Schwärmen
von Fliegen und Schnaken begleitet werden. Während des
Tages suchen diese Flatterthiere in Klüften, Baumhöhlen, unter
überhängenden Wurzeln und unter Blattscheiden der Palmen,
viele sogar in den Nestern von Webervögeln Schutz, nur selten
dagegen verkriechen sie sich in die Strohhütten der Eingeborenen,
woselbst sich bekanntlich auch der Sperling nicht heimisch fühlt.
Anders ist es in den Hafenstädten des Rothen Meeres, wo man
das ganze Jahr über Fledermäuse in größerer oder geringerer
Anzahl findet, welche in Moscheen, alten Gebäuden aus Madre-
porenkalk und Magazinen taugliche Wohnplätze finden und wo
es ihnen niemals an Nahrung gebricht. Doch ist die Mannig-
faltigkeit der speciell hier vorkommenden Arten eine sehr beschränkte.

Fam. Flederhunde (Chiroptera frugifera). [1]

Aus dieser Familie kann ich keine in unserem Beobachtungsgebiete vorkommende Art anführen, obgleich eine solche hin und
wieder im oberen Anseba-Thal und seiner Umgebung erscheinen
soll. Mein abessinischer Jäger Gebra Giorgis, ein aufmerk-
samer Beobachter und Kenner aller Säugethiere und Vögel seiner
Heimath, versicherte mich, mehrmals größere Flüge von Fleder-
hunden unfern Keren gesehen zu haben, welche höhere Gesträuche,
die eben reife Beeren und Steinfrüchte trugen, plünderten.

Anmerkung. Wir kennen von nordostafrikanischen Fleder-
hunden folgende Arten:

Pteropus stramineus, Geoffr. — Wagn. Schreb.
Suppl. V. p. 603. — Fitz. u. Heugl. Säugeth. p. 8. —

---

[1] Die Fledermäuse heißen auf Arab. Wutwāt und Abu Rughea.
Som. Fi-mer. Dent. Hari-Kumbaro. Amch. Jollēt und Ja Lelit wof.
Tigr. Ol-Leiti und Aura. Bel. Qerka lareb.

Pteropus palmarum, Heugl. (?) — Heugl. Verh. Leop. Carol. Akad. 1865. Heft 5. Nr. 3 u. 4. (Ob diese Art wirklich identisch sei mit Pt. stramineus, wage ich ohne besondere eingehende Vergleichung beider Formen nicht zu bestimmen. Letztere ist mir aber unmöglich, da die Originaltype von Pt. palmarum sich nicht mehr im Stuttgarter Museum befindet.)

Namentlich in der Region der Doleb=Palme, sowohl längs des Blauen als des Weißen Nil zwischen dem 9. und 14. Grad n. Br. Lebt gesellschaftlich und frißt sich oft dergestalt in die großen Doleb=Nüsse ein, daß er beim Herunterschießen derselben mit zur Erde fällt.

Pteropus leucomelas, Fitz. — Fitz. Chiroptera p. 77. Wohl kaum specifisch von Pt. stramineus trennbar und gleiche Wohnorte innehabend.

Pteropus Geoffroyi, Tem. — Wagn. Schreb. Säugeth. Suppl. V. p. 603. — Fitz. u. Heugl. Säugeth. p. 8.

In Egypten. Colonienweise in Felsspalten wohnend und Nachts, namentlich bei hellem Mondschein, stets in Bewegung. Plündert mit Vorliebe wilde Feigen.

Pteropus (Epomophorus) labiatus, Tem. — Tem. Monogr. II. p. 83. t. 39. — Fitz. Chiropt. II. p. 8.

Aus Abessinien: Botta.

Hierher rechne ich mit einigem Zweifel einige von mir im Thal des Beleqaz=Flusses in Central=Abessinien eingesammelte Exemplare, die Dr. Fitzinger zu Pt. schevanus zählt.

Die Färbung ist licht graugelb ins Hirschbräunliche; Bauchmitte heller, weißlich; zu jeder Seite des Ohres befindet sich ein weißer Haarbüschel. Beim Männchen liegen die Brustwarzen in einer Brusttasche, welche mit schneeweißen Haaren ausgekleidet ist; auch der Rand dieser eigenthümlichen Tasche ist weiß. Auge groß, hell erdbraun, der verdeckte (innere) Theil des Augapfels weiß; Gesicht hundeartig; Oberlippen seitlich frei und hängend; die Kiefer öffnen sich ungemein weit; die Lippen sind namentlich nach vorne zu hängend, oben und unten faltig und schwulstig; Ohr klein, am Hinterrand mit einem unbedeutenden stumpfen Ausschnitt; Nase wenig gespalten; Nasenlöcher u förmig; Nasenrücken in der Mitte etwas gewölbt; Stirn abschüssig; im Gaumen 6 bis 7 Falten, deren letzte mit vorwärts gerichteten Zähnen, die drei hintersten in ihrer Mitte getheilt; Zunge groß, weich, musculös und sehr fleischig, mit Eindrücken der Gaumenfalten und rückwärts gerichteten Häkchen an der Spitze; der Magen besteht eigentlich nur in einer geringen Erweiterung der Eingeweide und ist derselbe sehr in die Länge gezogen; ersterer war übrigens bei den von mir untersuchten Exemplaren ganz leer. — Körperlänge circa 5″. Kopflänge gegen 1″ 8‴. Ohrhöhe 6‴ bis 6½‴. Vorderarm 2″ 5‴ bis 2″ 6‴. Daumen mit Nagel 1″ 1‴. Zeigefinger mit Nagel 1″ 10,5‴. Hinterstes Glied des Mittelfingers 1″ 10‴. Nächstes Glied desselben 1″ 2‴.

Lebt paarweise, wohnt in Felsspalten, hohlen Bäumen und unter Luft-Wurzeln von Ficus-Arten, fliegt auch bei Tage und hängt sich mit den Hinterfüßen an Aeste an.

Dieser Art sehr ähnlich ist:

Pteropus (Epomophorus) anurus, Heugl. — Heugl. Verh. Leop. Carol. Akad. V. XXXI. — Fitz. Chiropt. II. p. 5.

Unterscheidet sich von meinem Pt. labiatus durch viel spitzeren Kopf, weit weniger verlängerte, also mehr zurückstehende Unterlippe, die vom Rand der Oberlippe seitlich nicht überragt (umhüllt) ist, durch gerades, nicht abgesetztes Stirn= und Nasenprofil,[1] höher angesetzte, spitzere und längere Ohren ohne Ausbuchtung auf der Oberhälfte des hinteren Randes, etwas abweichende Körperverhältnisse, endlich durch die tief eingeschnittene Oberlippe, trichterförmig erhabene Nasenlöcher und zwei Falten in den Oberlippen, die den Lippenrand nicht erreichen.

---

[1] Es liegen mir nach dem Leben gefertigte Zeichnungen beider Formen vor, die unbedenklich ihre artliche Verschiedenheit darthun.

Auch bei dieser Art zeigt das Männchen Brusttaschen, die weiß ausgefüttert, am Rande aber mit großen weißen Haarbüscheln bekleidet sind. Bei Pteropus labiatus ist das äußere Daumenglied weit weniger weit von der Flughaut umhüllt, als bei Pt. anurus, der Daumen selbst viel kürzer, sein Nagel weit schwächer, weniger gekrümmt und heller gefärbt.

In der Färbung kein namhafter Unterschied, nur hat Pt. anurus viel dunklere Flughäute. Letzterer mißt: Ganze Länge 5″ 3‴. Vorderarm 2″ 9‴ bis 3″. Daumen mit Nagel 1″ 2‴ bis 1″ 3‴. Zeigefinger mit Nagel 2″ 1‴ bis 2″ 2‴. Wurzelglied des Mittelfingers 2″ bis 2″ 2‴. Das Mittelglied des Mittelfingers 1″ 2‴.

Bei Vergleichung der Schädel von Pteropus labiatus und Pt. anurus stellt sich folgender Unterschied heraus. Pt. labiatus hat kleineren, schmäleren Kopf, ein viel kürzeres Schnauzentheil, letzteres an der Spitze niedriger, beträchtlich steiler abgedacht; die Wirbelgegend höher, bauchiger, der obere Rand der Augenhöhlen niedriger liegend, die Lücken zwischen den 3 vorderen Backenzähnen größer, die obere, vordere Fläche der Hirnkapsel (des Stirnbeines) schmäler, dagegen weit mehr nach dem Scheitelbeine in die Länge gezogen, also nach hinten weit spitzwinkliger, die Zähne schwächer.

Schädel von:	Pt. labiatus	Pt. anurus
Länge	1″ 6,8‴	1″ 9,5‴
Größte Breite	—″ 10‴	—″ 11,2‴
Schnauzentheil vom vorderen Rand der Augenhöhle	—″ 7,8‴	—″ 9,1‴
Geringste Breite der Stirn zwischen dem Oberrand der Augenhöhlen	—″ 3‴	—″ 4‴
Größte Höhe des Unterkiefers am Kronfortsatz	—″ 5,5‴	—″ 6,3‴
Länge des Unterkiefers	1″ 2,5‴	1″ 5‴

Pteropus (Epomophorus) schovanus (Heugl. et Rüpp.) Rüpp. Mus. Senkenb. III. p. 131. — Wagn. Schreb. Säugeth. Suppl. V. p. 608. (*Pt. schoënsis*). — Fitz. Chiropt. II. p. 19. — *Pt. labiatus* jun. (Peters).

Aus Schowa. Ich glaube die Benennung schoënsis in schovanus umändern zu dürfen. Schoa, Shoa, χoa der Schrift=steller wird äthiop. Siéwa, amch. aber Schowa oder Schewa geschrieben.

Fam. Blatt=Nasen (Istiophora).

4. Die Hohlnase, Nycteris labiata (Heugl.).

Heugl. Verh. Leop. Carol. Akad. 1861. Separ.-Abdr. p. 5.

In der Gegend von Keren im Bogos=Gebiet sammelte ich im Monat Juli und October mehrere Hohlnasen ein, welche von Prof. Dr. Peters als thebaica bestimmt wurden. Die Form des Bogos=Landes übertrifft die egyptische an Größe; auch Färbung und Nasenschmuck dürften etwas abweichen. Scheitel, Nasengegend, Behaarung des Oberarmes und Unterleib weißlich; Augengegend, ein Streif hinter dem Auge bis zum Ohr, Stirn, Nacken und Oberseite des Rumpfes mausgrau; Seiten des Halses und Schultern lebhaft graulich=rostfarben angehaucht, Ohren hell und licht rauchschwärzlich, fein schwarz gesäumt; innen zart und lang behaart; Flughaut braunschwärzlich; Lippen fleischfarbig, an den Wurzeln der Barthaare violett punktirt. Ganze Körperlänge 2″. Flugweite 10″ bis 11″. Schwanz 2″ bis 2″ 2‴. Ohrhöhe 1″ 1‴. Ohrbreite 9‴. Kopflänge 9‴ bis 10‴.

Eine ähnliche Hohlnase ist mir auch in Felsgräbern und Höhlen in Abessinien aufgestoßen.

Nycteris thebaica fand ich in großer Menge in den

Ruinen und Katakomben von Oberegypten; Nycteris Geoffroyi, Desm., soll in Senar vorkommen, N. discolor, Wagn., im nörd= lichen Nubien.

5. Die Zwerghufeisennase, Rhinolophus minimus .(Heugl.).

? *R. Hippocrepis*, Wagn. Schreb. Säugeth. Suppl. V. p. 672. — *Rhinolophus minimus*, Heugl. Verh. L. Carol. Akad. 1861. Sep.-Abdr. p. 6.

Professor Peters bestimmte eine von mir im Bogos=Land eingesammelte und als Rh. minimus beschriebene Hufeisennase als Rh. Hippocrepis. Aber mein Thier scheint doch in einigen Stücken von der europäisch=asiatischen Form abzuweichen, abge= sehen davon daß es beträchtlich geringere Körperverhältnisse zeigt. Der Rand des äußersten Nasenblattes ist bei Rh. minimus nicht gezähnt, breiter und weniger in die Länge gezogen, unten in der Mitte wohl etwas eingeschnürt aber nicht gespalten, am oberen Rand, jederseits unmittelbar unter dem Prosthema mit einem kreisrunden Ausschnitt; Prosthema selbst, wohl mit der Sella verbunden, jedoch am unteren Rand umgeschlagen; die Nasen= löcher stehen dem unteren Rand des Blattes viel näher, ihre breite Oeffnung steht nach unten, von wo aus sich die Nasen= ritzen bogig nach aus= und aufwärts ziehen; das Ohr zeigt keine Längsfurchen, sondern nur oben am Außenrand 5 bis 6 undeut= liche Querfalten; unter und hinter dem breiten und tiefen lappen= artigen Ausschnitt an der Wurzel des Außenrandes des Ohres eine in den Gehörgang eingesenkte Wulst, welche die Stelle des Tragus vertritt. Behaarung sehr fein, licht mausgrau, dem Hinterrücken zu etwas dunkler; Lippen fleischfarbig, die Unterlippe fast nackt, obere und untere Lippe in ihrer Mitte gespalten; Flughäute und Ohren sehr zart, durchscheinend, hell rauchgrau ins Fleischfarbige; Innenseite der Flughäute zwischen den Armen

2*

und Füßen mit regelmäßigen Reihen von kleinen Wärzchen und einzelnen sehr feinen Haaren. Körperlänge 1″ 2‴ bis 1″ 3‴. Schwanz 11‴. Flugweite 8″ 8‴. Vorderarm 1″ 3½‴. Ohrhöhe fast 6½‴.

6. Die südliche spitzkammige Hufeisennase, Rhinolophus acrotis (Heugl.).

Heugl. Verh. Leop. Carol. Akad. 1861. Sep.-Abdr. p. 10. — *Rh. clivosus*, Peters, Mus. Stuttg.

Im Bogos-Gebiet.

Sehr ähnlich dem Rh. clivosus, aber größer und dunkler gefärbt. Nasenblatt breiter als hoch, unten etwas eingeschnitten, unter seinem Rand rundum eine regelmäßige Reihe von kleinen Wärzchen; Sattel oben nicht zugespitzt, sondern gerade abgestumpft. Hell mausgrau, Unterseite etwas lichter; Flughäute, Ohren und Nasenbesatz fleischfarbig ins Grauliche; Nägel hell fleischfarbig mit weißlicher Spitze und rostbraunem Fleck in der Mitte; Zehenrücken mit feinen, weißlichen, borstigen Haaren besetzt. Körperlänge 2″. Schwanz 1″ 3‴. Ohrhöhe 9¼‴. Vorderarm 1″ 9‴. Flugweite 13″.

7. Die großohrige Hufeisennase, Rhinolophus megalotis (Heugl.).

Phyllorrhina megalotis, Heugl. Verh. L. Carol. Akad. 1861. Sep.-Abdr. p. 8.

Aberrante Form. Ohren durch eine niedrige Hautfalte vereinigt; Nasenbesatz aus einem einfachen Hufeisen bestehend; in der beckenartig vertieften Nasengrube drei Fleischläppchen, zwischen denen die Nasenlöcher sich befinden; diese Läppchen dienen wohl zum Verschließen der Nasenöffnung und der Schmuck des Nasenblattes erhält dadurch eine regelmäßige Ankerform; dahinter befindet sich der mit 4 nach vorne gerichteten Wärzchen versehene ungekerbte Querkamm, der nach hinten und oben strahlenförmig mit einem rundlichen, auf- und vorwärtsgerichteten niedrigen Hautblatt geziert ist; Ohrmuschel mit etwa 20 feinen Quer= falten; der Innenrand und ein ihm nahe liegender und mit demselben parallel laufender Faltenrücken auf der Innenseite der Ohrmuschel behaart. Behaarung fein, nur an der Schnauze kräf= tiger und dichter; Gesicht fuchsroth ins Gelbliche, diese Farbe nach hinten nicht scharf begrenzt; durch die kleinen Augen ein schwärz= licher Streif; Oberseite weißlichgrau, alle Haare mit chocolade= brauner Spitze; Unterseite weißlich, namentlich nach den Seiten zu rostfalb angehaucht; Flughaut graulich; im Innern der Ohr= muschel zwischen jeder Querfalte eine Reihe weißlicher drüsen= artiger Punkte. Körperlänge 1″ 5‴. Der fast bis zur Spitze in die Flughaut eingehüllte Schwanz 11‴. Ohrhöhe 9‴. Ohr= breite 6½‴ bis 7‴. Flugweite 8″.

Im August bei Keren im Bogos=Gebiet eingesammelt.

8. Die Kaffer=Kammnase, Rhinolophus caffer (Wahlb.).

Phyllorrhina caffra, Peters, Mozamb. I. p. 39. t. 8. — Sundev., Öfvers. k. Vetensk. Akad. Förhandl. 1846. p. 118. — *Ph. bicornis*, Heugl. Verh. Leop. Carol. Akad. 1861. Sep.-Abdr. p. 7.

Von Herrn Professor Dr. Peters wurde Phyllorrhina bicornis, Heugl., die ich im Bogos=Land in mehreren Exemplaren erlangte, zu Rhinolophus caffer gestellt, obwohl beide Formen in Bezug auf Gestalt des Nasenblattes und der Ohren, Größe und Färbung einige Differenzen zeigen.

Die Lippen von Rh. bicornis sind mit kleinen violettröth= lichen Drüsen besetzt und zart behaart; der Pelz graulichweiß, alle Haare mit röthlichgrauen bis rauchgrauen Spitzen, welche

auf Oberkopf, Rücken und Hals am dunkelsten erscheinen; Ge-
sicht hell mausgrau; Gegend um die Geschlechtstheile weiß;
Ohrmuschel hell rauchgrau, im Innern ins Violette spielend;
Flughaut schwärzlich. Körperlänge 2″. Schwanz 11‴ bis 13‴.
Ohrhöhe 6‴. Vorderarm 1″ 9‴. Flugweite 10½″.

Anfangs October in der Umgegend von Keren.

Ein ähnliches Exemplar erhielt das Stuttgarter Museum
durch J. W. v. Müller, wahrscheinlich aus der Gegend von
Chartum oder aus Kordofan.

Anmerkung. Rhinolophus tridens, Geoffr. — Findet
sich in Egypten und Nubien, namentlich in Felsgräbern.

Rhinolophus clivosus, Rüpp. — Ebendaselbst, auch im
peträischen Arabien und in der Gegend von Moilah.

Rhinolophus Euryale, Blas. — Nach Blasius in Egypten.

Rhinolophus Landeri, Martin. — Nach Fitzinger in Fazoql,
wo von Kotschy erbeutet.

Rhinolophus capensis, Licht. — Egypten.

Rhinolophus fumigatus, Rüpp. — Im Frankfurter Museum aus Schoma.

Hierher rechnet Peters eine Fledermaus, die ich nicht selten
in der Gegend von Adowa in Abessinien angetroffen habe. Ich
nannte dieselbe:

Rhinolophus macrocephalus, Heugl.

Ohren groß, breit, mit ziemlich scharfer Spitze und 8 bis
9 Querfalten; Nasenblatt einfach, in der Mitte des unteren
Randes mit einem Einschnitt; jederseits am oberen Ende dieses
Randes eine kleine Warze; die Nasengegend um das Blatt mit
einer regelmäßigen Reihe von Hautwärzchen besetzt. Sattel
seitlich sehr zusammengedrückt, also schmal, nach unten und vorne
eine etwas hohle Fläche bildend, die in der Mitte einwärts, mit
der Spitze auf- und vorwärts gebogen ist, sowie mit zwei zu-
sammenlaufenden trichterartigen Hautlappen, welche in die Nase

münden; Prosthema mit zwei Querfalten und breiter lanzett-
förmiger Spitze, welche ungefähr so hoch als breit ist. Schwanz
verhältnißmäßig kurz, mit dem Patagium interfemorale endend
und hier kein gabelförmiger Einschnitt. Die genannte Flughaut
außen und innen fein behaart. Kopf dick und groß; am vorderen Rand des Ohres ein wolliger Haarbüschel, sonst die Ohr-
behaarung sehr zart und sparsam.

Die oberen äußeren Schneidezähne hirsekornartig abgerundet,
die $\frac{2}{2}$ des Unterkiefers stärker, mit deutlich dreizähniger Schneide,
alle 4 quer gestellt. Der obere Eckzahn kräftig; der demselben
zur Seite stehende falsche Backzahn nach hinten und außen mit
einer zweiten Spitze. Zehen stark behaart, wenn ich recht unterscheide, sämmtliche nur zweigliedrig. Die Halsflughaut umfaßt
beiderseits das ganze erste Daumenglied; die Schenkelflughaut
reicht bis zum Handgelenk des Fußes. Färbung mausgrau,
unten etwas heller; Flughäute schwärzlich; Arme und Füße auf
der Innenseite fleischfarbig. Körperlänge 2″ 3‴. Schwanz 10¼‴
bis 10½‴. Vorderarm 1″ 10‴. Ohrhöhe fast 11‴. Flugweite 12″. Im Stuttgarter Naturaliencabinet als Rh. fumigatus aufgestellt. — Rüppell giebt die Farbe seines Rh. fumigatus als dunkel rauchgrau an, die Körperlänge zu 2″ 6‴.
Schwanzlänge zu 10‴. Vorderarm 1″ 11‴.

Aus der Familie der Blatt- oder Ziernasen finden sich in
Nordost-Afrika noch folgende Arten:

Megaderma frons, Geoffr. — Im oberen Nilgebiet, südlich vom 15. Grad n. Br., längs Flüssen und Bächen, in
dichtem Gebüsch und in den Kronen der Bäume. Sieht bei
Tage ganz gut und fliegt nicht selten bei grellem Sonnenschein.
Ein abessinisches Exemplar des Stuttgarter Museums ist etwas
größer als andere von Senar und vom Weißen Nil, namentlich
die Ohren noch breiter und größer, der Daumen länger. Ohrhöhe 1″ 6¾‴. Vorderarm 2″ 2‴.

Im Leben sind die Ohren blaß braungelb, Nasenblatt und Lippen etwas heller; Tragus, Ohrwinkel und Flughäute sehr lebhaft orangegelb; Pelz grünlichgrau, die Haare mit gelb-grünlicher (fast ölgrüner) Spitze; Nägel rein schwarz. Ich nahm folgende Maße an einem Exemplar im Fleisch: Körperlänge von der Ohrspitze 3″ 2¼‴. Ohrhöhe 1″ 5½‴. Traguyhöhe gegen 1″. Nasenblatt 9‴. Vorderarm 2″. Auge verhältniß-mäßig groß; im Ohr 11 bis 12, im Gaumen 12 Querfalten.

Rhinopoma microphyllum, Brünn. — Findet sich in Egypten.

Von dieser Art verschieden scheint mir:

Rhinopoma cordofanicum, Heugl. — Häufig um das Araschkol-Gebirge. Größer als Rh. microphyllum.

Tragus sichelförmig, in der Mitte concav, auf der Außen-seite am Hinterrand mit kleinem rundlichem Ausschnitt oder Ansatz; Ohren auf der Stirn verbunden; vor denselben eine tiefe, große, herzförmige Grube, die nach oben rechts und links, also in der Richtung der Ohren durch einen häutigen Aufsatz eingefaßt ist; die Nase weit hinter den Lippen zurückstehend, aufgedunsen; Nasenöffnungen durch zwei Membrane verschließbar; zwischen Oberlippe und Nase eine dreiseitige Vertiefung.

	Rhinop. microphyllum.	Rh. cordofanicum.
Körperlänge . . .	2″ —‴	2″ 9‴
Schwanz . . .	fast 2″ —‴	2″ 8‴
Flugweite . . .	7″ 4‴	12″ —‴
Vorderarm . . .	—″ —‴	2″ 5½‴

Fitzinger zählt noch zwei hierher gehörige Arten auf:

Rhinopoma senaarense (potius Rh. senarense), Fitz. — Fitz. u. Heugl. Säugeth. p. 11. Aus Senar und Fazoql.

Rhinopoma longicaudatum, Fitz. — Fitz. u. Heugl. Säugeth. l. c. Aus Senar.

Fam. Nacktschwirrer (Gymnorhina).

9. Der haarbäuchige Grabflatterer, Taphozous perforatus (Geoffr.).

Descr. de l'Eg. p. 126. t. 3. 1. — Rüpp. Atl. p. 70. t. 27. f. 4—6. (Schädel). — Wagn. Schreb. Säugeth. Suppl. V. p. 684. — Fitz. u. Heugl. Säugeth. p. 9.

Dieser Grabflatterer war bisher bloß aus dem unteren Nilgebiet bekannt. In Bezug auf Größe stimmt ziemlich damit überein eine vorläufig von mir als Taphozous maritimus bezeichnete Form von den Küsten des Rothen Meeres; nur scheint die Färbung etwas abweichend. Ich gebe hier die ausführliche Beschreibung.

Nase und Wangen fast nackt, braunschwärzlich; Spitzhälfte des Ohres ebenfalls kaum behaart, rauchbräunlich durchscheinend, wie die Flughäute; Pelz sonst ziemlich lang, die Haare an der Basis weißlich, sonst rauchbraun, etwas ins Chocoladefarbige, am dunkelsten um Kinn und Wangen; Hinterleib sehr hell bräunlichgrau, ebenso die Behaarung auf der Innenseite der Flughaut, unmittelbar unter dem Oberarm; die Flughaut zwischen den Füßen sehr weit herab behaart und die Haare hier von der Färbung derjenigen des Rückens; Rand der Spannhaut zwischen dem kleinen Finger und der Außenzehe des Hinterfußes weißlich; die Flughaut um den Schwanz zwischen den Sporen der Hinterfüße kreisförmig eingeschnitten; die Wurzelhälfte des Schwanzes von der Flughaut umschlossen; Spitze des Schwanzes (3 Glieder) frei; Innenseite der Arme hell fleischröthlich. Körperlänge 3″ 7‴. Kopf von der Nasenspitze 10½‴. Entfernung des Auges von der Nasenspitze fast 5‴. Höhe des Ohres 8‴. Oberarm gegen 1″ 6‴. Vorderarm 2″ 3‴ bis 2″ 4‴. Daumen mit Nagel 5⅓‴. Mittelfinger 3″ 8‴ bis 3″ 9‴. Schwanz 11½‴.

Der Schwanz, sowie die Zehen der Hinterfüße mit verein=
zelten längeren Härchen. Flughaut zwischen den Hinterfüßen auf
ihrer Innenseite graulich.

Findet sich in Menge auf der Insel Sauakin, gesellschaftlich
unter Dachsparren lebend. Fliegt sehr leicht und gewandt, häufig
die ganze Nacht über.

Anmerkung. Hierher gehören noch folgende nordost=
afrikanische Arten.

Taphozous nudiventris, Rüpp. — In Egypten und
Nubien, meist gesellschaftlich in Grabgewölben.

Taphozous senegalensis, Geoffr. — Von mir bei Don=
golah erbeutet. Soll auch in Nubien und Senar vorkommen.

Taphozous leucopterus, Temm. — Im Stuttgarter Mu=
seum befindet sich ein von mir auf dem oberen Weißen Nil
eingesammeltes und von Dr. Peters der genannten Art zuge=
theiltes Exemplar dieser bisher nur aus Südafrika bekannten
Form.

10. Der Zwerggrämler, Dysopes pumilus (Rüpp.).

Rüpp. Atl. p. 69. t. 27. f. a. — Wagn. Schreb. Säugeth.
Suppl. V. p. 704. — Heugl. Fauna R. M. Nr. 4. — Fitz.
u. Heugl. Säugeth. p. 9.

In der Gegend von Masaua.

11. Der hellbäuchige Grämler, Dysopes ventralis (Heugl.).

Heugl. Verh. der L. Carol. Akad. 1861. p. 11. (*Nycti-
nomus ventralis*). — *Dysopes Cestonii*, Mus. Stuttg. (nec
Savi). — Fitz. Chiropt. p. 13.

Der oben angeführten ausführlichen Beschreibung dieser
Art habe ich nichts hinzuzufügen, als daß die von mir an das

Stuttgarter Museum eingesandten Exemplare als D. Cestonii
bestimmt worden seien. Abgesehen von der ganz abweichenden
Färbung sind auch die Maße beider Arten sehr verschieden, bei
D. ventralis fehlen die 3 bis 4 tiefen Querfalten am unteren
Theil des äußeren Ohrrandes, der überhaupt weniger umgeschlagen, als bei D. Cestonii; bei letzterem auch die Falten in
der Ohrmuschel viel deutlicher und in viel größerer Anzahl
vorhanden, die Ohrmuschel selbst dünner, durchsichtiger.

	Dysopes Cestonii		Dysopes ventralis
	(nach Wagner und Heuglin)		
Körperlänge . .	3″ 4‴	3″ 3‴	3″ 6‴
Schwanz . . .	1″ 10‴	1″ 8‴	1″ 11‴
Ohrhöhe . . .	1″ —‴	—″ 10‴	—″ 9‴
Vorderarm . .	2″ 3‴	2″ 2‴	2″ 6‴

Bei D. ventralis beträgt die Kopflänge 1″ 1‴, die Flugweite 15″ 6‴.

Das Ohr ist kürzer als bei D. Cestonii, mit der Spitze
viel weiter nach vorwärts gerichtet und hier nicht nach einwärts
umgeschlagen, die Lippen weniger gefaltet, die Unterlippe viel
weniger hängend und weiter zurückstehend. Nicht selten zur
Hochsommerzeit um den oberen Anseba, unfern Keren.

12. Der zweistreifige Grämler, Dysopes bivittatus (Heugl.).

Heugl. Verh. Leop. Carol. Akad. 1861. p. 13. u. 18.

Viel kleiner als die vorhergehende Art, mit stark wulstigen,
aufgedunsenen und faltigen Oberlippen; der obere Theil des
vorderen Ohrrandes nach innen umgeschlagen; Unterlippe nackt,
fleischfarbig, mit einer runden Vertiefung in der Mitte; die meisten
von uns eingesammelten Exemplare sind obenher satt rostig umbra-
braun, mit je einem weißen Längsstreif hinter der Wurzel der

Ohren; Brust heller als der Rücken; Brustseiten, Schultern, sowie Gegend unter dem Ohr zart weiß gestrichelt.

Körperlänge 2″ 5‴. Schwanz 1″ 5‴. Ohrhöhe 8‴. Vorderarm 1″ 9‴ bis 1″ 10‴. Flugweite 12¹/₂″.

Ziemlich häufig auf ebenen Flächen, die mit einzelnen Hochbäumen bestanden sind, um den Anseba bis nach Keren herauf, ebenso am Bach von Atirba.

Anmerkung. Von Grämlern kommen noch folgende Arten in Nordost-Afrika vor.

Dysopes Cestonii, Savi. (D. Rüppellii, Temm.) — Im mittleren und unteren Egypten, jedoch nach meinen Erfahrungen nicht häufig und nur an gewisse Oertlichkeiten gebunden.

Dysopes Mydas, Hedenb. — In Senar. Möglicherweise nur Varietät der vorigen Art.

Dysopes Geoffroyi, Temm. — In Egypten.

Das Stuttgarter Museum besitzt einen von mir im Gebiet des oberen Abiad eingesammelten Grämler, der als D. Geoffroyi bestimmt wurde, sich jedoch, was die Färbung betrifft, eher an D. brachypterus, Pet., anschließt, aber beträchtlich größer ist. Ich benenne dieses Thier

Dysopes talpinus, Heugl. Behaarung dicht, ganz sammetartig, satt und lebhaft rostig kaffeebraun, Unterseite heller, Brust und Schultergegend mehr otterbraun, Unterleib ins Graubraune; Ohren fast nackt, braunschwarz. Körperlänge gegen 4″. Schwanz 1″ 6‴. Ohrhöhe 8¹/₂‴. Vorderarme 2″. Daumen mit Nagel 4‴. Wurzelglied des Zeigefingers 2″ 2‴. Zweites Glied des Zeigefingers fast 1″.

Vom Gebiet der Kidj-Neger am westlichen Ufer des Kir oder Bahr el Djebel.

Dysopes hepaticus, Heugl. — Heugl. Verh. d. L. Carol. Akad. V. XXX. Sep.-Abdr. p. 14. — Fitz. Chiropt. III. p. 17.

Sehr ausgezeichnete Form. Ziemlich klein; Lippen wulstig,

Oberlippe bogig nach aufwärts verlaufend mit 7 bis 8 Falten. Ohren nicht groß, trapezoidförmig, ebenfalls mit 7 bis 8 Falten, auf der Stirn durch eine wulstige, halbmondförmig nach vorn verlaufende Hautwulst verbunden; die besondere Lappe an der Basis des Vorderrandes des Ohres bis gegen den Mundwinkel hin reichend; Tragus aufgerichtet, spitzig; Auge klein, in einer tiefen Falte liegend; Extremitäten kurz, kräftig, ebenso die sichelförmigen, scharf zugespitzten Nägel; letztere am Hinterfuß fast gleich lang, an der Außen= und Innenzehe mit langen, borstigen weißlichen Kammhaaren. Die Flughäute mittelgroß; Patagium anale gefaltet, ein Drittel des Schwanzes umfassend; Schwanz dick, etwa von halber Körperlänge; die oberen Schneidezähne kräftig, mit den Spitzen etwas convergirend, die unteren sehr wenig entwickelt und kaum über das Zahnfleisch vorragend; die oberen Reißzähne vorn eingeschnitten, die unteren ziemlich lang, ihre Spitzen aus einander nach auf= und auswärts gerichtet; Zunge faltig, warzig. Obenher braungrau; Mitte des Unterleibes schmutzig graubraun, die übrige Behaarung lebhaft leberbraun bis kastanienbraun; Weichen mehr aschgrau; Kinn und Kehle fast nackt, hell fleischfarbig; Ohren, Gesicht und Nägel rauchbraun. Schwanz schwärzlich; Flughäute hell rauchfarbig, durchscheinend, unten längs der Körperseiten mehr blaugraulich. Körperlänge 2″ 10‴. Schwanz 1″ 5‴. Flugweite gegen 13″. Vorderarm 1″ 9‴. Dies die Maße eines alten Weibchens; die Männchen durchschnittlich etwas kleiner.

Kinn in der Mitte etwas eingedrückt; Lippen ungespalten; Bartborsten rauh und dick; auch am Daumen des Vorderfußes einige verlängerte bürstenartige Haare; Flughäute fast ganz haarlos; Nasengegend in der Mitte etwas vorspringend, so daß die fast röhrigen Nasenlöcher seitwärts zu stehen kommen.

Lebt in größeren Gesellschaften unter dichten, dürren herabhängenden Blätterbüscheln von Doleb=Palmen.

13. Das schwarz und weiße Heftohr, Synotus leucomelas
(Rüpp.).

Rüpp. Atl. p. 73. t. 28. f. b. — Wagn. Schreb. Säugeth.
Suppl. V. p. 719. — Fitz. u. Heugl. Säugeth. p. 9. — Heugl.
Fauna R. M. Nr. 5.

An den Küsten des Rothen Meeres südwärts bis Masaua.

Anmerkung. Aus der Gattung der Löffelschwirrer (Plecotus) habe ich keine Art in unserem Beobachtungsgebiet gefunden; in den Nilländern dagegen erscheinen verschiedene hierher
gehörige Formen.

Plecotus aegyptiacus, Geoffr. — *Pl. auritus var. aegyptiacus*, Geoffr. Ann. du Mus. V. 8. p. 197. — *Pl. Christii*,
Gray, Mag. of Zool. & Bot. V. 2. p. 495. — *Pl. Perronii*,
Geoffr. (?). — *Pl. auritus*, Geoffr. Descr de l'Ég. p. 118.
t. 2. f. 3.

In Egypten, Abessinien, nach Rüppell auch in Schowa.

Plecotus ustus, Heugl. — Fitz. u. Heugl. Säugeth. p. 10.
Groß, hell isabell ins Grauliche; Unterleib lichter; Ohr ver-
nißmäßig nicht sehr groß, im oberen Drittel des Außenrandes
etwas eingebuchtet, im unteren Drittel des Innenrandes stark
stumpfeckig ausgeschnitten, so daß sich hier beide Ohren bis auf
1''' nähern. Körperlänge stark 3''. Schwanz 1'' 9,5'''. Kopflänge 11'' 8'''. Ohrhöhe 1'' 2,7'''. Der etwas ausgeschweifte,
schmale, lanzettförmige, oben aber schräg abgeschnittene Tragus
7''' hoch. Vorderarm 2'' 1'''. Das Wurzelglied des Mittelfingers 1'' 11,7'''. Das erste Glied des zweiten und fünften
Fingers gleich und 2'' 3,3''' lang; das erste Glied des vierten
Fingers 1'' 9,5'''.

Sehr ausgezeichnete Art, von welcher ich jedoch nur ein
einziges Exemplar erlangte, und zwar unfern Wadi Halfah im
Baten el Hadjar. Es flog mit einigen anderen Fledermäusen

in später Nacht bei Mondenschein rasch über unserem Lagerplatz hin und her.

Die Originaltype gelangte an das kaiserliche Museum zu Wien.

Fitzinger (Fitz. u. Heugl. Säugeth. p. 10) unterscheidet noch einen

Plecotus aethiopicus, Heugl. — Ein Exemplar dieser neuen Art wurde von uns am oberen Baher el abiad erlangt und befindet sich ebenfalls im Wiener Museum.

14. Die weißrandige Fledermaus, Vesperugo Kuhlii (Natt.).

Kuhl, Wetterau. Annal. IV. p. 58. — Schreb. Säugeth. Suppl. V. p. 729. — *Vespertilio marginatus*, Cretschm. Rüpp. Atl. p. 74. t. 29. f. a. — *V. albo-limbatus*, Küst. Heugl. Fauna R. M. Nr. 6. — Fitz. u. Heugl. Säugeth. p. 10.

Ich glaube diese in Egypten, Nubien und auf der Sinaitischen Halbinsel vorkommende Art auch an der abessinischen Küste gesehen zu haben.

15. Die Rautenfledermaus, Miniopterus Hesperida (Temm.).

Temm. Monogr. II. p. 211. — Wagn. Schreb. Säugeth. Suppl. V. p. 748. — Fitz. u. Heugl. Säugeth. p. 11. — Fitz. Chiropt. IV. p. 69.

An der abessinischen Küste. Von mir nicht beobachtet.

Anmerkung. Von eigentlichen Fledermäusen (Vespertilio) mit den Untergattungen Vespertilio, Blas. et Keyserl., Vesperugo, Bl. et K., Vesperus, Bl. et K. und Miniopterus, Bp., werden noch folgende Arten, im nordöstlichen Afrika beobachtet, erwähnt.

Vesperus Savii, Bp. — Von Rüppell bei Sues eingesammelt.

Vesperugo pipistrellus, Schreb. — Durch mich bei The=
ben erlangt.

Vesperugo ursula, Wagn. — In Egypten und Abessinien.

Vesperugo Noctula, Schreb. — Nach unzuverlässigen
Angaben auch in Egypten vorkommend.

Vesperugo Rüppellii, Fisch. (V. Temminckii, Rüpp.
Atl. p. 17. t. 6.) — In Nubien, Senar und Qalabat.

Vesperugo senarensis, Heugl. — Fitz. u. Heugl. Säugeth.
p. 10. — In der Umgegend von Chartum.

Vesperugo hypoleucus, Heugl. — Fitz. u. Heugl. Säugeth.
p. 10. — Am unteren und mittleren Blauen Nil, nordwärts bis
gegen Berber. Ausgezeichnet durch die rein=weiße Färbung des
Bauches. Diese, wie die vorhergehende Art konnte ich nicht näher
mit verwandten Formen vergleichen. Die Originaltypen beider
befinden sich im kaiserlichen Museum zu Wien.

Miniopterus Schreibersii, Natt. — Die Varietät M. dasy-
thrix, Temm., wurde von mir in den Höhlen von Qorqora am
Tsana=See eingesammelt. Bestimmung von Dr. Peters.

Scheint etwas größer als M. Schreibersii; auch das Ohr
länger und breiter; obenher dunkler braun, ebenso auf Vorder=
hals und Brust, die fast ebenso satt graubraun gefärbt sind, wie
der Rücken. Das erste Glied des Zeigefingers mißt 24,2‴,
das zweite und dritte Glied zusammen 16,3‴. Daumen mit
Nagel 4‴.

16. Die gelbbäuchige Schwirrmaus, Nycticejus borbonicus (Geoffr.).

Wagn. Schreb. Säugeth. Suppl. V. p. 768. — *Nycticejus
flavigaster*, Heugl. Verh. L. Carol. Akad. 1861. Separ.-Abdr.
p. 14. — ? *N. murino-flavus*, Heugl. Ibid. p. 15.

Nach der Bestimmung von Professor Dr. Peters gehört

mein N. flavigaster zu N. borbonicus. Doch scheint die mir bekannte Beschreibung des letzteren durchaus nicht auf mein Thier zu passen.

Wagner giebt von N. borbonicus folgende Diagnose und Maße: rufus, subtus albus; trago elongato, lanceolato. — long. corp. 2″ 11‴. — caud. 1″ 7‴. — Antribach. 1″ 9‴.

N. flavigaster hat ein ziemlich großes Ohr, mit zwei bis drei Längsfalten und 5 bis 6 undeutlichen Querrippen; der sichelförmige Tragus spitz, nach vorwärts gerichtet, mit halbkreisförmigem Ausschnitt oder Klappe unten an der Oeffnung des Gehörgangs. Ohrmuschel fast nackt, schwärzlichbraun, an der Basis des Außenrandes mit sehr feinen olivengrünlichen Haaren; Lippen schwärzlich fleischfarben; Flughaut fast schwarz, an der Innenseite des Oberarmes stärker als auf den übrigen Innentheilen dieses Organs mit zarten, grünlichgelben Haaren; Oberseite glänzend bräunlich olivenfarben; Gesicht mehr olivengrünlich; Unterleib und Behaarung des Oberarmes schwefelgelb; die feinen Nägel grünlich, mit licht grüngelber Spitze. Diese eigenthümlich gefärbte Schwirrmaus fand ich im August und September ziemlich häufig in der Umgegend von Keren im Bogos-Gebiet.

Ihr sehr ähnlich, aber kleiner und etwas anders gefärbt ist Nycticejus murino-flavus, Heugl., von welcher Form ich nur ein einziges Exemplar in den Gärten von Mekulu bei Masaua erlangte. Die Ohren sind schwärzlich, außen an der Basis, innen weniger stark und zarter grüngelblich behaart; ebenso die Innenseite des Schenkels; Oberseite mausgrau ins Olivenfarbige; Unterleib lebhaft hell bräunlichgelb, nach oben zu mehr graugelb; Kehle und Behaarung unter dem Oberarm intensiver gelb; Reißzähne violett angehaucht. Die letztgenannte Form kommt auch in der Nähe von Gondar in Amchara vor. Wahrscheinlich gehört N. murino-flavus als eigene Varietät zu N. flavigaster.

	Nycticejus borbonicus nach Wagner.	N. flavigaster.	N. murino-flavus.
Körperlänge	2″ 11‴	2″ 10‴	2″ 6‴
Schwanz	1″ 7‴	1″ 9‴	2″ —‴
Vorderarm	1″ 9‴	—	—
Flugweite	—	13″ —‴	11″ 6‴
Ohrhöhe	—	—″ 7‴	—″ 6½‴
Tragus	—	—″ 3¾‴	—

Anmerkung. Von nordost-afrikanischen Schwirrmäusen kennen wir noch folgende Arten:

Nycticejus leucogaster, Rüpp. — Rüpp. Atl. p. 71. t. 28.

In Kordofan, wo diese Art in hohlen Adansonien haust.

Nycticejus eriophorus, Heugl. — Fitz. u. Heugl. Säugethiere p. 11.

Klein; die Ohrspitze scharf; der äußere Ohrrand bis tief unter den Mundwinkel herablaufend und hier eine scharfe Ecke bildend; Tragus schmal, lanzettförmig, fast so hoch als die Ohrspitze; 8 bis 9 Gaumenfalten. Behaarung reichlich, lang, eigenthümlich gekräuselt; Oberseite hell erdgrau mit weißlichen Haarspitzen; Unterseite schmutzig weiß, Weichen mehr ins Braungrauliche; Flughaut braunschwärzlich. Körperlänge 1″ 6‴. Kopflänge gegen 7‴. Außenrand des Ohres 6‴ hoch. Schwanz 1″ 3‴. Vorderarm 13‴. Mittelfinger 2″ 4½‴. Der vierte Finger 1″ 11½‴. Der fünfte Finger 1″ 10‴.

Von dieser Art sammelte ich drei Exemplare im Belegaz-Thal zwischen Semién und Wogara in Abessinien ein. Sie befanden sich im Hängenest einer Sperlings- oder Webervogelart.

Nycticejus Schliefïenii, Pet. Pet. Berl. Monatsber. 1859. p. 224. — N. Adovanus, Heugl. M. S.

Die Originaltype von N. Adovanus des Stuttgarter Museums gehört nach Professor Peters zu N. Schliefïenii, der, wie es scheint, in Kordofan heimisch ist.

Ich gebe hier die nach dem Thiere im Fleisch von mir
entworfene Beschreibung wörtlich aus meinem Notizbuch.

Im Oberkiefer $\frac{2}{2}$ eckzahnartige Schneidezähne, unten $\frac{3}{3}$,
deren jeder oben dreispitzig; der obere, dem Eckzahn zunächst=
stehende, sehr klein, wohl abortiv. Ohren stark von halber
Kopflänge, ihre Außenseite ziemlich grablinig; Tragus schmal,
gegen die Augen zu nach vorwärts geneigt; Nasenlöcher etwas
röhrig, auswärts und vorwärts gerichtet; Wangen vor den Augen
wulstig aufgetrieben; Schwanz bis zum sehr rudimentären Spitz=
glied von der Schenkelhaut eingeschlossen; der lange Sporn trägt
einen äußeren Hautlappen; die Schenkelflughaut reicht bis zum
Fersengelenk, die Bauchflughaut dagegen noch weiter am Fuß
herab; Oberseite der Füße, Ohren und Flughäute schwärzlich,
die letztere mit deutlichem, aber feinem, weißem Saum; Gesicht
und Oberseite bräunlich mausfarben; Unterseite graulichweiß;
Patagium interfemorale mit regelmäßigen Querreihen von wei=
ßen Haaren auf der Unterseite, ist aber auch äußerlich spärlich
behaart; Nägel weißlich. Körperlänge bis zum After 1″ 7‴.
Schwanz vom After bis zur Spitze 1″ 2½‴. Vorderarm 1″ 1‴.

Das beschriebene, den Zahnverhältnissen nach jüngere Thier
wurde von uns im November am Asam=Fluß bei Adowa in
Tigrié erbeutet.

Nycticejus serratus, Heugl. — Ziemlich groß; Kopf schmal
und etwas zugespitzt. Nasenlöcher klein, durch einen schwachen
Spalt getrennt, der oben und unten sich erweitert und in seiner
Mitte eine kleine aufgedunsene Membran zeigt; Unterlippe
einfach gespalten, jederseits dieser Spalte in ein spitziges Läpp=
chen herabgezogen; unter dem Kinn eine nackte, dreiseitige Ver=
tiefung; Ohr klein, nach hinten und aufwärts gerichtet, dreiseitig
mit abgerundeten Ecken, innen, der Außenrand mit 5 bis 7 Quer=
falten, am Vorderrand 6 bis 7 kerbenartige Einschnitte; die
Lappe an der Wurzel des äußeren Ohrflügels bogig bis gegen den

3*

Mundwinkel hin verlaufend; Tragus kurz, platt, oben mit einer rundlichen, blattförmig ausgebreiteten Spitze, Außenrand doppelt, Innenrand einfach eingekerbt; auf der Kehlmitte ein kahler Fleck.

Im Oberkiefer 2 kleine, im Unterkiefer 2 + 2 ebenfalls kleine und dreizackige Schneidezähne; die Eckzähne mit deutlichem Höcker an der Basis, also zweitheilig. Der kurze Schwanz theilweise vom Patagium interfemorale eingehüllt, jedoch seine Spitze frei. Zeigefinger eingliedrig, die drei folgenden dreigliedrig.

Olivenbräunlich ins Graue; Unterseite heller olivenbraun- grau; die Behaarung an der Spitze gelblich; Schnauze und äußere Fläche der Flughäute rußbraun, die unteren Theile der Spannhaut um die Schenkelgegend sowie der etwas aufgedunsene Seitenrand des Patagium gelblich ins Fleischröthliche; die ganze Innenseite der Spannhaut bläulichgrau bis graugrünlich, nach der Unterhälfte hin mehr ockergelblich genetzt; Ohr sehr wenig behaart; von einer Ohrbasis zur anderen führt ein etwas obso- letes Halsband über die Kehle, dasselbe ist olivenbräunlich, wie der Rücken. Körperlänge stark 3" 5"'. Schwanz 1" 2"'. Vorderarm 2" 6"' bis 2" 7"'. Flugweite fast 16". Ohrhöhe 8"'. Tragus 2½"'. Sporn 9"'.

Ein jüngeres, kleineres Exemplar ist oberher dunkler umbra- braun ins Graue, am Unterleib mausgrau; im Ohr 10 bis 11 Falten.

Häufig im sogenannten Scherg el Aqabah, am Araschkol und den benachbarten Granitgebirgen.

Ord. Raubthiere (Rapacia).

Fam. Igel (Aculeata).

Aus dieser Familie kennt unser Beobachtungsgebiet wahr- scheinlich mehrere Arten. Doch gebricht es mir am nöthigen Material, um dieselben mit Sicherheit bestimmen zu können.

Namentlich im Küstenland unfern Aqiq und bei Masaua fanden wir mehrfach todte Exemplare, mit sehr falbem Stachel= kleid, welche zu Erinaceus brachydactylus, Wagn., zu gehören scheinen. Mit der genannten Art fällt wohl auch E. aethiopicus, Ehr. Symb. phys. II. k. zusammen.

Fitzinger zählt (Sitz.-Ber. der k. k. Akad. Wien LVI. 1. 1867) folgende nordost=afrikanische Igel=Arten auf:

Erinaceus diadematus, Pr. Württ.

Peroëchinus Pruneri, Wagn.

Hemiechinus pectoralis, Heugl.

Hemiechinus platyotis, Sund.

Hemiechinus brachydactylus, Wagn.

Hemiechinus pallidus, Fitz. & Heugl.

Hemiechinus libycus, Ehr.

Hemiechinus aegyptius, Sund.

Der Igel im Allgemeinen heißt bei den Arabern Qonfed und Qonfeδ.

Fam. Spitzmäuse (Soricina).

17. Die dickschwänzige Spitzmaus, Pachyura crassicaudata (Ehr.).

Wagn. Schreb. Säugeth. Suppl. V. p. 554. — Heugl. Fauna R. M. Nr. 7.

In den Hafenstädten des Rothen Meeres, namentlich in Magazinen, altem Mauerwerk und um Aborte findet sich eine große Spitzmaus, welche Rüppell zu Crocidura indica, Geoffr., rechnet. Ehrenberg (Symb. phys. II. fol. k.) beschreibt dieselbe als besondere Art (Suncus sacer), Lichtenstein (Darstell. Säugeth. t. XL) als Sorex crassicaudus. Die arabische Benennung ist nach Ehrenberg Far Sunki, meine eingeborenen Jäger nannten alle Spitzmäuse Om Sisi oder Zizi.

Die dickschwänzige Spitzmaus zeichnet sich durch einen penetranten Moschusgeruch aus, der ihre Anwesenheit sofort verräth. Sie scheint sich auch auf Schiffen einzubürgern.

In Senar bis gegen Takah herüber, sowie in Qalabat zeigt sich in Strohhütten nicht eben selten eine zweite sehr stattliche Art, Crocidura Hedenborgii, Sund., ausgezeichnet durch ihre schöne umberbraune Färbung.

Fam. Bären (Ursina).

Nach Ehrenberg käme am Ostabhang der abessinischen Gebirge eine Bären-Art vor, welche die Eingeborenen Kerrai nennen (Hempr. Ehr. Symb. phys. I. fol. c.). Trotz meines längeren Aufenthaltes in jenen Gegenden habe ich niemals eine Bestätigung dieser Angabe erlangen können. Wahrscheinlich bezieht sie sich auf die schwarze Varietät des Leopard. Unter Kerai verstehen die Tigrianer übrigens stets die gefleckte Hyäne.

Fam. Marder (Mustelina).

18. Der Honig-Dachs, Ratelus capensis (Schreb.).

Viverra capensis, Schreb. Säugeth. III. p. 456. t. 125. — *Meles mellivora*, Thunb. — Ratel, Sparrm. K. Vetensk. Ak. Handl. 1777. p. 49. t. 4. — Heugl. Verh. Leop. Carol. Akad. 1861. XXIX. Sep.-Abdr. p. 19. c. tab. — Brehm, Habesch, p. 61. — Heugl. u. Fitz. Säugeth. p. 27.

Amh. und tigr. Färo, tigr. auch Magaza und H'ofär. Arab. Abu djaka und Leslüs, in Dongola Abu-Kem.

Der Ratel scheint nicht gar selten im Gebiet des Anseba und in Mensa vorzukommen. Doch bekommt man ihn, da er eine fast ausschließlich nächtliche Lebensweise führt, nur selten zu Gesicht.

Namentlich während der Ranzzeit ist den Männchen ein äußerst penetranter Geruch eigen.

Die Nahrung besteht vorzüglich in Insectenlarven und Mäusen, welche das Thier mit großer Fertigkeit auszugraben versteht. Auch plündert er Bienenschwärme und soll sogar Aas anschneiden und Gräber aufwühlen. Er haust den Tag über in Erdhöhlen.

19. Der Band-Iltis, Rhabdogale mustelina (Wagn.).

Mustela zorilla, Cuv. — *Mephitis zorilla*, Licht., Darst. t. XLVIII. — *M. africana*, Licht. — *Viverra striata*, Shaw. Zool. I. 2. t. 94.

Arab. Abu Wusïχ und 'Afön. Amch. und tigr. Ts'etgi.

Nicht häufig im Vorland der Hochgebirge. Bewohnt familienweise Höhlen im Sand, die er nur zur Nachtzeit verläßt. Bei grellem Sonnenlicht sehen diese Thiere nicht.

Anmerkung. Aus der Gattung der Ottern (Lutrina) giebt es an den Flüssen von Tigrié und Amchara, sowie am Tsana-See wohl eine oder zwei Arten. Sie heißen auf Tigrisch Daqosta, auf Amcharisch Aqosta. Beide erreichen kaum die Größe der Genet-Katze, die eine ist mardergelb mit vorherrschend glänzend schwarzen Haarspitzen und schwarzen Grannenhaaren, die andere einfach mardergelb ohne Beimischung von Schwarz. Eine dritte Art lebt am Jabus und Tumat-Fluß. Sie heißt dort Sabora, erreicht eine Länge von 3 bis 4 Fuß, ist schön leberbraun, mit schimmeligem Anflug und großem, falbgelbem Kehlfleck.

Fam. Genetten (Viverrina).

20. Die abessinische Genette, Viverra habessinica (Heugl. e Rüpp.).

Rüpp. N. W. p. 33. t. 11. — Fitz. u. Heugl. Säugeth. p. 23. — Wagn. Schreb. Säugeth. Suppl. II. p. 289. — *Viverra tigrina*, Blanf. Abyss. p. 233.?

Amh. Aner.

Nach meinem Dafürhalten und nach Vergleichung von mindestens 15 von uns im Bogos-Gebiet und in Central-Abessinien eingesammelter Exemplare, welche alle die charakteristischen Merkmale von V. habessinica tragen, wohlberechtigte, selbständige Art.

Nicht selten in waldigen Gegenden, Ruinen, Klüften und hohlen Bäumen, um Dörfer und Gehöfte, nordwärts bis in das Gebiet des Anseba. Besucht zur Nachtzeit gerne die Niederlassungen, um Eier und Geflügel zu rauben.

Ich bezweifle das Vorkommen von V. genetta und V. civetta in unserem Beobachtungsgebiet. Letztere Art erhielt ich aus den Gala-Ländern und vom oberen Blauen Nil.

21. Die gestreifte Manguste, Herpestes fasciatus (Desmar.).

Desm. Dict. Scienc. nat. XXIX. p. 58. — *Ichneumon taenionotus*, A. Smith, S.-Afr. Zool. p. 114. — *Herpestes zebra*, Rüpp. N. W. p. 30. t. 9. fig. 2. — *H. leucostethicus*, Heugl. u. Fitz. Säugeth. p. 25. — *H. zebra* u. *H. gothneh*, Heugl. u. Fitz. ibid. p. 24. — Brehm, Habesch, p. 61. — Heugl. Fauna R. M. Nr. 12.

Arab. Qotneh. Tigr. Tedha oder Tetha.

Allgemein im Bogos-Gebiet nordwärts bis zu den Bergen der Beni Amer, wohl auch in Takah, sowie im ganzen gemäßigten und wärmeren Abessinien, in Senar, Süd-Kordofan und am Weißen Nil.

Lebt gewöhnlich in Klüften auf 1000 bis 6000 Fuß Meereshöhe, häufig in Gesellschaft von Klippschliefern und Stellionen
und kommt zur Nachtzeit in Geflügelställe und auf Küchenabfall.

Setzt gegen Ende der Regenzeit 4 bis 5 Junge, die ziemlich lange blind sind. Letztere werden von der Mutter bei herannahender Gefahr im Maule weggetragen und in Sicherheit
gebracht.

Besucht auch Bäume, um Vogelnester zu plündern, und
lebt nebenbei von Insecten und deren Larven, vorzüglich aber
von Mäusen, jungem Geflügel und von Eiern. Letztere öffnet
das Thier durch Zerschellen an Steinen oder durch Zerdrücken,
indem es sich mit den Schultern auf dieselben wirft.

Ich maß ein ganz ausgewachsenes Männchen wie folgt:
Länge des Körpers bis zur Schwanzwurzel 11″ 6‴. Schwanz
9″ 6‴.

Auf der Brust zwischen den Vorderfüßen befindet sich gewöhnlich ein deutlicher weißer Fleck von 3″ Länge und 1″ Breite.
Die rostgelbe Farbe der Oberlippe sehr scharf vom Grau des
Oberkopfes geschieden; Nasenkuppe lebhaft fleischfarbig; Iris bräunlichgelb. Die Haare der ganz schwach entwickelten Schwanzquaste kurz.

Wird ungemein zahm und zutraulich und ergötzt durch ihre
lebhaften und drolligen Bewegungen.

22. Die **Mutschiltschela**, Herpestes Mutscheltschela (Heugl. e
Rüpp.).

H. Mutgigella, Rüpp. N. W. p. 29. t. 9. f. 1. — Blanf.
Abyss. p. 234. — Fitz. n. Heugl. Säugeth. p. 24.

Auch. Mutšeltšela, nicht Mutgigella, wie Rüppell angiebt.
Tigr. Seloch lochod oder Seloh‘ lochh‘od.

Selten im Bogos-Gebiet, häufiger im abessinischen Tief-

land bis zur Woina-Dega herauf; kommt auch auf den vereinzelten Felsgebirgen der Steppen von Ost-Senar vor. Hält sich
wie ihre Verwandten hauptsächlich in Felsklüften auf, aber ähnlich unseren Wieseln in Steinhaufen, Mauern und Ruinen.

23. Die zierliche Manguste, Herpestes gracilis (Rüpp.).

Rüpp. N. W. p. 29. t. 8. f. 2. — Brehm, Habesch,
p. 61. — Heugl. Fauna R. M. Nr. 10. — Wagn. Schreb.
Säugeth. Suppl. II. p. 304. — Fitz. u. Heugl. Säugeth. p. 26.

Heißt nach Rüppell bei Masaua Sakie, nach Brehm in
Tigrié Mudjidjella.

Nicht häufig im Tiefland des Samhar und den benachbarten Vorbergen. Nach Rüppell in Erdhöhlen lebend.

24. Die rothsteißige Manguste, Herpestes jodoprymnus (Heugl.).

In Färbung und Größe ähnlich dem H. gracilis, mit auffallend kastanienbraunem Hinterrücken und oberer Schwanzwurzel-
gegend; Wurzeldrittel des Schwanzes seitlich mit sehr langen
mähnenartigen Haaren wie bei H. Pharaonis; Schwanzquaste
nicht sehr lang, schwärzlich. Nasenkuppe und kahle Stelle ums
Auge schwarz; Vorderfüße und Kopf olivengrau, jedes Haar mit
weißlicher Spitze; Oberkörper heller grünlichgrau, jedes Haar
sehr fein schwärzlich geringelt, wodurch eine Querstreifung des
Rückens und der Seiten entsteht; Schwanzmitte grünlichgrau,
weißlich und schwärzlich melirt; Schwanzspitze schwarz; ein Längsstreif auf der Unterseite des Schwanzes einfarbig gelbbraun,
wie der ganze Bauch; Iris hellbraun; Sohlenballen schwärzlich.
Ganze Körperlänge bis zur Schwanzwurzel 11″. Schwanz mit
Quaste 12″. Ohrbreite 1″. Länge der schwarzen Schwanzspitze 4″. Kopf 2″ 7‴.

Um Keren und am Anseba, sowohl unter Gebüsch und in Regenstrombetten, als auf niedrigen Bäumen, wo er sich dicht auf die Aeste zu drücken vermag. Scheint mir eine von H. gracilis wohl unterschiedene Art zu sein.

Anmerkung. Im centralen und östlichen Habesch habe ich noch angetroffen: Herpestes Pharaonis (?), H. leucurus und H. sanguineus; im Abel-Gebiet H. adailensis, Heugl., und in den Gala-Ländern wohl eine weitere neue Art, H. ruficauda, Heugl. — Ichneumia abu Wudān, Fitz. u. Heugl. Säugeth. p. 25 dürfte wohl nur als Varietät von H. leucurus zu betrachten sein. H. Lefeburei Des Murs & Prév. aus Abessinien ist mir nicht aus eigener Anschauung bekannt. Ein bei Adowa in Tigrié erlegter H. Pharaonis scheint größer als egyptische Exemplare, der Körper im Fleisch mißt 22″, ebenso der Schwanz mit Spitze, Kopf 4½″. Höhe des Ohres 1″ 7‴. Hand 2″ 3‴. Das Schwarz der Schwanzquaste ist 6″ lang. Schwimmhäute ziemlich entwickelt; Iris hellbraun mit gespaltener Pupille; Nase schwärzlich, wie die Gegend vor dem Auge; Kinn schwarz; Halshaare sehr lang und dicht. Lebt von Käfern, Maden, kleinen Vögeln und Säugethieren, geht aber auch auf Aas. Heißt in Tigrié Surdo.

Eine Manguste, gleichfalls in Adowa eingesammelt, die ich zu Herpestes leucurus zähle, mißt: Körperlänge 19″. Schwanz 20″. Höhe des Ohres 2″. Hand 2″ 4½‴. Nasenkuppe und Lippen fleischfarbig, Iris braun. Der Schwanz scheint beträchtlich länger als bei nubischen Exemplaren.

Eine weitere Art, die wir im Hochlande der Wolo-Gala auf etwa 12 000 Fuß Meereshöhe erlangten, scheint dem H. Lefeburei nächst verwandt. Ich beschreibe dieselbe nachstehend unter der Benennung:

Herpestes ruficauda. Klein, schlank, Kopf sehr spitz; der Schwanz lang behaart, aber ohne Endquaste; Ohren ziemlich kurz,

breit, mit zwei deutlich ausgesprochenen Ecken, innen sehr fein behaart; in der Ohrmuschel nach vorn und oben befinden sich zwei
quergestellte gerundete Lappen (Tragus); Oberkopf, Zügelgegend,
nackte Nasenkuppe und Außenseite der Ohren glänzend grauschwärz-
lich; Wangen und Vorderhals schwärzlich graubraun, erstere sehr
fein ockergelblich gesprenkelt; Körperbehaarung glänzend röthlich oder
gelblich, Rückenmitte mehr ins Braune, Unterseite dagegen ins
Graue spielend; mit Ausnahme des Bauches alle Haare mit schwärzlichen Ringen, wodurch eine undeutliche Querbänderung des
Rückens, der Körperseiten und der Schenkelgegend entsteht; Schwanz
ähnlich gezeichnet, alle Haare jedoch mit sehr langen rostfarbigen
Spitzen, welche die übrige Zeichnung fast gänzlich verdecken; ein
kleiner Theil der Spitze und die Unterseite der Spitzhälfte des
Schwanzes 6″ lang glänzend schwarz; Schnurren schwärzlich; Iris
röthlichbraun. Körperlänge 11½″. Schwanz mit Behaarung
14″ 3‴. Ohrhöhe fast 6‴. Ohrbreite 1″ 2‴. Kopflänge 2″ 4‴.

Lebt in Felsklüften, ist sehr munter und zänkisch, und nimmt
häufig eine höchst originelle Stellung an; der Körper wird nämlich zusammengezogen und vorn etwas in die Höhe gerichtet,
während der vollkommen gerade Schweif in einem Winkel von
etwa 45 Grad aufgereckt ist, so daß das Thier mich öfter an
hüpfende Elstern erinnerte.

Den Abu Wusiéh (Herpestes sanguineus, Rüpp.) fand
ich nur sehr einzeln im östlichen Kordofan.

Die Körperlänge eines Exemplares dieser reizenden Manguste beträgt 9″. Kopf 2″ 1½‴. Schwanz mit Pinsel 9½″.
Nase und Augenring sind fleischfarbig, die Oberlippe röthlich isabell
angeflogen; Iris ockergelb; Sohlenballen fleischfarbig; Schnurren
in drei Reihen geordnet, kurz, bräunlichschwarz; Ohrmuschel
mittelgroß, fast länglich viereckig, die Oeffnung ganz durch Haarbüschel verschlossen; Oberseite ockergelblich, Unterseite weißlich;
die Haare der Oberseite mit zarten, schwärzlichen Ringen, die

derart vertheilt sind, daß der ganze Oberkörper fein gestreift erscheint; Oberkopf und Wangen mehr ins Graubraune; Ohr auf der Hinterseite olivengelblich mit deutlichem schwärzlichen Fleck an der oberen Ecke; Schwanzspitze einfarbig röthlich isabell ins Rostfahle; Pfoten obenher hell graulich isabell; die kurzen Nägel schwärzlich mit weißem Punkt auf der Spitze. Der Gaumen und die Zunge mit rückwärtsstehenden Papillen besetzt; letztere groß, weich, fleischig; im Gaumen ungefähr 10 Querfalten. Die Leber scheint sechslappig; Gallenblase groß, dunkelbläulich; Lungen auffallend hell fleischfarbig, fast weißlich, jederseits vierlappig. Im Magen fand ich nur Heuschrecken. Lebt in den Niederungen um Regenstrombetten und geht gern auf Bäume.

Rüppell (N. Wirbelth. p. 28) giebt bedeutend größere Maße, wahrscheinlich sind letztere nicht dem Thier im Fleisch entnommen, sondern dem Balg.

Fam. Hunde (Canina).

In unserem Beobachtungsgebiet finden sich hauptsächlich zwei Rassen von Haushunden, nämlich eine schlanke Varietät des egyptischen und ein Windhund. Letzterer wird von den Beduinen häufig zur Jagd auf Gazellen, Büffel ꝛc. ꝛc. abgerichtet. Er ist von untersetzter Statur mit etwas gedrungenem Kopf und Körper und ausgezeichnet durch starke Läufe und dicke Pfoten. Seine Farbe wechselt zwischen falb, graugelb und weißlich. Die afrikanischen Haushunde im Allgemeinen sind weniger an den Menschen attachirt als ihre europäischen Verwandten, man sorgt, so zu sagen, nicht für ihren Unterhalt, daher halten sie sich in den meisten Fällen mehr an ihre Gehöfte als an den Herrn selbst. Sie dienen übrigens jeder Niederlassung als Wächter und alle Hunde-Insassen der letzteren vereinigen sich gegen nächtliche Einfälle von Hyänen und anderen Raubthieren.

Der Hund heißt bei den Arabern Kelb, in Amchara Wuša, bei den Galas Serjé, bei den Barabra Welqi, im Bedjah-Land Jaz, im Alt-Aethiopischen Kalebe, in Tigrié Kelbi.

Was die wilden Hunde Nordost-Afrika's anbelangt, so bin ich weit entfernt, ein endgültiges Urtheil über die Artselbständigkeit der verschiedenen Formen fällen zu wollen. Hierzu mangelt es mir namentlich am nöthigen osteologischen Material. Bei Thieren, welche an und für sich schon viele individuelle Unterschiede zeigen, die nach Alter, Jahreszeit, Geschlecht, Nahrung und Wohnbezirk ungemein variiren und die sich wohl nicht selten mit verwandten Formen mischen, unterliegt eine scharfe Charakterisirung der einzelnen Arten oder Rassen großen Schwierigkeiten.

Ich folge hier im Allgemeinen der Ansicht von A. Wagner, der namentlich bei Fuchs und Schakal verschiedene geographische Formen annimmt.

25. Der Dib, Canis variegatus (Cretschm.).

Rüpp. Atl. p. 31. t. 10. — Blanf. Abyss. p. 238. — Heugl. Fauna R. M. Nr. 13. — *C. Anthus*, Brehm, Habesch, p. 60. — *C. lupaster*, Ehr. Symb. phys. II. p. ff. — Wagn. Schreb. Säugeth. Suppl. II. p. 393.

Arab. Dib und Abu Schōm.

Allgemein und zuweilen in größeren Familien im Küstenland und den benachbarten Bergen.

26. Der bunte Schakal, Canis mesomelas (Schreb.).

Wagn. Schreb. Säugeth. Suppl. II. p. 396. — Heugl. Fauna R. M. Nr. 14. — Brehm, Habesch, p. 60. — Blanf. Abyss. p. 237. — Rüpp. Wirbelth. p. 39.

Arab. Abu el h'oseïn, auch T'aleb und Θ'aleb. Tigr. Quontsal, Qaberu, auch Boh'aria.

Nicht selten im Gebiet des Anseba und in den benachbarten Gebirgsländern.

Ich gebe nachstehend noch die Messung eines alten ♂ dieser schön gezeichneten Art, das wir im Anseba-Thal erlegten. Körperlänge im Fleisch 25″. Schwanz mit Pinsel 13″. Kopf 6″. Höhe des Ohres 4″. Die Iris ist gelbbräunlich.

Ich habe den bunten Schakal auch in den Gebirgen bei Asuan angetroffen. — Stimmt ganz mit südafrikanischen Exemplaren überein.

27. **Der Küsten-Fuchs, Canis vulpes niloticus (Geoffr.).**

C. niloticus, Wagn. Schreb. Säugeth. Suppl. II. p. 412. — *C. vulpecula* et *C. Anubis*, Hempr. & Ehr. Symb. phys. II. p. ff. — ? *C. riparius*, H. & Ehr. l. cit.

Wir haben an den Küsten und auf einigen Inseln des Rothen Meeres im Gebüsch von Avicennia öfter Füchse angetroffen, welche nach meiner Ansicht zur afrikanischen Rasse des gemeinen Fuchses gehören.

Blanford (Abyss. p. 240) erwähnt eines kleinen Schakal mit hohen Läufen, länglichen Ohren und von heller Sandfarbe, vielleicht C. pallidus Rüpp.?

28. **Der fahle Fuchs, Canis famelicus (Cretschm.).**

Rüpp. Atl. p. 15. t. 5. — Wagn. Schreb. Säugeth. Suppl. II. p. 419. — Fitz. u. Heugl. Säugeth. p. 16. — Brehm, Habesch, p. 60. — *C. corsac*, Gieb. Säugeth. p. 830. (part.) — *C. dorsalis*, Gray.

Arab. Sabera (d. i. der Höhlengräber).

Nicht selten im Sahel und den benachbarten Vorbergen längs der afrikanischen Küste des Rothen Meeres zwischen Doseïr und dem Golf von Adulis; lebt paarweise und in Familien, gräbt weitläufige Höhlen im Sande, hält sich aber auch in Klüften mit Trümmergestein auf.

Durch glänzend rostbraunen Rückenstreif, lange, etwas spitze, dicht behaarte Ohren, schmalen, sehr verlängerten Schädel und kleines Auge ausgezeichnete Art.

Ich gebe hier noch das Maß eines alten Männchens:

Körperlänge 21″ 1‴. Schwanz mit Haaren 14″. Kopf 5″ 1‴. Ohrhöhe 3″ 8‴. Schwanzspitze weiß.

An specifische Vereinigung von C. famelicus mit C. corsac, wie sie Giebel vornimmt, ist gar nicht zu denken. Ersterer hat viel längere Ohren und ist beträchtlich kleiner als C. corsac, auch der Schädel zeigt erhebliche Abweichungen, vorzüglich die Gestalt des Scheitelbeines.

Anmerkung. Für eine selbständige Form halte ich Canis semiensis, Heugl (*C. simensis*, Rüpp. — *C. Walgié*, Heugl.), der in den Hochgebirgen Abessiniens, so in Semién, Wogara und Begemeder, südwärts bis in das Gebiet der Wolo-Gala paar- und familienweise gefunden wird. Er heißt in Amchara Walgié, bei den Galas aber Serendida. Eine ausführliche Beschreibung desselben gab ich in den Verhandlungen der Leop. Carol. Akad. der Wissensch. XXX. p. 3.

Sein Vorkommen im nördlichsten Abessinien bezweifle ich.

29. Der Hyänenhund, Lycaon pictus (Tem.).

Canis pictus, Cretschm. Rüpp. Atl. t. 12. — Heugl. Fauna R. M. Nr. 17. — Fitz. u. Heugl. Säugeth. p. 17. — Blanf. Abyss. p. 236 (not.). — Wagn. Schreb. Säugeth. Suppl. II. p. 139.

Amch. Takuila. Bedj. Manōb. Arab. Sem'a und Semā.

In Familien und größeren Rudeln stellenweise recht häufig zwischen Aqiq und Mensa, übrigens auch in den Steppen von Takah bis nach dem südlichen Nubien hinüber.

Unfern des Berges Deqdera, kaum eine Meile vom Meeresstrand entfernt, beobachtete ich im Januar 1875 ein altes Weibchen mit einem stark halbwachsenen Jungen; beide näherten sich im Gestrüpp und zwischen sparrigen Grasbüschen am hellen Mittag schnüffelnd unserem Lagerplatz bis auf eine Entfernung von 50 Schritten.

Die Hyänenhunde führen ein herumschweifendes Leben und ziehen gern den wandernden Viehparken nach. Sie jagen zuweilen gesellschaftlich, sowohl bei Tag als während der Nacht, und richten nicht selten unter den Schafen und Ziegen, die zur Weide gehen, großen Schaden an. Doch verschmähen diese Thiere keineswegs auch Aas und sind im Stande, die stärksten Knochen zu zermalmen. Nur der Hunger macht sie übrigens kühn, aber sie sind stets von heimtückischem Wesen, im höchsten Grade schmutzig und mit sehr widerlichem Geruch behaftet, wie auch der Urin, dessen der Hyänenhund sich sehr häufig entledigt, einen fuchsartigen Gestank verbreitet.

Ihr Geschrei besteht in einem hohen ächzenden Heulen, Bellen und Gilfen, dabei schnauben sie in eigenthümlicher Weise, schnüffeln viel und beißen und raufen unter sich bei jeder Gelegenheit. Beim Beschleichen anderer Thiere windet der Hyänenhund ganz wie der Fuchs und der Jagdhund, werden erstere aber flüchtig, so verfolgt er sie mit unglaublicher Ausdauer und Gewandtheit.

Nach Aussage der Habab theilen sich die Rudel, welche zuweilen gegen hundert Stück zählen sollen, in verschiedene Partien, deren eine das Wild hetzt, während sich die andere in der Nähe der Wechsel in Hinterhalt legt. Auch erzählte man mir,

daß sowohl einzelne dieser Thiere, als ganze Gesellschaften, tage-
lang Heerden oder Karawanen folgen, um eine günstige Gelegenheit abzuwarten, über ein Maulthier oder einen Ochsen herzu-
fallen.

Fam. Hyänen (Hyaenina).

30. Die gestreifte Hyäne, Hyaena striata (Zimmerm.).

Schreb. Säugeth. Suppl. II. p. 447. — Heugl. Fauna R.
M. Nr. 18. — Blanf. Abyss. p. 236 (not.).

Arab. Dab'a. Berb. Atigi.

Geht im Küstenland des Rothen Meeres und längs des
Nil südwärts bis zum 15. Grad nördl. Br. Nicht im Gebirge.
Hält sich den Tag über in Klüften verborgen.

31. Die gefleckte Hyäne, Hyaena crocuta (Zimmerm.).

Schreb. Säugeth. Suppl. II. p. 451. — Heugl. Fauna R.
M. Nr. 19. — Blanf. Abyss. p. 235. — Brehm, Habesch, p. 60.

Arab. Mar'afil. Geez Zeēb. Tigr. Zebi und Kerai.
Belen Wag'a. Gala Worabeza. Denk. Jengula. Som. Wo-
rābeh. Bedj. Keraio. Berb. Dibki. Sudan-Arab. Ab
G'imah.

Eines der häufigsten Raubthiere im Gebiet der Habab, am
Anseba, Barkah und in Abessinien, wo die gefleckte Hyäne noch
auf einer Meereshöhe von 12000 Fuß vorkommt. Den Tag
über hält sie sich im dichten Gebüsch und in Klüften verborgen
und schweift Abends gern um Gehöfte, Städte und Lagerplätze,
hin und wieder ihr teuflisches Geheul ausstoßend und dadurch
Hausthiere und Hunde beunruhigend. Fehlt es nicht an Aas,
so hält sich die gefleckte Hyäne an solches, der Hunger treibt sie

aber auch zum Angriff auf Pferde, Maulthiere und Schafe; ja sie dringt mit unglaublicher Frechheit in Umzäunungen, Zelte und Wohnungen ein und raubt hier Fleischvorräthe, frische und gegerbte Häute, Ledersäcke, wie man sagt sogar Butter und Milch. Mir sind einige Fälle bekannt, die beweisen, daß sie selbst Menschen anfalle.

Anmerkung. Im abessinischen Küstenland und in der Gegend von Adowa sollen sich noch zwei weitere hierher gehörige Arten finden, eine kleine, gestreifte (ob Proteles Lalandei?) und eine sehr große, dicht und lang behaarte (Hyaena fusca?). Proteles Lalandei findet sich auch am Weißen Nil.

Fam. Katzen (Felina).

32. Der Löwe, Felis Leo (Linn.).

Schreb. Säugeth. Suppl. II. p. 460. — Heugl. Fauna R. M. Nr. 26. — Brehm, Habesch, p. 58. — Blanf. Abyss. p. 230.

Arab. Asad, Sabu'a und Lebuah. Schoho Labak. Gala Alati und Lendꞩa. Bel. Gamana. Amch. und Geez Anbasa. Tigr. Of, Aiet und Hajet. Bedj. Haldāb und Hadāb. Danak. Lōbak. Som. Liba oder Liwa.

Die Verbreitung des Löwen erstreckt sich nordwärts bis in die Berge der Beni Amer. Im Falkat, Barkah und am unteren Anseba soll er sehr häufig vorkommen; zahlreich fand ich ihn vor 10 bis 15 Jahren noch am Ost-Abhang der abessinischen Gebirge und im Lebka, einzelner im Bogos-Gebiet.

Im eigentlichen Hochland scheint er zu fehlen.

Der Löwe von Ost-Suban trägt nach meinen vielen Erfahrungen nur eine sehr wenig stattliche und stets falber gefärbte Mähne, während der Löwe von Habesch, namentlich im Winter,

eine sehr entwickelte, dunkle, wallende Mähne um Kopf, Schultern und Unterleib erhält. Die Form des Tieflands erscheint
überdies stets etwas schwächer und falber gefärbt, als der Ge-
birgslöwe, doch richtet sich die Färbung und Entwickelung der
Haare nach Jahreszeit, Alter und Localität, denn alte, mähnen-
lose Männchen, welche ich nach Europa brachte, legten hier im
Winter ebenfalls ein Prachtkleid an. In Abessinien soll sich eine
schwarze Varietät finden, die mir jedoch niemals zu Gesicht kam.

Lebt meist paarweise und den Tag über im dichtesten Gebüsch verborgen, wo er seine permanenten Lager aufschlägt, aber
während der Nacht weit im Land umherschweift.

33. Der Leopard, Felis pardus (Linn.).

Schreb. Säugeth. Suppl. II. p. 479. — Heugl. Fauna
R. M. Nr. 21. — Brehm, Habesch, p. 59.

Arab. Nimer. Ameh. und Geez Newer. Tigr. Neweri
und Homhom. Bel. Dšilba. Gala Kerensa. Som. Šebel.
Denk. Kabai. Bedj. Eh'ām und Šeh'edo. Die schwarze
Varietät heißt in Abessinien Gesela (Ludolf schreibt Gešala).

Einzeln im Barkah, nicht selten in den Gebirgen um den
Falkat und Anseba, sowie in Mensa, wo der Leopard oft förm-
lich zur Landplage wird und hin und wieder selbst Menschen an-
fällt. Der Abessinier fürchtet den Leoparden weit mehr als den
Löwen. Diese Thiere leben meist vereinzelt, führen den Tag
über eine weniger verborgene Lebensweise als ihre Verwandten
und rauben auch nicht ausschließlich zur Nachtzeit. Der Gebirgs-
leopard sonnt sich nach kalten Nächten ganz gemüthlich auf Felsgesimsen. Unternimmt er jedoch Streifereien während des lichten Tages, so geschieht dies meist im dichten Buschwerk und in
Klüften, wo er namentlich dem Klippdachs auflauert. Werden
Raben, Nashornvögel, Honigkukuke und Racken seiner ansichtig,

so verfolgen sie lärmend und auf ihn stoßend seine Spur. Abends findet sich derselbe zuweilen schon recht zeitig bei Brunnen= gruben ein, um Beute an Antilopen zu machen. Namentlich in dunklen Nächten brechen die Leoparden häufig in Verhaue und Dornhecken ein, ja, ich habe sie mehrmals auf Dächern und Mauern gesehen. Während unserer Anwesenheit im Bogos=Gebiet setzte eine dieser Bestien über einen Dornzaun und grub sich einen Weg theils unter der Erde weg bis zu einem Ziegenstall; mehrere fingen wir in großen Schlagfallen, in welche eine Ziege als Köder gesetzt wurde, noch andere wurden auf dem Anstand geschossen.

In Abessinien findet man hin und wieder auch eine schwarze Varietät des Leopard, die dort Gesela genannt wird. Das glän= zende Fell ist braunschwärzlich, und in gewissem Licht erscheint darauf die dem Leopard eigenthümliche Fleckenzeichnung. Ein Gesela=Balg ist bei den abessinischen Kriegern hoch geschätzt. Sie verfertigen daraus eine Art von Pelzkragen (amch. Lembd), der bei feierlichen Gelegenheiten und im Felde um die Schultern getragen wird.

34. Der Gepard, Felis (Cynailurus) guttata (Herm.).

Schreb. Säugeth. Suppl. II. p. 501. — Heugl. Fauna R. M. Nr. 22. — Brehm, Habesch, p. 59.

Arab. Fahad und Fah'ad. Amch. Newer Golgol und Newer arär. Som. Hermād.

Nicht selten, aber stets vereinzelt am Ost=Abhang der abes= sinischen Gebirge, in Mensa, im Gebiet des Anseba und im süd= lichen Takah. Scheint nicht hoch in das Gebirge aufzusteigen. Der Gepard gehört zu den harmlosesten Katzen, die einen hohen Grad von Zähmung und Liebenswürdigkeit annehmen und sich sogar bald mit Hunden und Pferden befreunden. Ein von uns in einer Falle gefangenes altes Männchen hatte sich schon nach

wenigen Wochen derart an sein Schicksal gewöhnt, daß es Nahrung aus der Hand annahm und ich dasselbe mit mehreren anderen gezähmten Wildkatzen meist frei im Haus und Hof umher-
wandeln lassen konnte. Oft lag es bei den Pferden in der
Raufe, mit Vorliebe aber in meinen Zimmern auf Divan und
Betten. Während der Frühstunden aber beging es Hof- und
Gartenmauer, äugte in niedergedrückter Stellung alle Vorüber-
gehenden, Menschen, Esel und Hunde und erwartete den um jene
Zeit sich mit Futter einstellenden Fleischer. War ich krank, so
verließ der Gepard nur gezwungen mein Lager und leckte mir
unter beständigem Spinnen Gesicht und Hände.

Der Gepard jagt auch gern bei Tag und unter Umständen
mit erstaunlicher Frechheit. Auf Hochbäumen habe ich ihn niemals angetroffen, aber einmal auf einem etwa mannshohen
überhängenden Stamm in einem Regenstrombett. Dort hatte
sich das Thier platt niedergedrückt und würde ich dasselbe ohne
den mich begleitenden Hund wohl gar nicht bemerkt haben.

Brehm irrt sich, wenn er sagt, Rüppell führe den Gepard
nicht als nordost-afrikanisches Säugethier auf. Letztgenannter
Forscher begeht (N. Wirbelth. p. 40) nur den Fehler, daß er
Felis chalybaeata, Herm., statt F. guttata schreibt.

Vom Bahr el abiad erhielt ich das Fell einer offenbar zu
Cynailurus gehörigen Katze, das jedoch sehr wesentlich von
C. guttatus abweicht. Dieses Fell kommt (ob vielleicht durch
künstliche Streckung?) in Größe mindestens dem eines ausgewachsenen Leoparden gleich, das Thier scheint viel kürzere und kräf-
tigere Füße zu haben, ebenso kürzeren Schwanz und derselbe
weicht auch in der Färbung und Behaarung von allen mir bekannten Geparden ab. Eine Rückenmähne ist nicht vorhanden;
der ganze Balg oberher viel lebhafter und dunkler rostig zimmt-
braun mit weit größeren, deutlicheren schwarzen Flecken; die
ungefleckten Sohlen rostfarbig. Die Länge des Felles von der

Schnauze bis zur Schwanzwurzel beträgt 4', die des (vielleicht etwas verstümmelten) Schwanzes nur 1' 6½". Ich habe das Thier vorläufig Felis (Cynailurus) megabalia genannt.

Fitzinger (Heugl. u. Fitz. Säugeth. p. 21. — Fitz. Sitzungs-Ber. der k. k. Akad. d. Wiss. Wien. XVII. Heft VII. p. 245) beschreibt noch eine F. (Cynailurus) Soemmeringii nach einem von mir lebend nach Wien gebrachten Exemplar. Doch scheinen mir die Unterschiede zwischen F. guttata und F. Soemmeringii nicht zu specifischer Sonderung beider Formen ausreichend.

35. Der Serval, Felis (Galeopardus, Heugl.) Serval (Schreb.).

Schreb. Säugeth. Suppl. II. p. 505. — Fitz. u. Heugl. Säugeth. p. 21.

Arab. Badj. Amch. Newer golgol.

Kommt nach Werne in Takah vor. Auch sah ich ihn in Thiersammlungen aus dem Homran und erlangte ihn öfter vom Weißen Nil, nordwärts bis zum Djebel Dinka. Scheint auch im gemäßigten Abessinien vorzukommen.

Anmerkung. In Abessinien sah ich mehrmals Felle einer Luchsart, welche in Größe, dichter Behaarung, Färbung und Fleckung vollkommen mit unserer F. Lynx übereinstimmen. Einen Schädel dieses Thieres sandte ich seiner Zeit an Professor Dr. Hyrtl in Wien ein, das Ergebniß der Vergleichung desselben mit dem Schädel des gemeinen Luchses ist mir indeß nicht bekannt geworden. Das in Rede stehende Thier heißt Tšoχ Anbasa, d. i. des Löwen Sohn, auch Derq Anbasa.

36. Der schwarzohrige Luchs, Felis (Lynx) caracal (Güldenst.).

Schreb. Säugeth. Suppl. II. p. 526. — Fitz. u. Heugl. Säugeth. p. 21. — Heugl. Fauna R. M. Nr. 23.

Arab. Om riŝâd. Auch. 'Afen und Tsoχ Anbasa. —
Bel. 'Anak.

In Takah, im Bogos-Gebiet und den benachbarten Gebirgen einzeln vorkommend.

37. Der gestiefelte Luchs, Felis (Lynx) caligata (Tem.).

Schreb. Säugeth. Suppl. II. p. 530. — Bruce, Trav.
Abyss. V. p. 146. c. tab. — Blanf. Abyss. p. 228. — *Felis
caffra*, Desm. — *F. lybicus*, Oliv. Voy. Egypte t. 41.

Tigr. Okul Dumo. Auch. Hachla Demat und Ja-dur
Demat.

Wir sammelten im Bogos-Gebiet und in der Nähe von
Gafat in Begemeder eine Wildkatze ein, welche ich nur auf
Felis caligata beziehen kann.

Die Iris ist gelb; Pupille gerundet; der schwarze Pinsel am
oberen Ohrrand nur sehr kurz; im Schwanz zählte ich 21 Wirbel.
Körper bis zur Schwanzspitze 35″. Schwanz besonders gemessen
14½″. Kopf 4½″. Ohrlänge 2″ 8‴. Schulterhöhe 13″ 9‴.
Vom äußeren Augenwinkel bis zur Nasenspitze 1″ 4‴.

38. Die kleinpfotige Katze, Felis maniculata (Rüpp.).

Rüpp. Atl. t. 1. — Fitz. u. Heugl. Säugeth. p. 22. —
Schreb. Säugeth. Suppl. II. p. 237.

Arab. Qot el χalä.

Einzeln in Takah und den Gebirgen der Beni Amer. Auf
dem Ohr nur eine Spur von schwarzem Haarbüschel; Iris grün-
lichgelb; Pupille rund. Im inneren Augenwinkel findet sich
eine Nipphaut, die nach außen und oben beweglich ist.

Länge bis zur Schwanzwurzel 17½″. Schwanz 9″ 9‴.
Ohrhöhe 2″. Schulterhöhe 10½″.

Anmerkung. Jeder Abessinier weiß von einem höchst ge=
fährlichen Raubthier zu erzählen, das in Amchara Wobo, in Tigrié
Mendelit genannt wird. Es soll größer sein als der Leopard,
ja selbst als der Löwe. Die Färbung wird nicht übereinstim=
mend beschrieben, aber nach den meisten Berichten ist das Thier
gelblichbraun oder braungraulich mit schwarzen Längsstreifen.

Ein ähnliches Raubthier dürfte auf den Felsgebirgen in
der Nähe des Dender und Rahabflusses vorkommen. Dasselbe
heißt dort Abu Sotān. Die Araber schreiben demselben einen
auffallend langen Hals und helle Behaarung mit großen schwarzen
Flecken oder Längstreifen zu. Vielleicht gehört der Wobo und
der Abu Sotān zu einer und derselben Art. An der Existenz
dieses Raubthieres ist kaum zu zweifeln. In Abessinien zeigt
sich der Wobo angeblich nur im heißeren Tiefland und wird
selten erlegt. Ein Fell dieser Katzenart wurde lange Zeit in der
Hauptkirche von Eifag aufbewahrt, und versicherten mich verschie=
dene Personen, namentlich auch König Theodoros, dasselbe noch
dort gesehen zu haben.

Ord. Nager (Rodentia).

Fam. Eichhörnchen (Sciurina).

39. Das vielfarbige Eichhorn, Sciurus multicolor (Rüpp.).

Rüpp. N. W. p. 38. t. 13. — Rüpp. Mus. Senkenb.
III. p. 115. — Heugl. Fauna R. M. Nr. 24. — Fitz. u.
Heugl. Säugeth. p. 31. — Wagn. Schreb. Säugeth. Suppl.
III. p. 210. — *Sciurus annulatus*, Desm. Mammal. p. 338 (?).
— Brehm, Habesch, p. 62. — Blanf. Abyss. p. 278.

Heißt im Samhar Sakie (Rüpp.).

Nicht selten in den Vorbergen um Masaua, sowie im Ge=

biet des Anseba; ohne Zweifel auch im Barkah bis zum Atbarah westwärts. Lebt ausschließlich auf Gebüsch und Hochbäumen und hat die Fähigkeit, sich bei herannahender Gefahr derart platt auf horizontale Aeste anzudrücken, daß das Thier nur für ein sehr geübtes Auge bemerkbar wird.

40. Das kurzohrige Eichhorn, Sciurus rutilus (Cretschm.).

Cretschm. Rüpp. Atl. p. 59. t. 24. — *Xerus brachyotus*, Hempr. & Ehr. Symb. phys. t. 9. — Fitz. u. Heugl. Säugeth. p. 32. — Heugl. Fauna R. M. Nr. 26. — Brehm, Habesch, p. 63. — Blanf. Abyss. p. 278.

Arab. Saberah. — In der Gegend von Majana Silu (Rüpp.).

Von uns nur sehr einzeln in buschigen Thälern und Regen= strombetten im abessinischen Küstenland beobachtet. Nach Brehm häufig im benachbarten Gebirge, wo ich nur Sc. multicolor und Sc. leuco-umbrinus begegnet bin.

41. Das weißstreifige Erd=Eichhorn, Sciurus leuco-
umbrinus (Rüpp.).

Rüpp. Atl. p. 60. — Rüpp. N. W. p. 37. — Rüpp. Mus. Senk. III. p. 115. — *Sc. setosus*, Wagn. Schreb. Säugeth. IV. t. 218. A. — Fitz. u. Heugl. Säugeth. p. 31. — Wagn. Schreb. Suppl. III. p. 213. — Heugl. Fauna R. M. Nr. 25. — Blanf. Abyss. p. 279.

Arab. Saberah. Bei Majana Silu (Rüpp.). Amch. Dsedsera.

Paar= und familienweise im Gebüsch, in Erdlöchern des Flachlandes und in alten Gräbern; sowohl im Samhar als im Gebiet des Anseba und Nagfa allgemein. Treibt sich nur auf der Erde herum, und verbirgt sich gewandt und flüchtig in Höhlen und unter Steinen. Beim Spielen und im Affect werden die Schwanzhaare aufgestellt und der Schweif selbst hochgetragen.

Anmerkung. Sciurus abyssinicus, Des Murs et Prév. Lefeb. Abyss. Zool. Mammif. p. 23, kenne ich nicht. Sc. gambianus, Ogilby, kommt nach Rüppell in Schoa vor. Eine weitere Art, Sc. Dabagala, fand ich an der Somalküste, Speke eine vierte, Sc. ornatus, Gray, im östlicheren Central-Afrika. Wagner beschreibt einen Sc. superciliaris aus Senar und Mozambique.

Im Gebiet des Gazellenflusses traf ich häufig ein Baumeichhorn mit rundem, buschigem, nicht zweizeiligem Schweif, ähnlich dem Sc. rutilus, aber von kleineren Dimensionen, etwas abweichender Färbung und kürzeren Ohren. Ich nenne die Art, falls selbe noch unbekannt sein sollte,

Sciurus bongensis. Behaarung etwas rauh, die des Schwanzes nicht auffallend lang und nicht dicht; Ohr sehr kurz, breit-oval, etwas wulstig, am oberen Rand umgeschlagen, fast 6''' breit und 5''' hoch, an den Seiten stark behaart; die kurzen, starken, scharfgekrümmten Nägel, namentlich auf ihrer Außenseite, mit langen, bürstenartigen Kammhaaren; die breiten Schneidezähne bräunlichgelb; 5 bis 6 Reihen weicher, fast bis zum Ohr reichender Schnurren. Oberseite ziemlich lebhaft pfirsichröthlich ins Ockerfarbene; alle Haare mit breiten weißen Spitzen und 1 oder 2 schwarzbräunlichen Ringen; Flanken, Außenseite der Füße und Ohrengegend blaß graubräunlich, weiß melirt; ein großer Ring um das Auge, Unterseite und Lippen weiß; Schwanz cylindrisch, sehr licht ockerfarbig, nach der Spitze zu heller, nach der Basis mehr roströthlich, alle Haare mit schwärzlichen Ringen und namentlich nach dem äußeren Ende zu breit weißgespitzt, so daß hier zahlreiche, regelmäßige Ringe von derselben Farbe entstehen. Länge des Körpers 6'' 7'''. Schwanz mit Behaarung kaum kürzer. Lauf bis zur Spitze der Nägel 1'' 6'''.

Lebt beständig auf Bäumen und nährt sich von Früchten, grünen Knospen und Rinde, nimmt aber gelegentlich auch Büschelmaiskörner.

In der Nähe der Sciurinen, wohl aber einer besonderen Familie zuzutheilen, steht

42. Das Schopfhörnchen, Lophiomys Imhousii (Milne Edwards).

Heugl. Reise in das Gebiet des Weissen Nil, p. 281.

Dr. Schweinfurth fand einen Schädel dieses eigenthümlichen Nagers in einem Grabe bei Mamam. Ein lebendes Exemplar von unbekannter Herkunft gelangte über Aden nach Europa. Der Marchese Antinori schreibt mir, daß es ihm gelungen sei, diese Art während seiner Reise in das Bogos-Gebiet und das Barkah einzusammeln.

Ueber die Lebensweise kann ich nichts berichten, doch scheint das Schopfhörnchen ähnlich dem Sciurus leuco-umbrinus Erd-höhlen zu bewohnen.

Anmerkung. Aus der Familie der Schläfer oder Bilche (Myoxina) scheint kein Glied in unserem Beobachtungsgebiet vorzukommen. Elliomys melanurus (Wagn.) wurde am Sinai beobachtet; Graphiurus murinus, Des Murs & Prév. in Abes-sinien; die letztgenannte Form soll mit G. erythrobranchus, Smith, und Myoxus cinerasceus, Rüpp., zusammenfallen. Wag-ner beschreibt endlich (in Wiegm. Arch. 1848. p. 182) einen Elliomys orobinus, Wagn., aus Senar.

Fam. Schrotmäuse (Psammoryctina).

43. Das Steinhörnchen, Pectinator Spekei (Blyth.).

Blyth. Journ. As. Soc. Bengal. 1855. XXIV. p. 294. — Heugl. Verh. Leop. Carol. Akad. 1861. XXVIII. t. 2.

f. 1. — Heugl. Fauna R. M. Nr. 33. u. p. 17. — Blanf.
Abyss. p. 281. — *Genus Petrobates*, Heugl. (M. S).

Ich kannte dieses niedliche Thierchen bisher nur aus dem
nordwestlichen Somal=Gebiet und der Gegend von Tedjurah.
Neuerdings wurde es von Blanford und Jeſſe auch unfern der
Bucht von Abulis aufgefunden.

Das Steinhörnchen lebt in Geröll und an Felsgehängen,
die mit Gebüſch beſtanden ſind. Ueber die heiße Tageszeit ruhen
ſie in ihren Schlupflöchern, Abends, namentlich aber in der
Frühe und Vormittags ſah ich ſie entweder auf Geſtrüpp herum=
laufen, ähnlich wie Haſelmäuſe, oder auf Steinblöcken, auf die
ſie ſich, wenn ſie erſchreckt werden, ganz platt anzudrücken ver=
ſtehen. Der buntgezeichnete, ſehr buſchige Schweif wird beim
Laufen meiſt horizontal getragen; während des Sitzens auf den
Hinterbeinen, beim Reinigen des Pelzes und beim Freſſen, ja
ſelbſt zuweilen in liegender Stellung ſchlägt das Thierchen die
Ruthe dagegen ganz auf den Rücken.

Die Nahrung beſteht in Knospen, Blättern und Rinde,
wahrſcheinlich auch in Geſäme. Im September und October
wirft das Weibchen zwei oder drei Junge.

Fam. Wurfmäuſe (Cunicularia).

44. Der Filſel, Rhizomys splendens (Rüpp.).

Bathyergus splendens, Rüpp. N. W. p. 36. t. 12.
— Wagn. Schreb. Säugeth. Suppl. III. p. 368. — Blanf.
Abyss. p. 279. — Brehm, Habesch, p. 63. — Fitz. u. Heugl.
Säugeth. p. 32. — Rüpp. Mus. Senkenb. III. p. 97.

Nach Brehm in Menſa.

Ich habe den Filſel in großer Anzahl im centralen Abeſ=
ſinien, namentlich um Semien und Wogara, bei Gondar und

unfern Debra Tabor gefunden. Blanford beobachtete ihn in der
Nähe des Aschangi-Sees. In ganz Tigrié ist er mir niemals
vorgekommen, und da Brehm das Thier, welches er als Rh.
splendens anführt, nicht eingesammelt hat, sondern nur flüchtig
unter Büschen umherlaufen sah, mag seine Angabe wohl auf
einem Irrthum beruhen.

Der Filfel lebt in selbstgegrabenen Gängen in der Dammerde von Viehtriften, namentlich unter Rasen. Diese Gänge
sind sehr lang, oft unregelmäßig gewunden, jedoch nicht tief unter
der Erdoberfläche. Schon von Weitem erkennt man die betreffenden Stellen an Reihen von Erdaufwürfen, die denen des Maul-
wurfs gleichen. In den Höhlen findet man hier und da kessel-
artige Erweiterungen. Niemals verlassen diese Thiere ihre Baue
freiwillig. Sie sehen offenbar nur sehr schwach. Das kleine,
halb durchsichtige, rosenrothe Auge leuchtet wie ein blasser, halb-
kugelförmig geschliffener Rubin. Brachte ich einige dieser Thiere
in einen geschlossenen Raum, so fielen sie sich sofort unter Knurren und wüthendem Beißen an.

Sehr eigenthümlich ist die Art, wie die kräftigen, meißel-
förmigen Schneidezähne die Oberlippe hoch über der kleinen
Mundöffnung durchsetzen. Die Nase ist sehr musculös und beweglich und können die Nasenlöcher durch Herabdrücken der breiten vorstehenden Nasenkuppe gänzlich geschlossen werden. Nase
und Lippen sind bräunlich fleischfarbig. Das Ohr ist nackt,
nur am Rand mit wenigen feinen, langen, schwärzlichen Haaren
eingefaßt, ebenfalls beweglich und verschließbar. Die Zunge sehr
weich, fleischig, ziemlich lang und dick.

Die vier Zehen des Vorderfußes ungefähr gleich lang, die
kleinste aber weit zurückstehend; Daumenrudiment klein, aber mit
kräftigem Nagel versehen. Der Schwanz mäßig dick, ungefähr
um 2/3 kürzer als der Rumpf (ohne Kopf).

Das Weibchen hat drei Zitzenpaare, deren vorderes Paar

sehr weit vorgerückt ist; die zwei hinteren Paare stehen weit nach rückwärts und nahe beisammen.

Scheint nur ein Junges zu werfen, und zwar fällt die Setzzeit in den December bis März.

Die Leber ist nach meinen Notizen links zwei-, rechts drei-lappig, der rechte Lungenflügel viertheilig, der linke ungetheilt; die Lunge viel kleiner als die Leber und weit nach oben gedrängt; die Nieren dreieckig, mit etwas eingedrückten Seitenflächen; die Gallenblase transparent, pistaziengrün, etwa 4''' lang. Der ein-fach eingeschnürte Magen erscheint etwas breitgedrückt, sehr dehn-bar und weich, mit dünnen Wänden, innen ohne Falten; der Blinddarm unaufgelöst 6 bis 8''' dick, 4'' lang mit 7 oder 8 spiralförmigen Einschnürungen; der Dickdarm nach oben zu schräg gerippt.

Der Filfel nährt sich von Wurzeln und Gräsern.

Ein von mir im Fleisch gemessenes Weibchen hatte folgende Dimensionen: Kopf 1'' 8'''. Körper 6'' 4'''. Schwanz 2'' 3'''. Breite des Ohres 5'''.

Die Abbildung, welche Rüppell vom Filfel giebt, ist sehr un-genügend und eigentlich unkenntlich, sowohl was Stellung als Färbung anbelangt. Es fehlen die buschigen Barthaare, die nackten Augenlider, die Ohrform wird unrichtig wiedergegeben und ist die tiefe Hautfalte am Unterkiefer gar nicht berück-sichtigt.

Es scheint, daß der abessinische wilde Hund (Canis semien-sis) den Wurfmäusen gerne nachstellt, indem wir an Orten, wo letztere hauptsächlich wohnen, die Erde häufig aufgegraben fanden. Andere Raubthiere werden ihnen dagegen nichts anhaben können, weil der Filfel seine unterirdischen Behausungen fast niemals verläßt.

Diese Art wird von Rüppell und Blanford der Gattung Bathyergus zugetheilt; auch mit Rhizomys stimmt sie nicht

recht überein und es dürfte gerathen sein, die afrikanische Wurzel=
maus als besondere Untergattung (Tachyoryctes, Wagn.) von
den asiatischen Formen zu trennen.

Anmerkung. Aus der Familie der Wurfmäuse kommen
noch folgende Arten in Nordost=Afrika vor:

Rhizomys (Tachyoryctes) macrocephalus, Rüpp. — In
Schoa.

Heterocephalus glaber, Rüpp. — Ebenfalls in Schoa.

Georychus ochraceo-cinereus, Heugl. — Im Gebiet
des Gazellenflusses.

Georychus albifrons, Gray, Proc. L. Z. S. 1864. p.
123. — Von Spefe wohl im Gebiet des Nilquellenlandes
erlangt.

Heliophobius pallidus, Gray, l. c. p. 124. — Eben daher.
Ob G. albifrons mit G. ochraceo-cinereus zusammenfalle,
kann ich nicht angeben, bezweifle es jedoch. Das von mir be=
schriebene Thier ist glänzend silbergrau=bräunlich, mit großem,
rhombischem, weißem Nackenfleck, während dem G. albifrons
ein weißer Stirnfleck zugeschrieben wird.

Fam. Springmäuse (Dipoda).

Ich habe öfter Springmäuse und ihre Fährten im Tiefland
unseres Beobachtungsgebietes gesehen, kann jedoch nicht angeben,
welcher Art dieselben angehörten. Blanford läßt „Dipus gerbillus, Oliv." an der Küste von Adulis vorkommen, doch ge=
hört dieses Thier nicht zu Dipus, sondern zu Meriones.

Anmerkung. In Nordost=Afrika, auf der Sinaitischen
Halbinsel und längs der Ostküste des Rothen Meeres sollen sich
folgende hierher gehörige Arten finden:

Dipus (Haltomys) aegyptius, Hasselq. (*Dipus Gerboa*,
Oliv. — *D. bipes*, Licht.)

Dipus (Haltomys) hirtipes, Licht. (*Dipus macronystax*,
H. & Ehr.)

Dipus (Haltomys) macrotarsus, Wagn.

Scirtetes aulacotis, Wagn.

Scirtetes tetradactylus, Licht. (*Dipus abissinicus*, Meier.)

Zu Scirtetes (Gen. Alactaga, Cuv.) rechne ich noch eine
Art aus dem Gebiet des Gazellenflusses, welche jedoch in einiger
Beziehung nicht unerhebliche Abweichungen zeigt.

Die Springmäuse heißen auf Arabisch G'erbu'a, auch Abu
Nauār und Fär el G'ebel.

Fam. Mäuse (Murina).

Die Mäuse im Allgemeinen heißen bei den Arabern Fär.
In Amchara Ajet. In Tigrié Aint⸗owa, End⸗owa. Bedjah Sida.

45. Die Dachratte, Mus tectorum (Savi).

Bonap. Fauna Ital. fasc. III. u. XVI. — *Mus alexan-
drinus*, Geoffr. Descr. de l'Ég. t. 5. f. 1. — Rüpp. Mus.
Senkenb. III. p. 106. — Wagn. Schreb. Säugeth. Suppl.
III. p. 405. — Fitz. u. Heugl. Säugeth. p. 34. — Heugl.
Fauna R. M. Nr. 34.

Längs den Küsten des Rothen Meeres, in den meisten
Hafenstädten.

46. Die Wanderratte, Mus decumanus (Pall.).

Wagn. Schreb. Säugeth. Suppl. III. p. 404. — Fitz.
u. Heugl. Säugeth. p. 34. — Brehm, Habesch, p. 63.

Durch Schiffe auf Hafenplätze und Inseln des Rothen
Meeres verschleppt.

47. Die gelbbäuchige Ratte, Mus flaviventris (Licht.).

Brants, Muiz. p. 108. Nr. 32. — *Mus flaviventris*, Heugl. Fauna R. M. Nr. 39 u. p. 18. — Heugl. Verh. Leop. Carol. Akad. XXVIII. t. II. f. 2. — Fitz. u. Heugl. Säugeth. p. 34.

Von Ehrenberg in Arabien, von mir auf verschiedenen Inseln längs der afrikanischen Küste zwischen Masaua und Bab el Mandeb aufgefunden. Lebt im Gebüsch von Salzpflanzen und springt sehr gewandt und hoch.

48. Die weißbrüstige Ratte, Mus leucosternum (Rüpp.).

Rüpp. Mus. Senkenb. III. p. 108. t. 7. f. 2. — Wagn. Schreb. Säugeth. Suppl. III. p. 427. — Heugl. Fauna R. M. Nr. 38. — Fitz. u. Heugl. Säugeth. p. 34.

In Masaua in Wohnungen und Magazinen.

49. Die weißfüßige Ratte, Mus albipes (Rüpp.).

Rüpp. Mus. Senkenb. III. p. 107. t. 6. f. 2. — Fitz. u. Heugl. Säugeth. p. 35. — Heugl. Fauna R. M. Nr. 37. — Brehm, Habesch, p. 33. — Wagn. Schreb. Säugeth. Suppl. III. p. 426. (part.)

Hausratte in Masaua und den benachbarten Ortschaften.

50. Die dunkelnasige Ratte, Mus fuscirostris (Wagn.).

M. albipes, Rüpp. var. minor. — Wagn. Wiegm. Arch. 1845. p. 149. — Fitz. u. Heugl. Säugeth. p. 35.

Von Rüppell im Modat-Thal und in Nubien gefunden. Kommt auch in Schowa vor.

Ich gebe nachstehend aus meinen Tagebüchern noch die Beschreibung einiger Rattenarten unseres Beobachtungsgebietes, die vielleicht mit bereits bekannten Arten zusammenfallen, deren Originaltypen mir jedoch derzeit zu genauer Vergleichung nicht vorliegen.

51. Die Samhar-Ratte, Mus samharensis (Heugl.).

Kopf ziemlich lang und spitz; Daumenrudiment des Vorder-fußes sehr schwach; Ohr außen fein behaart, innen nackt; die Nägelgegend der Hinterfüße mit kammartigen gebogenen Haaren bedeckt; kahle Theile der Füße hell fleischfarbig; Wollhaare grau, der übrige Pelz sehr weich, gelblich rauchbraun, am Unterleib graulich weiß, etwas ins Ockergelb; Grannenhaare des Rückens lang, schwarz mit gelblichen Spitzen; die über 1 Zoll langen Barthaare dicht und von schwärzlicher Farbe; Schwanz dunkel rauchbraun, sehr fein geringelt und fein behaart, die Haare jedoch die einzelnen Ringe an Länge weit übertreffend. Körper-länge 4″ 9‴. Schwanz 6″ 3‴. Ohrhöhe 9‴. Ohrbreite 7½‴. Länge des Kopfes 1½″. Länge des Hinterfußes längs der Sohlen 1″ 2‴.

Hausratte in Mekulu.

52. Die Hausmaus von Keren, Mus Kerensis (Heugl.).

Pelz sehr weich; Ohren mittelgroß, beiderseits fein behaart, Schwanz um ⅓ bis ¼ kürzer als der Körper, mit kurzen und steifen Haaren, die an der Wurzel der Ringe entspringen, weiß-lich gefärbt sind und die Ringe wenig an Länge übertreffen. Oberseite ohne Grannenhaare, röthlichgrau, braungrau melirt; Wurzel der Haare dunkel aschfarbig; Unterseite und Lippen weißlich, die Basis der einzelnen Haare grauweißlich. Vorder- und Hinterfüße nach unten (Handgegend) rein weiß; Bart fein,

5*

mittellang, schwärzlich mit hellen Haarspitzen; gegen die Tren=
nung der Färbung der Oberseite und Unterseite, welche sehr
scharf abgegrenzt ist, spielt erstere (die Oberseite) mehr ins
Ockerfalbe. Körperlänge 6″. Schwanz 4″ 1‴. Ohrhöhe 7‴.

In Keren im Bogos=Lande in Wohnungen.

53. Die falbfüßige Feldmaus, Mus ochropus (Heugl.).

Fast von der Größe der vorigen Art; Ohr kürzer und
breiter, Schwanz stärker, Behaarung dichter.

Der ganze Pelz rauh= und langhaarig, etwas borstig; die
Haare der Oberseite auf der Wurzel schwärzlich, die Spitzhälfte
rostbräunlich, wodurch der Rücken ein melirtes Ansehen erhält;
Grannenhaare ganz schwärzlich bis braunschwarz; Schnurren
braunschwarz mit rostig weißlichen Spitzen; Unterseite graulich=
weiß; Außen= und Vorderseite der Hände und Vorderfüße rostig
gelblich, Lippen ebenso, aber etwas dunkler gefärbt; Schwanz
oben schwärzlich, seitlich rostbräunlich, unten graunweißlich behaart.
Ganze Körperlänge 5″ 6‴. Schwanz 4″ bis 4½″. Ohr
6‴ hoch.

Feldmaus im Bogos=Gebiet.

54. Die morgenländische Maus, Mus orientalis (Cretschm.).

Cretschm. Rüpp. Atl. p. 76. t. 30. — Rüpp. Mus.
Senkenb. III. p. 116. — Heugl. Fauna R. M. Nr. 40.

Hausmaus in den Küstenstädten des Rothen Meeres.

55. Die gescheckte Feldmaus, Mus (Isomys) variegatus (Licht.).

Brants, Muiz. p. 102. Nr. 29. — Rüpp. Mus. Senkenb.
III. p. 112. 115. Heugl. Fauna R. M. Nr. 36. Fitz.

u. Heugl. Säugeth. p. 36. — Brehm, Habesch, p. 64. —
Lichtenst. Dubl. Cat. p. 2. — *Mus discolor*, Wagn. —
Descr. de l'Ég. t. 5. f. 2. (?) — *Mus niloticus*, Geoffr. (?)
— Wagn. Schreb. Säugeth. Suppl. III. p. 423.

Im Samhar und den benachbarten Gebirgsabfällen.

56. Die egyptische Stachelmaus, Acomys cahirinus (I. Geoffr.).

Mus cahirinus, Desm. Mammif. p. 309. — Lichtenst.
Darstell. t. 37. f. 1. — Rüpp. Atl. t. 13. f. 6. — Rüpp. Mus.
Senkenb. III. p. 116. — Wagn. Schreb. Säugeth. Suppl.
III. p. 440. — Fitz. u. Heugl. Säugeth. p. 36. — Heugl.
Fauna R. M. Nr. 41.

Hausmaus im Nilgebiet südlich bis Chartum, aber auch
in Sues und Sauakin von mir beobachtet.

57. Die weißwangige Stachelmaus, Acomys albigena (Heugl.).

Obenher rauchgrau, an den Seiten mehr ins Falbe spie=
lend; Schnauzengegend satt bräunlichgrau; die scharf von der
Farbe der Oberseite geschiedene weiße Färbung des Unterleibes
und der Füße reicht jederseits als 2''' breites Feld in die Wangen=
gegend herein und zeichnet sich scharf von der dunklen Behaarung
der Lippen und Schnauze ab. Schnurren lang, zum größten
Theil weißlich; die Ohren sind fein behaart, rauchgrau, innen
weißlich; Schwanz dünn, von Körperlänge, seitlich etwas zusam=
mengedrückt und weißlich, oben nach der Spitze zu mit längeren
Haaren und dunkel graubräunlich; hinter und unter dem Auge,
ebenso hinter und unter der Ohrbasis ein aufgelöster, blaß ocker=
farbiger Fleck; die Rückenfarbe verläuft auf der Außenseite der
Füße als deutlicher, aber sich nach abwärts mehr und mehr
verschmälernder Streif; Zehen unten hell fleischfarbig; die Borsten

der Oberseite namentlich rauh, plattgedrückt, mit Längsfurchen, an der Wurzel weißlich, an der Spitze schwärzlichgrau oder ockerfarbig, dazwischen wenige weißliche Wollhaare.

Länge des Körpers 3″ 3‴. Schwanz 3″ 7‴. Höhe des Ohres 7‴. Länge des Kopfes 1″ 3‴.

Lebt im Bogos-Gebiet in Erdhöhlen der Uferböschungen.

58. **Die aschgraue Stachelmaus, Acomys cinerascens (Heugl.).**

Fitz. u. Heugl. Säugeth. p. 37.

Obenher hell und unter gewissem Licht glänzend bläulich aschgrau, ebenso Außenseite der Füße; Schnauzengegend bis zur Nasenkuppe, Kehle, übrige Unterseite, Innenseite der Füße und Zehen rein weiß; beide Farben scharf von einander geschieden; Innenseite des Ohres bläulich fleischfarben, unbehaart, Außenseite mit sehr feinen grauen Härchen. Schnurren sehr lang, dunkel; Schwanz kurz, ziemlich dick, nur mit dünnem, feinem Haar spärlich bekleidet, die nackten Theile desselben graulich fleischfarben. Körperlänge bis zur Schwanzwurzel 3″ 3‴. Schwanz 2″ 6‴. Höhe des Ohres 6‴.

In Ost-Senar und Dalabat um und in Wohnungen, unter dürrem Holz und in den Wurzeln von Palmbäumen.

Anmerkung. Eine ähnlich gefärbte, aber obenher mehr falbbraune und größere Art kommt in Nubien längs des Nils vor. Leider habe ich nur die Maße notirt und keine nähere Beschreibung. Körperlänge 4″ 1‴. Schwanz 4″ 4‴. Ohrhöhe 9,5‴. Kopflänge 1″ 3‴. Schneidezähne wachsgelb. Acomys nubicus, Heugl.

Ich beschreibe nachstehend nach meinen Tagebüchern noch folgende Mäuse:

Mus (?) rufidorsalis. — Nasenkuppe nackt; Kopf klein, ziemlich spitz; Ohren gerundet, innen und außen behaart, außen an der Wurzel mit langen, weißlichen Haaren besetzt; Schwanz wenig kürzer als der Körper, geringelt, namentlich nach der Spitze zu stark behaart; Daumen sehr wenig entwickelt, mit Nagelrudiment; Vorderpfoten kurz und dick; an der Hinterpfote ist der Daumen ungefähr so lang als die kleine Zehe, die drei Mittelzehen ungefähr gleich lang. Nagezähne auf der Außenfläche hellgelb; die feinen, weißen Barthaare schwärzlich; mausgrau bis röthlichgrau, auf der Oberseite die Haare mit hell ockerfarbenen Spitzen, daher hier der Pelz gescheckt; Unterseite heller, die Haare mit längeren falben Spitzen, weshalb die Gesammtfärbung hier schmutzig gelblich = weißlich; Hinterrücken und dessen Seiten mit rostbraunen Haaren, welche meist heller rostig gespitzt sind; auch die Hinterfüße nach außen und hinten rostfarbig angehaucht; Schwanzhaare oben und an der Spitze schwärzlich, seitlich rost= röthlich, unten weißlich; Augenring schwärzlich, unmittelbar unter demselben ein kleiner hellerer Fleck; Ohr gerundet, 7''' hoch, ausgebreitet eben so breit. Körperlänge 5'' 6''' bis 5'' 9'''. Schwanz 3'' 9'''.

Bei einem Exemplar erscheint der Hinterrücken hoch purpur= rostbraun, die Schwanzwurzel rostgelb.

Häufig in Gesellschaft von Mus habessinicus (*M. abyssinicus*, Rüpp.) auf grasigen Hochflächen in Semien und Wogara.

Mus lateralis, Heugl. — Behaarung kurz, dicht, sammet= artig; Ohren und der lange Schweif fast nackt; Pfoten sehr fein behaart. Obenher glänzend graubraun, schwärzlich und ockerfarbig gesprenkelt; untenher weißlichgrau; die beiden genann= ten Farben sind durch einen deutlichen hell ockerfarbigen, von den Wangen ausgehenden, längs der Körperseiten hinführenden Längsstreif von einander geschieden; Füße und Nägel weißlich; Schnurren lang, schwärzlich, mit weißlichen Spitzen; Lippen und Unterseite der Zehen fleischfarbig; Ohren bräunlichgrau ins Fleischfarbige; die schwärzlichen Grannenhaare lang und zart;

die Gegend der Wangen, wo die Schnurren entspringen, dunkler als die übrige Oberseite; Rückenseiten stark ins Graue spielend. Im Hintergaumen 6, in der Gegend des Zwischenkiefers 3 Gaumenfalten, deren vorderste sehr hoch, musculös und beweglich. Die Querwülste der Backenzähne neigen sich in ihrer Mitte bogig nach vorn, zu beiden Seiten nach rückwärts. Körperlänge 5″ 2‴. Schwanz 4″. Ohrhöhe fast 10‴.

Um Wohnungen in der Provinz Dembeja. Rangirt ihrer Größe und ihres nackten Schwanzes wegen zu den eigentlichen Ratten.

Mus tacaziena. — Obenher graubräunlich, der Rücken zart schwärzlich gesprenkelt; Unterseite weiß ins Ockerfarbige; Füße und Nägel reiner weiß; Schnurren lang, sehr zart, graubraun, weiß gespitzt; Ohren ziemlich groß, gerundet; der lange Schwanz fein geringelt, mit dichten kurzen Haaren besetzt, obenher bräunlich, unten weißlich. Körperlänge 3″ 4‴. Schwanz 3″ 9‴. Ohrhöhe 7½‴.

Pelz sehr zart; die Rückenhaare an der Wurzel und an den Spitzen grau, daher die gesprenkelte Gesammtfärbung dieses Körpertheils.

An den Ufern des Takazié-Flusses.

Scheint sich von Mus Vignaudii, Prév. et Des Murs, durch beträchtlichere Größe und die melirte Rückenzeichnung zu unterscheiden.

Mus pallesceus, Heugl. — Haarkleid weich, obenher an der Wurzel dunkelgrau mit röthlichgelblichen Spitzen, wodurch die Oberseite auf letzterer Farbe eine zarte graue Sprenkelung erhält; Unterseite, Lippengegend und Füße weiß; Schwanz lang, dünn, mit feinen aber ziemlich straffen Haaren besetzt, untenher weißlich, oben durch dunkle Flecken zwischen den einzelnen Schilden der Ringelchen düster bräunlich; Augengegend ockerfarbig; ein Haarbüschel hinter dem graugelblichen Ohr weißlich;

isabell; Schnurren lang, die höher gelegenen schwärzlich, die seitlichen weiß; Nasenspitze fleischfarbig; Zehenballen fast fleisch= farbig ins Weißliche; Nägel rauchgrau; obere Schneidezähne auf der Außenfläche wachsgelb, die unteren gelblichweiß. Körperlänge 3″. Schwanz 2″ 9‴. Ohrhöhe 6‴.

Hausmaus im nördlichen Senar.

Mus sp.? — Klein, schlank, mit langem, dünnem Schweif; Oberseite glänzend rauchbraun, mit Graugelb gesprenkelt; Unter= leib graulichweiß; längs der Rumpfseiten von den Wangen ab ein isabellgelber Streif; Seiten der Anus=Gegend ebenfalls isa= bell; Gelenke der Pfoten weißlich; Schnurren mittellang, theils braunschwarz, theils weißlich; Ohr sehr fein behaart; Schwanz ebenso und mit zahlreichen Ringelchen; Außenfläche der Schneide= zähne oben wachsgelb, die der unteren, welche sehr lang sind, weißlich. Körperlänge 2″ 10‴. Schwanz 2″. Ohr stark 4‴ hoch.

Lebt auf 10 000 Fuß Meereshöhe im Lande der Wolo= Gala am Abhang waldiger Hügel und in Bananengebüsch.

Eine äußerst zierliche Maus ist Mus zebra, Heugl., vom Gebiet des Gazellenflusses. — *Golunda pulchella*, Gray (?). — Gray, Proc. L. Z. S. 1864. p. 57. pl. 13 (?).

Obenher hell ockerfarbig mit 12 bis 16 dunkelbraunen, etwas falbgesprenkelten und scharfbegrenzten Längsstreifen. Lippen= gegend, Schnauzenseiten, Unterseite des ganzen Körpers und Innenseite der Füße rein weiß; Hinterrücken in der Gegend der Schwanzwurzel rostig ockerfarben; Schwanz dünn, lang, geringelt, verwaschen rostbräunlich, auf dem Rücken mit schwärzlichem Längs= streif; Ohren breit, gerundet, roströthlich; Schnurren theils schwärzlich, theils weißlich. Körperlänge 3″ 3‴. Schwanz 4‴. Ohrhöhe 6‴. Auge groß, mit einem falben Ring eingefaßt, dunkelbraun.

Lebt in Erdlöchern in der Nähe von Viehparken und Ge=

höften und kommt bei Tage nur selten zum Vorschein. Bei Golunda pulchella scheint das Ohr kleiner, demselben fehlt der Abbildung nach der Haarbüschel am vorderen Ohrrand; der Kopf scheint stumpfer, die Oberseite zählt einige dunkle Längsstreifen mehr und diese sind in ihrer Mitte einfarbig fahlbräunlich, seitlich gleichförmig braunschwärzlich; der Schwanz dicker und kürzer.

Golunda pulchella kommt im Küstenland von Zanzibar und in Uniamuezi vor.

Bisher kannte man nur südafrikanische Vertreter der Gattung der Baummäuse (Dendromys). Mir ist es gelungen, mehrere hierher gehörige Arten in Nordost-Afrika aufzufinden. Leider sind mehrere der gesammelten Exemplare in Verlust gerathen, namentlich einige, welche wir in Vogelnestern auf der Insel Argo bei Dongolah erbeuteten, andere aus dem Belegas-Thal. Ich beschreibe hier kurz noch folgende Arten:

Dendromys pallidus, Heugl. — Ohren gerundet, ziemlich groß und breit, außen und inwendig behaart; die Außenzehe der Vorderpfote sehr rudimentär; der Daumen durch einen wulstigen Hautballen vertreten; der ebenfalls kurze Daumen am Hinterfuße fast frei, mit sehr verkümmertem Nagel; der sehr fein geringelte Schwanz dicht, fein und kurz behaart (die Schwanzspitze wird beim vorliegenden Exemplar wohl fehlen, indem das letzte Glied etwas verdickt erscheint). Nasenkuppe fleischfarbig; äußerer Gehörgang nackt, weißlich; die Basis der Ohrmuschel außen mit weißlichen Haaren; Schneidezähne auf der Außenfläche wachsgelb; obenher graulich mardergelb; Lippengegend und Unterseite rein weiß; Augenlider schwärzlich; ein verwaschener weißlicher Fleck über dem Auge; Schnurren an der Wurzelfläche braunschwärzlich, Spitzhälfte weiß; Vorderpfoten weiß; Nägel und Zehenballen ins Röthliche; längs des ganzen Rückens ein deutlicher und breiter glänzend schwarzer Streif. Körperlänge 2" 7'''. Schwanz (dem, wie gesagt, wahrscheinlich einige Glieder fehlen) 3" 3'''.

Im mittleren Tigrié, auf 6000 Fuß Meereshöhe in Webervogelnestern.

Dendromys mystacalis, Heugl. — Heugl. Verhandl. Leop. Carol. Akad. 1863. Sep.-Abdr. p. 5.

Oberseite und Außenseite der Füße zart rostig ockerfarben; Unterseite, ein eckig nach den Zügeln einspringendes Feld, das von den Halsseiten ausgeht und bis unter und vor das Auge reicht, sowie Innentheile der Behaarung der Füße rein weiß; beide genannte Farben streng von einander geschieden; auf der Rückenmitte schwache Andeutung eines graulichen Längsstreifes. Schnurren schwärzlich; hinter der Ohrbasis ein hell ockerfarbiger Fleck; Schwanz lang, schlank, mit sehr zarten Härchen ziemlich dicht besetzt; Nasenkuppe, Nägel und Zehenballen fleischfarbig. Auge mittelgroß, hervorstehend, braun; längs der Außenseite der oberen Schneidezähne eine starke Furche. Körperlänge 2″ 5‴. Schwanzlänge 3″. Ohrhöhe stark 5‴. Das Ohr zu beiden Seiten etwas um- und eingebogen; ausgebreitet so breit als hoch.

Wir erbeuteten nur ein einziges Exemplar dieser zierlichen Art, und zwar im Horst eines Raubadlers, wo das Thierchen, wohl 40 Fuß über dem Boden, seine Behausung aufgeschlagen hatte. Im Magen fand sich ein grüner Pflanzenschleim.

Vorkommen in der Ebene von Eifag in Central-Abessinien, auf 6000 Fuß Meereshöhe.

Noch muß ich hier einer Maus erwähnen, welche wir im Gebiet der Wolo-Gala auf steinigen Viehweiden nicht selten angetroffen haben, deren Gebiß ich übrigens nicht mit dem verwandter Formen vergleichen konnte und welche wohl nicht zur Gattung Mus im engeren Sinne zu rechnen sein dürfte:

Mus (?) galanus, Heugl. — Obere Nagezähne kurz und stark, von weißlicher Farbe, mit drei ziemlich deutlichen Längsfalten; die unteren Schneidezähne viel länger und glatt; die Backenzähne zeigen im Oberkiefer drei, im Unterkiefer zwei Reihen von Höckern; die mittlere Reihe im Oberkiefer besteht aus sieben, beide seitliche Reihen aus je sechs Höckern, die zwei Höckerreihen des Unterkiefers aus je sieben solcher Hervorragungen; Schnauze ganz behaart, Oberlippe tief eingeschnitten; die fein behaarten Ohren ziemlich groß und rund; an den Vorderpfoten ein sehr rudimentärer Daumen mit verkümmertem Nagel; Vorderpfoten nebst Arm kurz, Hinterfuß dagegen auffallend verlängert und kräftig; hier die drei Mittelzehen etwa gleich lang; Schwanz fast von der Länge des Körpers. Oberseite graubräunlich, namentlich dem Rücken zu schwärzlich melirt; Unterseite schmutzig weißlich. Auge groß; vor der Ohrmuschel ein dichter, langer Haarbüschel; Schwanzspitze mit etwas längeren, braunschwärzlichen Haaren. Körperlänge 5″. Schwanzlänge 4″ 9‴. Hinterfuß=Pfote 1″ 1‴. Ohrbreite 7‴.

Eine neue Gattung, Oreomys, Heugl., entdeckte ich in den Hochländern von Semien. Dieselbe gehört in die Nähe von Euryotis und unterscheidet sich von dieser namentlich dadurch, daß sowohl die oberen als auch die unteren Nagezähne mit drei sehr scharfen und tiefen Längsfurchen versehen sind. Die Zahn= formel ist $\frac{1}{1}\ \frac{0}{0}\ \frac{4}{3}$. Im Oberkiefer zeigt der erste Backenzahn 3, der zweite 2, der dritte 3, der vierte 5 Querlamellen, im Unterkiefer der erste 4, die zwei folgenden je 2 Lamellen. Die Nagezähne sind sehr breit, ihre Schneidkante nicht horizontal, sondern am Oberkiefer nach außen schräg und stafflig verlängert, im Unterkiefer ebenso nach auswärts verkürzt. Am Daumen= rudiment der Vorderpfote kein Nagel, sondern nur Spuren einer Hornwarze; auf der Innenseite der Hand 5, auf der des Fußes 6 Zehenballen; Krallen schwach, wenig gebogen, etwas seitlich zusammengedrückt, an der Hinterpfote mit Kammhaaren. Ober= lippe gespalten; Nasenkuppe behaart; Ohr groß, gerundet, durch einen langen, dichten, an der vorderen Ohrwurzel entspringenden Haarschopf vollkommen verschließbar; Auge groß; Schnurren mittellang, weich; Behaarung dicht, lang und ziemlich zart; Schwanz kurz, ziemlich dick, auffallend stark geringelt, oben nur wenig und fein behaart. Die einzige von mir erlangte Art ist:

Oreomys typus, Heugl. — Mausgrau ins Rostbräunliche und Olivenfarbige, mit Spuren eines violetten Metallglanzes; untenher, sowie die Pfoten heller; Rücken mit starken Grannen= haaren gemengt und schwärzlich gesprenkelt. Körperlänge fast 6″, davon gehen auf den Kopf 1″ 10‴. Schwanz 2″ 10‴. Höhe des Ohres 8‴ bis 9‴. Ohrbreite 9‴ bis 10‴.

Lebt in Erdhöhlen auf Viehweiden auf 10 000 bis 12 000 Fuß Meereshöhe.

59. Die falbe Rennmaus, Meriones gerbillus (Oliv.).

Oliv. Voy. III. t. 28. p. 157. f. A, B & C. — Wagn. Schreb. Säugeth. Suppl. III. p. 175 (*M. pygargus*, Licht.). — *M. aegyptius*, Desm. — *M. gerbillus*, Rüpp. Atl. p. 77. t. 30. f. 1. (?) — *M. quadrimaculatus*, Ehr. — Fitz. u. Heugl. Säugeth. p. 38. Nr. 27. — *M. pygargus*, Cuv. Transact. Lond. Zool. Soc. II. p. 142. t. 25. f. 10—14. (?) — *Dipus gerbillus*, Blanf. Abyss. p. 284.

Heißt wie ihre Verwandten bei den Arabern G'erbu'a und Fär gebeli.

Nach Blanford sehr allgemein im Küstenland von Adulis.

Anmerkung. Als nordost=afrikanische Rennmäuse werden noch folgende Arten aufgeführt:

Meriones (?) robustus, Rüpp. — Aus Kordofan.

Meriones pyramidum, Geoffr. — Aus Egypten und Nubien.

Meriones longicaudus, Wagn. — Aus Egypten.

Meriones Burtonii, Fr. Cuv. — Aus Dar For.

Meriones pygargus, Fr. Cuv. — Aus Egypten und Nu= bien. Vielleicht mit M. gerbillus zu vereinigen.

Meriones dasyurus, Wagn. — Von der arabischen Küste des Rothen Meeres.

Rhombomys melanurus, Rüpp. — In Unter-Egypten und im peträischen Arabien.

Rhombomys lacernatus, Rüpp. — Aus der Dembeja-Ebene.

Mit Meriones longicaudus, Wagn., könnte vielleicht zusammenfallen:

Meriones stigmonyx, Heugl. — Schneidezähne wachsgelb, die oberen mit einer Längsfurche. Daumennagel an der Vorderpfote sehr rudimentär; die dritte und vierte Vorderzehe, ebenso die zweite und fünfte unter sich etwa gleich lang. Am Hinterfuße die fünfte Zehe viel länger als der Daumen, aber beträchtlich kürzer als die zweite Zehe. Klein, sehr langschwänzig. Obenher lebhaft und gleichförmig roströthlich-ockergelb, nur Scheitel und Rückenmitte satter gefärbt; Basis der Haare mausgrau; ein großer Fleck hinter dem Auge und ein solcher vorn und nach hinten an der Ohrwurzel, Lippen, Unterwangen, ganze Unterseite und Füße rein weiß; Schnurren in drei Reihen geordnet, lang und weich, theils weiß, theils braunschwärzlich. Schwanz geringelt, dicht mit feinen Härchen bekleidet, die sich nach der Spitze zu pinselartig verlängern; die Schwanzfärbung oben braungelblich, Spitze dunkler, unten weißlich. Ohrseiten am Rande mit weißlichen Haaren, das Ohr übrigens sonst fast nackt, fleischröthlich, nach den Rändern zu dunkler; die Nägel sehr licht fleischröthlich, auf der Oberkante mit deutlichem purpurbraunen Fleck. Auge groß, schwarzbraun, mit einem schmalen schwärzlichen Ring umgeben. Körperlänge 2″ 9‴ bis 3″. Schwanz 4″ bis 4″ 7‴. Ohrhöhe 5‴ bis 6‴. Sohle des Hinterfußes 9‴.

Nicht selten bei Chartum in sandigen Flächen.

Nicht auf die mir bekannten Beschreibungen paßt ein hierher gehöriges Thier von Dongolah:

Meriones dongolanus, Heugl. — Kopfmitte von der Nasen=
kuppe an satt graugelblich; übrige Oberseite falbgrau, seitlich
mehr und mehr ins Ockerfarbige. Nase, Wangen, Lippen, ein
Streif über dem Auge, Gegend zwischen Auge und Ohr und
Unterseite weiß; Mitte der Halsseiten falb; Schnurren meist
weiß; die Gegend, wo letztere entspringen, bräunlichgrau; Schwanz
obenher ockerfarbig, nach dem Pinsel zu schwärzlich, unten weiß=
lich; Ohr sehr fein behaart, weißlich ins Falbe. Auge sehr groß
und braunschwarz. Körperlänge 3″ 7½‴. Schwanz 5″ 7‴.
Ohrhöhe 6,4‴. Kopflänge 1″ 1‴. Sohle am Hinterfuß 9,5‴.

Wieder abweichend scheint ferner:

Meriones macropus, Heugl. — Schneidezähne braungelb,
die oberen mit tiefer Längsfurche; der vordere obere Backzahn
der größte, oben 3 lang=ovale Querlamellen bildend, der zweite
mit 2, der dritte mit einfacher Kaufläche und einem kleinen
warzigen Ansatz nach hinten, welch letzterer dem entsprechenden
Zahn des Unterkiefers fehlt. Der sehr verkümmerte Daumen
der Vorderpfote mit klauenartigem Nagel; Nägel gelblichweiß,
die des Hinterfußes auf ihrem Rücken dunkel rostbraun. Schwanz
deutlich geringelt, ziemlich dicht, aber fein behaart, obenher mehr
als auf den Seiten und unten, mit pinselartiger Spitze, die auch
untenher schwärzlich gefärbt ist. Drei große vordere und sechs
schmälere hintere Gaumenfalten. Nasenkuppe behaart. Oberlippe
wenig eingeschnitten. Bartborsten sehr lang, einige bis hinter
die Ohren reichend, weißlich mit wenigen braunen Haaren ge=
mischt. Auge mittelgroß, etwas vorstehend. Ohren lang=oval,
innen spärlich, fein und kurz, außen dichter behaart.

Oberseite graubraun ins Roströthliche; Körperseiten mehr
ockerfarbig; Lippen und Unterseite weiß; die Behaarung im All=
gemeinen fein, seidenartig; die konisch zulaufende Körperverlänge=
rung der Hodengegend theilweise nackt und fleischfarbig; Augen
tief schwarzbraun, mit feinem, schwärzlichem, kahlem Ring und

schwarzbraunen Augenlidern; Pfoten untenher nackt und schwärzlich. Körperlänge bis zur Schwanzwurzel 5″ 8‴. Körperlänge
bis zur Spitze des sackförmigen Ansatzes der Hodengegend 6″ 7‴.
Schwanzlänge 6″. Ohrhöhe 8‴. Kopflänge 1″ 9‴. Tarsus
1″ 4‴ bis 1″ 5‴. Carpus 9‴.

Nicht selten in buschigen und mit Hochgras bestandenen
Flächen in Bongo im Gebiet des Gazellenflusses.

60. Die Sandratte, Psammomys elegans (Heugl.).

? *Ps. obesus*, Cretschm. Rüpp. Atl. p. 58. t. 22 u. 23.
(Variet.) — Wagn. Schreb. Säugeth. Suppl. III. p. 495?
— Fitz. u. Heugl. Säugeth. p. 39?

Ich stelle vorläufig eine Sandratte, von welcher ich mehrere Exemplare bei Suakin erlangt habe, als Ps. elegans
auf, die mir in einigen Stücken von Ps. obesus abzuweichen
scheint.

Meine Exemplare sind beträchtlich kleiner, d. h. der Körper
kürzer, der Schwanz verhältnißmäßig länger, auch scheint die
Färbung etwas abweichend.

Das Auge ist sehr groß; die Lippen wenig gespalten; Nase
mit Ausnahme der Gegend der Nasenlöcher ganz behaart; Ohr
kurz, rautenförmig, beiderseits behaart; Schneidezähne wachsgelb,
ungefurcht; der Schwanz wenig kürzer als der Körper, ganz
behaart, jedoch unter der kurzen straffen Bedeckung deutliche feine
Schuppenringelchen; am Vorderfuß nur das Innere der Hand
nackt; die Sohlen des Hinterfußes vom Fersengelenk ab unbehaart, aber das Innere der Zehen und Zehenwurzeln mit einzelnen straffen Haaren besetzt; Nägel spitz, gekrümmt, unten
ausgehöhlt; Daumennagel des Vorderfußes rudimentär, wie der
Daumen selbst, ersterer platter und gerundeter als die übrigen
Nägel, die alle schwärzlich gefärbt sind; Pelz seidenartig glän-

zend, lang und weich; Bartborsten sehr lang, dicht, jedoch weich,
zumeist weiß, einzelne derselben auch tiefschwarz.

Stirnmitte und Scheitel rostfarbig, die Stirnplatte seit=
wärts scharf abgegrenzt gegen den breiten gelblichweißlichen Wan=
genstreif, der noch das ganze Auge umfaßt; sonstige Färbung
ähnlich wie bei Ps. obesus, nur lebhafter wüstengelb ins Rost=
gelbliche, Rückengegend durch die dunklen Grannenhaare deutlicher
gesprenkelt;. das Enddrittel des Schwanzes fuchsig schwärzlich,
die Haare hier etwas pinselförmig verlängert. Körperlänge 6''.
Schwanz mit Haarpinsel 5'' 1½'''. Kopf 1'' 10½'''. Schnur=
ren 2''. Ohrhöhe 5½'''. Vorderarm 11'''. Tarsus 1'' 7'''.
Hand bis zur Krallenspitze 7½'''. Fuß von der Ferse bis zur
Krallenspitze 1'' 3,3'''. Ein zweites Exemplar ist etwas kleiner:
Körperlänge 5'' 9'''. Schwanz 5''. Wagner giebt für Psammomys obesus folgende Maße: Körperlänge 7'' 4'''. Schwanz
mit Haaren 4'' 8'''. Ohrhöhe 6,5'''. Hinterfuß bis zur Krallen=
spitze 1'' 4'''.

Die von mir bei Sauakin gefundene Fettratte, deren Gebiß
und Schädel ich im Augenblick nicht näher mit denen von Ps.
obesus zu vergleichen vermag, lebt ziemlich zahlreich im Geröll,
in alten Gräbern und Rissen des Madreporenkalkes auf der
Insel Schech Abdallah bei Sauakin. Sie kommt hauptsächlich
nur früh Morgens und Abends aus ihren unterirdischen Behau=
sungen, die sie nur mit Vorsicht verläßt. Zuerst erscheint der
Kopf, das Thier lauscht und äugt, zieht sich auch wohl nochmals
in seinen Bau zurück, bis es ganz ins Freie tritt. Ist die
Gegend unsicher, so wippt es mit Kopf und Schultern und ver=
schwindet unter Umständen wieder. Selten laufen die Thiere
von einer Höhle zur anderen. Dann ist die Stellung rattenartig,
aber der Schweif berührt den Boden nicht, sondern wird leicht
gekrümmt in einem Doppelbogen (∼) getragen. Viele der
Baue befinden sich unter Büschen von Dickblatt (Zygophyllum

simplex), deren saftiges Laub diese Ratten fressen. Sie setzen sich übrigens auch gern auf die Hinterfüße, jedoch ohne den Vorderkörper hoch aufzurichten. Ihre Bewegungen schienen mir sehr gewandt, der Lauf unter Umständen ungemein rasch und schnurrend.

Verglichen mit der Abbildung von Cretschmar ist das Gebiß von Ps. elegans vollkommen typisch, aber der Schädel namhaft kleiner, namentlich zwischen Stirn= und Hinterhauptsbein kürzer. .

Fam. Stachelschweine (Hystricina).

61. Das gemeine Stachelschwein, Hystrix cristata (Linn.).

Wagn. Schreb. Säugeth. Suppl. IV. p. 17. — Heugl. Fauna R. M. Nr. 45. — Fitz. u. Heugl. Säugeth. p. 41.

Arab. Abu Šōk, in der Gegend von Doseïer El Nīs, bei Sauakin Hanhan. Aeth. Qonfez. Amch. Zert und Qeratša. Schoho Endet. Somal Ano-gob und Hedek.

Das Stachelschwein lebt familienweise in unserem ganzen Beobachtungsgebiet. Zahlreiche Höhlen dieser Thiere fanden wir im Küstenland bei Aqiq, auch in den Regenbetten um Naqfa, bei Keren und im Barkah erscheint es an geeigneten Localitäten. Im mittleren Abessinien fand ich diese Thiere bis auf 6000 bis 7000 Fuß über dem Meeresspiegel.

Sie führen eine vollkommen nächtliche Lebensweise und kommen über Tag nicht ins Freie. Ihre Höhlen werden sowohl auf dem ebenen Boden angelegt, als an Böschungen von Regen= betten, im Allgemeinen in der Dammerde und im Alluvial= schutt, doch bewohnt das Stachelschwein auch hin und wieder felsige Gegenden.

Um seine Höhlen finden sich nicht selten bedeutende Massen

von Erde aufgehäuft, welche die Thiere ausscharren. Die Baue sind oft weit verzweigt, und gräbt sich ein darin befindliches Thier mit großer Schnelligkeit weiter in die Erde ein, wenn man die Höhlen öffnet. Die Röhren haben ungefähr den Durchmesser der Dachshöhlen und es führen meist mehrere Eingänge in den Hauptkessel. Geängstigt stoßen die Stachelschweine einen eigenthümlichen trommelnden Ton aus; sie klappern mit ihrem Stachelkleid, beißen wüthend um sich, schlagen mit den Pfoten und können durch eine heftige Bewegung nach rückwärts mit den langen, dann etwas aufgerichteten Stacheln sehr schmerzhafte Wunden verursachen. Dabei fällt hier und da eine Stachel aus, und behaupten die Eingeborenen, das Thier habe die Fähigkeit, solche nach seinem Verfolger zu schleudern.

Es ist mir nicht bekannt, ob das Stachelschwein der sinaitischen Halbinsel zu H. cristata oder zu H. hirsutirostris gehöre.

Dr. Peters hat die südost-afrikanische Form ebenfalls als besondere Art (H. Africae australis) getrennt.

Anmerkung. Im Gebiet des Gazellenflusses, in Uniamuezi und in den Niamniam-Ländern findet sich ein Borstenferkel. Ich glaubte, daß diese nördliche Form von der südafrikanischen specifisch abweiche, doch fehlte es mir bisher an Gelegenheit, beide genauer zu vergleichen. Den Far el Būs der Elfenbeinhändler habe ich als Aulacodus semipalmatus beschrieben. Das Thier soll nach Aussage der Eingeborenen mit Vorliebe Elfenbein anschneiden.

Fam. Hasen (Leporina).

Die Hasen unseres Beobachtungsgebietes sind noch lange nicht genügend untersucht. Dieselben bieten je nach ihren Aufenthaltsorten und theilweise auch nach der Jahreszeit in ihrer äußeren Erscheinung vielfältige Verschiedenheiten. Nur durch

6*

genauere Prüfung der inneren Theile läßt sich daher ermitteln, ob einige dieser Formen wirklich specifisch zu unterscheiden seien. Ehrenberg unterscheidet neben Lepus aegyptius einen L. arabicus, L. sinaiticus, L. libycus und L. habessinicus; dazu kamen noch L. isabellinus, Rüpp., L. berberanus und L. somalensis, Heugl., endlich L. tigrensis (potius tigriensis), Blanf. Letzterer soll sich mehr der südafrikanischen Form nähern und größer sein als der egyptische Hase.

Der Hase heißt bei den Arabern Arneb. Aeth. Mentelié. Amch. Tsentsel. Denk. Bakéla. Som. Bakcila. Berb. Utlang. Bedj. Helei.

Ich zähle hier die verschiedenen an der afrikanischen Küste des Rothen Meeres heimischen Rassen auf.

62. Der egyptische Hase, Lepus aegyptius (I. Geoffr.).

Geoffr. Descr. de l'Ég. t. 6. — Hempr. & Ehr. Symb. phys. t. 15. f. 1. — Wagn. Schreb. Säugeth. Suppl. IV. p. 90. — Fitz. & Heugl. Säugeth. p. 42. — Heugl. Fauna R. M. Nr. 46. — Blanf. Abyss. p. 273. — *L. habessinicus*, Brehm, Habesch, p. 64.

An der egyptischen Küste und bei Sauakin. Hierher rechnet Blanford noch den Hasen des abessinischen Küstenlandes.

63. Der abessinische Hase, Lepus habessinicus (Ehr.).

Hempr. & Ehr. Symb. phys. t. 15. f. 2. — Wagn. Schreb. Säugeth. Suppl. IV. p. 94. — Heugl. Fauna R. M. Nr. 49. — Blanf. Abyss. p. 274. — *L. isabellinus*, Rüpp. (var.)?

In den Gebirgen der abessinischen Ost-Küste. Von Blanford nicht gefunden. Nach diesem Forscher von L. aegyptius verschieden durch kleinere Ohren und etwas beträchtlichere Größe.

64. Der tigrische Hase, Lepus tigriensis (Heugl. & Blanf.).

Lepus tigrensis, Blanf. Abyss. p. 275. — *L. abyssinicus*, Lefeb. Abyss. Atl. pl. V. f. 1.

„*L. saxatili* persimilis, minor, cauda breviori, plantarum pilis ferrugineis, haud umbrinis."

Von Blanford in der Gegend von Senafié bis Antalo gefunden.

Der von diesem Reisenden beschriebene und ausführlich gemessene Hase stimmt so ziemlich überein mit der in den Gebirgen der Bogos, Habab und Beni Amer vorkommenden Form. Sie ist an einzelnen Stellen zeitweise ungemein häufig, namentlich an buschigen, felsigen Gehängen, aber auch in den Niederungen und hier hauptsächlich in Dickichten von Uб-Akazien, geht übrigens bis auf mehr als 8000 Fuß Meereshöhe. In ihrem Benehmen haben diese kleinen, flinken Hasen viele Aehnlichkeit mit den Kaninchen, nur machen sie im Aufgehen meist höhere Sprünge, wobei der Vorderkörper hoch aufgeschnellt wird, und schurren dann ein kurzes Stück weit über die Erde hin bis zu einem Punkt, der ihnen etwas Deckung gewährt. Zuweilen begegnete ich denselben auch in Steinhalden und glaube, daß sie sich gelegentlich in die Erde verkriechen; angeschossene thun dies sicher.

Beim egyptischen Hasen fiel mir auf, daß derselbe Getreidefelder meide und mehr auf Wüstenboden und zwischen Trümmergestein zu finden sei. Er zieht übrigens während der Winterzeit vom Nilthal in die Berge und erscheint in der Nähe des Culturlandes hauptsächlich zur trockenen Jahreszeit in größerer Anzahl.

Bei heftiger Hitze liegen die afrikanischen Hasen alle ungemein fest, Morgens und Abends sind sie dagegen flüchtiger.

Im Gebiet des oberen Weißen Nil traf ich äußerst selten

Hasen an und erhielt von dort überhaupt nur ein einziges, jüngeres, durch ungemein kurze Ohren ausgezeichnetes Exemplar, die Type von Lepus microtis, Heugl.

Ord. Zahnlücker (Edentata).

Fam. Scharrthiere (Effodientia).

65. Das Erdferkel, Orycteropus aethiopicus (Sund.).

Sund. Stokh. Vetensk. Akad. Handl. 1842. p. 236. t. 3. f. 1—5. — Heugl. Fauna R. M. Nr. 52. — Fitz. u. Heugl. Säugeth. p. 43. — Heugl. Reise in das Gebiet des Weissen Nil, p. 325. — Wagn. Schreb. Säugeth. Suppl. IV. p. 195.

Arab. Abu Zelaf oder Abu Duläf, Abu Diqen oder Diken und A'anak el ard. Tigr. H'ofär und Däro Meraχ.

Nicht eben selten im Gebiet des Anseba, in Ost=Senar und Kordofan, ohne Zweifel auch in Takah und in den Bischarin= Ländern, namentlich in Gegenden, wo viele Ameisen vorkommen.

Ich habe mehrfach ausführlich über dieses merkwürdige Thier berichtet und kann somit hier einen Bericht über dessen Lebensweise übergehen. Das Erdferkel lebt in Höhlen, die es selbst gräbt und nur zur Nachtzeit verläßt, um seiner Nah= rung nachzugehen, welche zumeist in Insecten und deren Larven besteht.

In Abessinien scheint noch eine zweite hierher gehörige Art vorzukommen, welche viel kleiner sein soll und der ein langer, niedergedrückter oder breitgedrückter Schwanz zugeschrieben wird. Dieses Thier lebt gleichfalls in Höhlen und heißt in Tigrié Tsch'era, in Amchara dagegen Afer genait. Ob wirklich ein Orycteropus?

Ob das breitschwänzige Schuppenthier (Phatages Temminckii) in unserem Beobachtungsgebiete zu finden, konnte ich
nicht mit Sicherheit erfahren. Das Thier heißt in Kordofan
Om qirfah, im Gebiet des oberen Mareb aber Būdu.

Ord. Einhufer (Solidungula).

Das gezähmte Pferd wird in Takah und in den abessinischen
Gebirgsgegenden in ziemlich großer Anzahl gezüchtet, Pferde und
Maulthiere führt man von Habesch sowohl über Masaua als
über Qalabat in Menge aus. Die Beni Amer des oberen
Barkah halten zumeist die größere, krummnasige Donqolah-Rasse,
mit langer Mähne und tief angesetztem, sehr dichtem und langem
Schweif. Trotz seiner schmalen Brust ist das Donqolah-Pferd
ausdauernd, rasch und namentlich gewandt im Nehmen von
Hindernissen.

Das abessinische Pferd stammt wohl vom arabischen ab,
es zeigt gedrungene Formen und eignet sich vorzüglich für die
Hochländer seiner Heimath. Etwas größer und noch weit ele-
ganter gebaut sind die Pferde der Gala-Gebiete. In Takah
sieht man auch hin und wieder die Gharbaui-Rasse, welche in
Darfur und West-Kordofan ihre ursprüngliche Heimath hat.
Dieses vortreffliche, namentlich auch zur Jagd sehr brauchbare
Wüstenpferd scheint einer Kreuzung des arabischen und Berber-
Pferdes entsprungen zu sein.

Das Pferd heißt auf Arabisch H'osān, die Stute Faras.
Aeth. und amch. Faras, in Amchara der Hengst Korma, die
Stute Bazra, der Wallach Sanga. Berberisch der Hengst Kadj-
nundi, die Stute Kadj-keri. Gala Ferda oder Farda. Bedj.
Hadai. Somal Fares.

Noch beliebter als Reitthier und auch zum Lasttragen sehr

geeignet ist das abessinische **Maulthier**. Die Araber nennen dasselbe Bǧael, die Bewohner von Tigrié Baqli, die von Amchara Baqlo, die Somalen Berēt.

Der **gezähmte Esel** wird ebenfalls in Abessinien allgemein gehalten, sowohl behufs der Maulthierzucht als zum Lasttragen. Auch in Takah und bei den Beni Amer findet man zum Theil recht gute, kräftige Thiere dieser Art. Man kreuzt sie gern mit Wildeseln. Die Bischarin und Bedjah verwenden sie namentlich zum Wassertransport, und ihre Esel sind meist abgerichtet, sich beim Beladen niederzulegen, ähnlich wie die Kameele.

Der Esel heißt auf Arabisch Hʻomār. Aeth. Adgi. Amch. Aheja. Gala Harjé. Schoho Ekoleti. Berb. Hanu. Bedj. Mēq oder Mēk. Som. Damer oder Demer. Denk. Dēbu.

Unter den Wildeseln unseres Beobachtungsgebietes giebt es zwei charakteristische Formen, die artlich vielleicht nicht zu trennen sind, sich aber wenigstens als klimatische Rassen streng unterscheiden und wohl mit Equus asinus, Linn., zusammenfallen.

66. Der **Steppen-Esel**, Asinus africanus (Fitz.).

Equus asinus, Heugl. Fauna R. M. Nr. 53. — Fitz. u. Heugl. Säugeth. p. 52.

Arab. Hʻomār el Wādi. Bedj. Hʻalai Mēq.

Der afrikanische falbgraue Wildesel findet sich in den Steppenflächen des südlichen Nubiens zwischen Abu Hamed, Berber und dem Blauen Nil, ebenso in Takah östlich bis zum Barkah und in den Gebirgen der Bischarin. In den Länderstrecken westlich vom Nil habe ich denselben dagegen nicht angetroffen.

Er lebt meist gesellschaftlich, ja selbst in Truppen von 20 bis 30 Stück beisammen und ist ungemein scheu und flüchtig, auch deshalb nicht gerade leicht zu erlegen, weil diese Thiere

sich zumeist nur in ganz offenem Terrain aufhalten und nament=
lich solche Stellen bevorzugen, welche eine weite Rundsicht
gestatten.

Die Araber und Beni Amer hetzen den Wildesel zuweilen
mit Pferden und Hunden und suchen ihn nach Gewässern zu
treiben, wo er wohl mit Leichtigkeit schwimmt, jedoch in Booten
eingeholt werden kann. Man hat es namentlich auf die Füllen
abgesehen, die bald einen gewissen Grad von Zähmung annehmen
und welche man gern zur Kreuzung mit Hauseseln verwendet.

Nach der Regenzeit ist der H῾omār el Wādi besonders
wohl genährt und sein Wildpret sehr saftig und wohlschmeckend.

Der afrikanische falbgraue Wildesel gleicht wohl im All=
gemeinen der gezähmten Rasse, doch zeigt er schlankere Formen,
derselbe ist etwas höher gestellt und zeichnet sich durch seine fein=
gebildeten Ohren und durch die zarten, elastischen Extremitäten
und Hufe aus, sowie durch sein lebhaftes Temperament.

In der Gefangenschaft bezeigt er sich übrigens wenig füg=
sam und bleibt stets eigensinnig, verschlagen und hinterlistig.

Das Winterkleid unterscheidet sich vom Sommerkleid durch
seine zart hell mausgraue Färbung, während letzteres einen mehr
fleischröthlich falben Ton zeigt.

Die ganze Maulgegend, die Behaarung im Innern des
Ohres, die Kehle bis zu den hinteren Kieferecken, Brustmitte und
Bauch sind weiß; diese Farbe scharf von derjenigen der Ober=
seite geschieden; Innenseite der Füße nach oben zu ebenfalls weiß,
jedoch verwaschener; über und unter dem Auge ein schmaler,
obsoleter weißlicher Streif; nackte Augengegend und Wimpern
schwärzlich; Ohr außen falbgrau, in der Mitte mit großem weiß=
lichen Fleck; Ohrspitze schwärzlich, diese Farbe jederseits am
Rand herab rostbräunlich abschattirt; über der Wurzel des Ohres
auf dem Ohrenrücken ein größerer, nach unten scharf begrenzter,
nach oben aber verwaschener rostbräunlicher Längsfleck; Mähne

stehend, schwärzlich, theils etwas mit grauweißlichen Haaren gemischt; Rückenstreif bis zur Schwanzspitze fortsetzend, schmal, aus glatten Haaren bestehend und von braunschwärzlicher Farbe, wie auch das Schulterkreuz; Schwanzpinsel und Unterseite des Schwanzes schwarz; Füße gewöhnlich ohne alle schwärzliche Quer= zeichnung mit Ausnahme eines verwaschenen bräunlichen Fleckes hinter und über den Fesseln; hinten unmittelbar über dem dunklen Huf ein weißer Fleck. Nasen= und Lippengegend schwärz= lich; Schlauch des Hengstes schwarz, wie auch die nackte Stelle auf der Innenseite des Oberfußes schwarz; Auge groß, lebhaft, mit dunkler Iris.

67. Der streiffüßige Steppen=Esel, Asinus taeniopus (Heugl.).

Heugl. Fauna R. M. Nr. 54 u. p. 19 (Beschreibung). — Heugl. Verh. Leop. Carol. Akad. XXVIII. t. 1. — Fitz. u. Heugl. Säugeth. p. 52.

Arab. H'omär el Wadi, wie die vorhergehende Form. Geez Adgi gédam. Amch. Jabada Aheja. Tigr. Adgi Baraha. Denk. Dēbu Kolo. Som. Damer Debadeh.

Von der Größe der vorhergehenden Form oder etwas stärker, aber weit gedrungener, Kopf und Hals weniger schlank; röthlich isabell bis rostbräunlich; Maul, Nüstergegend, Brust= mitte, Unterleib, theils auch Vorder= und Innenseite der Füße und Kronenhaare unmittelbar über den schwärzlichen Hufen weiß= lich bis rein weiß; Außenseite des Ohres isabell, nach oben rostbraun, Spitze und Außenrand schwarz, Innenseite weißlich; vom oberen, vorderen Ende der Mähne bis zur Ohrbasis jeder= seits ein kurzer, schwarzbrauner Streif; Mähne kurz, stehend, seitlich an der Wurzel weißlich, in der Mitte schwärzlich; der sehr dunkle und breite Rückenstreif setzt über den isabellfarbigen Schweif obenher bis zur schwarzen Quaste fort; das Kreuz auf

den Schultern breit, scharf begrenzt, dunkelschwarz; Innen-
und Außenseite der Füße mit zahlreichen, sehr deutlichen, un-
regelmäßigen schwarzen, theils rostig abschattirten Querbinden.
Fesseln rostbraun, ins Schwärzliche; Genitalien und Hornwarze auf der Innenseite des Vorderfußes schwarz; Auge dunkelbraun.

Diese in ihrer Färbung etwas an das Tigerpferd erin-
nernde Rasse findet sich in den Salzebenen des Danakil- und
Abel-Landes bis zum Hawaseh-Fluß, wahrscheinlich auch im ganzen
Gebiet der nördlichen Somalküste.

Den Wildesel von Dahlak und Soqotra habe ich nicht
zu untersuchen Gelegenheit gehabt, derselbe dürfte aber ebenfalls
zu A. taeniopus gehören.

Auf den Tafelländern und in den Savannen von Schoa
und am oberen Kitsch findet sich das Zebra; dasselbe verbreitet
sich ohne Zweifel auch über das Somalgebiet; in der Gegend
von Dalabat erscheint es nach Angabe der Eingeborenen gleichfalls hin und wieder. Es heißt auf Amch. Bazera.

Ord. Dickhäuter (Pachydermata).

Fam. Unpaarzehrer (Anisodactyla).

68. Der afrikanische Elephant, Elephas africanus (Blum.).

Wagn. Schreb. Säugeth. Suppl. IV. p. 284. — Fitz.
u. Heugl. Säugeth. p. 46. — Blanf. Abyss. p. 258. — Heugl.
Fauna R. M. Nr. 55. — Brehm, Habesch, p. 67.

Arab. Fîl. Sudan-Arab. Abu Nebeqah. Bedj. Kurub.
Som. Merōde. Denk. Dékan. Gala Arba. Belen Dschana.
Geez Negié. Amch. Zahon und Zehon (nach Ludolf Zaχon).
Tigr. H'armāz.

Nicht selten und meist familienweise in den Wildnissen des
Barkah, Dasch, Mareb und Anseba; zur Winter= und Frühjahrs=
zeit in großen Gesellschaften nach dem Küstenland wandernd,
ostwärts bis nach dem Oedem, während der Regenperiode aber
in das Gebirgsland, ins Falkat, Naqfa, Naro, Debra Salié
und Mensa, hier 6000 bis 8000 Fuß hoch ansteigend und stets
bestimmte Wechsel einhaltend. Werden die Thiere hier öfter
beunruhigt, so verlassen sie ihre alten Wege und bahnen sich
neue, die häufig an den steilsten Gehängen und Felsgesimsen
hinführen. Es ist erstaunlich, mit welcher Ruhe und Geschick=
lichkeit die höchsten Pässe von ihnen überstiegen werden, wo sie
oft genöthigt sind, von Stufe zu Stufe über gewaltige Stein=
massen wegzuklettern. Dabei setzt jeder Einzelne stets den Fuß
auf die Fährte seines Vorgängers, wodurch mit der Zeit tiefe
Eindrücke in den härtesten Granit gegraben werden.

Man jagt den Elephanten sowohl im Tiefland als im Ge=
birge, sowohl um die Orte wo sie trinken und sich zu baden
pflegen, als in den Buschwäldern der Niederungen, im Homran
wie in Takah meist zu Pferde mittelst des Schwerts, in
Habesch und im Gebiet der Habab mit großkalibrigen Feuer=
gewehren. Der Abessinier schießt heute noch viel mit eisernen
Kugeln.

69. Das Keitloa, Rhinoceros Keitloa (Smith).

A. Smith, Ill. Afr. Zool. t. 1. — Wagn. Schreb. Säugeth.
Suppl. IV. p. 291. — *Rh. africanus*, Heugl. Fauna R. M.
Nr. 56. — *Opsiceros Keitloa et bicornis*, Fitz. u. Heugl.
Säugeth. p. 47. — *Rh Keitola, var. bicornis*, Blanf. Abyss. p. 43.
— Gray, Ann. and Mag. Nat. Hist. 1869. p. 201. — Ludolf.
Hist. Aethiop. I. X. 78.

Arab. Om Qarn, 'Anazah, Il'aris, Kerkend und

Afrikanisches Nashorn (Rh. Keitloa).

II. Seite 93.

H'ardid. Geez Arwié-χaris. Amch. Awraris. Tigr. Āris̱.
Belen Gedangik. Somal Wuil. Bedj. Endit und Haris.[1]

Es ist sehr wahrscheinlich, daß das Nashorn von Abessinien
und von Takah als Varietät zur zweihörnigen afrikanischen Art
(Rh. africanus, Camp. — *Rh. bicornis*, Smith) zu rechnen
sei. Die Größe, Färbung, Horngestaltung, Faltung der Haut,
Form der Oberlippe und des Kopfes überhaupt wechseln indivi=
duell und nach Aufenthaltsort, Geschlecht und Alter so sehr, daß
keine strengen Grenzen zwischen beiden Formen gezogen werden
können. Ob Rh. simus eine eigene Art bilde, kann ich aus
eigener Vergleichung nicht ermitteln. Am oberen Weißen Nil
kommt eine Form vor, welche ich der ungeheuren Verlängerung
des vorderen Hornes (bis zu 3½ Fuß und noch mehr) wegen
zu letzterer Art rechnen möchte. Von dem in Takah, Homran,
Qalabat und am Anseba vorkommenden afrikanischen Nashorn
erhielt ich nur jüngere Exemplare, die ganz mit dem von Blan=
ford beschriebenen übereinstimmen, auch sah ich mehrfach scheinbar
vollkommen alte Thiere, bei denen das vordere Horn das hintere
höchstens um 6 Zoll überragte. Das erstere hat einen fast
runden Querschnitt, ist auf= und rückwärts gebogen, vorn mit
einem Kiel oder einer Kante versehen und scharf zugespitzt, wäh=
rend das hintere einen mehr länglich ovalen Querschnitt zeigt,
seitlich stärker comprimirt, nach der Spitze zu zweikantig und
nicht gebogen erscheint. Die Farbe wechselt zwischen fleischröth=
lich falb bis schmutzig dunkel braungrau, jedoch immer mit einem
Stich ins Hornröthliche. Da sich die Thiere gern im Schlamm
suhlen, nimmt die Haut oftmals die Färbung der an derselben
klebenden und auf ihr festtrocknenden Erde an.

Das Nashorn lebt paar= und familienweise am Ost=, Nord=

---

[1] Die Bischarin nennen ein Thier, welches sie ähnlich dem fabelhaften
Einhorn beschreiben, Soh'ot.

und West-Abhang der abessinischen Gebirge und ihren Verzweigungen, im Barkah nordwärts bis gegen To-Kar. Ebenso in
Ost-Senar und am oberen Atbarah und seinen Zuflüssen, jedoch
stets in der Nähe von fließendem Wasser oder tiefen Löchern
und Lachen. Während der trockenen Jahreszeit zieht es sich deshalb in die Gebirge zurück, in die Region des Bambus und
selbst noch höher. Es führt im Allgemeinen eine mehr nächtliche Lebensweise, doch haben wir es auch zuweilen über Tag,
namentlich bei Regenwetter im Buschwald steiler Gehänge, seiner
Nahrung nachgehend angetroffen. Ueberrascht man dasselbe bei
solchen Gelegenheiten im Freien plötzlich, so kommt es vor, daß
es — offenbar in einer Anwandlung von Wuth und Schrecken
— auf den Menschen gesenkten Kopfes und schnaubend losstürzt,
jedoch ohne seinen Angriff zu wiederholen. So wurden zwei
meiner Jäger von drei Rhinoceronten chargirt, die, eines dem
anderen auf der Ferse folgend, mit unglaublicher Schnelligkeit
bergabwärts gegen die Leute anstürmten, welch letztere kaum Zeit
und Raum fanden, sich in das benachbarte Dorngestrüppe zu
werfen. Doch hatten die Bestien einen so heftigen Anlauf ge-
nommen, daß sie durch ihre eigene Wucht vollends in die Tiefe
gerissen wurden.

Am Anseba bewohnt das Nashorn hauptsächlich die flacheren
Uferstellen, welche dicht mit Schilf, Dornbusch und Schling-
pflanzen-Gewinden bewachsen sind. Dort haben sie hüttenartige
schattige und feuchte Lager im undurchdringlichen Cissus, nach
welchen sowohl von der Wasser- als von der Bergseite enge,
gewundene Pfade führen. Werden die Thiere hier in ihrer
Mittagsruhe gestört, so brechen sie nicht auf der entgegengesetzten
Seite, sondern dort hervor, woher der Feind einzudringen versucht, und eine Begegnung mit den wüthenden Insassen auf
ihren Wechseln ist stets lebensgefährlich.

Ein altes, von einem unserer Leute verwundetes Rhinoceros

verfolgte seinen Feind, der eben noch Zeit gewann, den ziemlich starken Stamm einer Akazie zu erreichen, auf die er sich flüchtete. Darauf stürmte das Thier gegen den Baum an, suchte denselben umzurennen und die Wurzeln anzugraben, bis es durch mehrfache von einem zweiten Jäger aus sehr bescheidener Entfernung aus einem Hinterhalte abgefeuerte Kugelschüsse endlich zur Flucht genöthigt wurde.

Junge Rhinoceronten gewöhnen sich übrigens bald an die Gefangenschaft und sind höchst drollig in ihren Bewegungen.

Die Nahrung besteht mehr in Rinde und holzigen Theilen, als in Gras, aber das Nashorn weidet gelegentlich auch ganz ähnlich dem Rindvieh und verschmäht namentlich nicht Steinfrüchte und Büschelmais. Beim Aufnehmen von Nahrung kommt ihm die eigenthümlich musculöse, etwas rüsselartige Oberlippe sehr zu statten.

In der Aufregung wetzt das Thier das vordere Horn an Bäumen, Wurzeln und Steinen oder es pflügt damit große Halbkreise in die Erde.

Lefebvre berichtet, daß man in Abessinien Rhinoceronten finde, welche 3 und 4 Hörner besitzen, und daß das Thier im Stande sei, diese Waffe nach Willkür zu bewegen. Da das Horn nicht auf der knöchernen Schädelmasse durch einen Stirnzapfen aufsitzt, sondern nur auf der Haut, so scheint wohl die Möglichkeit einer selbständigen Bewegung nicht ganz ausgeschlossen. Aber ich habe beim getödteten alten Nashorn eben so wenig als bei gezähmten Jungen durch gewaltsames Rütteln das Horn von der Stelle zu rücken vermocht.

Noch ist immer die Frage nicht gelöst, ob das Nashorn von Central-Abessinien und Schoa einer zweiten und zwar einer gepanzerten Art angehöre, nämlich dem Rh. cucullatus, Wagn. (Wagn. Schreb. Säugeth. Suppl. IV. p. 287).

70. Das Nilpferd, Hippopotamus amphibius (Linn.).

Wagn. Schreb. Säugeth. Suppl. IV. p. 293. — Fitz. u. Heugl. Säugeth. p. 46. — Brehm, Habesch, p. 67. (Not.)

Arab. G'amūs el Bah'er. Geez Bizat. Amch. Gomāri. Gala Robi. Sudan-Arab. Asint. Berberin. Jasinti, Eretk und Qelöbch.

Nach unzuverlässigen Angaben soll das Nilpferd im unteren Anseba vorkommen. Nun trocknen aber alljährlich alle Regenströme, welche dem Barkah zueilen, wie letzterer selbst zur heißen Jahreszeit vollkommen aus, ebenso der untere Qasch. Der Atbarah und einige seiner Zuflüsse sind dagegen von diesen Thieren bevölkert, auch im oberen Qasch könnten sie sich aufhalten, oder wenigstens hin und wieder zur Zeit der Hochwasser, wo das Nilpferd überhaupt gerne Wanderungen unternimmt, dahin gelangen. Sehr häufig ist dasselbe im Tsana-See sowie im Hawasch.

Fam. Paarzeher (Zygodactyla.)

71. Das abessinische Larvenschwein, Phacochoerus Alliani (Rüpp.).

Rüpp. Atl. t. 25. — *Ph. Haroja*, H. & Ehr. Symb. phys. II. t. 20. — Heugl. Fauna R. M. Nr. 57. — Brehm, Habesch, p. 67. — Fitz. u. Heugl. Säugeth. p. 50. — Blanf. Abyss. p. 241.

Arab. H'aluf Abu Qarnēn. Geez H'arawea haqel (Ludolf). Amch. H'areja, auch Mefles. Tigr. Ereja. Denk. H'araja. Somal Dofar. Bedj. O-jak.

Das Larvenschwein lebt in kleineren und stärkeren Rudeln in den Gebirgen der Beni Amer, Habab, im Anseba-Gebiet, in den Regenstrombetten bei Ailet und um die Bai von Adulis, endlich im oberen Barkah und in ganz Habesch, hier jedoch kaum über 7000 Fuß ansteigend.

In einigen Gegenden werden diese Thiere, wegen der Ver=wüstungen, die sie in Feldern anrichten, zur Landplage. Im dichten Buschwerk der Torrenten und unter überhängenden Ufern graben sie sich tiefe Löcher, führen übrigens im Allgemeinen einen mehr verborgenen Lebenswandel, obgleich man in den Vormittags= und Abendstunden hin und wieder auch Rudeln im Freien, auf Grasflächen und Viehweiden begegnet. Doch geht das Larven=schwein hauptsächlich Nachts seiner Nahrung nach. Wasser ist ihm stets Bedürfniß, vielleicht mehr um sich darin zu suhlen als zur Befriedigung des Durstes. Ihre meist geraden Wechsel führen oft mehrere Stunden weit bis zu Lachen oder Brunnengruben.

Die Nahrung besteht in Grünzeug, Zweigen und Wurzeln, Zwiebelgewächsen, wildem Steinobst und anderen Früchten, Legu=minosen, Büschelmais, Larven von Käfern, Heuschrecken, wohl auch in Eidechsen, Fröschen und kleinen warmblütigen Thieren. Wenigstens sind die Larvenschweine sehr gierig auf Aas.

Die Setzzeit muß in den Anfang der Sommerregen fallen.

Anmerkung. Im wärmeren Abessinien, zwischen 5000 und 9000 Fuß Meereshöhe lebt noch eine zweite Wildschweinart, die ich Nyctochoerus Hassama genannt habe. Das Thier heißt tigr. Asama, in Amchara aber Hasama. Vergl. Verh. der Leop. Carol. Akad. XXX. p. 7. — Fitz. u. Heugl. Säugethiere p. 50.

Fam. Nagelhufer (Lamnunguia).

72. Der Klippschliefer, Hyrax habessinicus (H. & Ehr.).

H. & Ehr. Symb. phys. t. II. — Heugl. Fauna R. M. Nr. 59. et p. 19. — Schreb. Säugeth. Suppl. IV. p. 316

(*II. capensis*). Brehm, Habesch, p. 67. — Fitz. u. Heugl.
Säugeth. p. 49. — Blanf. Abyss. p. 249.

Geez und tigr. Geḥ'ié. Amch. Aškoko. Denk. Ikeio.
Som. Djir-ad. Arab. Waber, ẓaném Beni Israël; in Berber
Qēqo und Qleidôm (H. & Ehr.). Bedj. Qēqēh.

Ich bin nicht in der Lage nachweisen zu können, ob der
Klippschliefer des Anseba-Gebietes und der Beni Amer-Berge
mit der südafrikanischen Form, sowie mit den verschiedenen abessinischen „Arten" (H. Brucei, Gray, H. Alpini, Gray, H. spec.
nova, Blanf. Abyss. p. 257. und Euhyrax abyssinicus, Gray),
endlich mit H. ruficeps, Ehr., H. Burtoni, Gray, und H. syriacus zusammengeworfen werden müsse, oder welche der genannten
als eigene Species oder Rasse zu betrachten seien.

Im Schädelbau fand ich einige immerhin bemerkenswerthe
Unterschiede zwischen H. abessinicus und H. capensis (Fauna
R. M. p. 19). Die von mir in den Gala-Ländern gesammelten
Exemplare scheinen mit Hyrax spec. nova, Blanf., einerseits,
andererseits mit H. syriacus übereinzustimmen.

Jedenfalls steht fest, daß je nach den verschiedenen Aufenthaltsorten, nach Alter, Jahreszeit und Geschlecht die Klippschliefer
namhafte äußerliche Verschiedenheiten bieten. Auch habe ich früher
schon die Ansicht ausgesprochen, daß diese Thiere ein sehr lang-
sames Wachsthum haben müssen und sich erst nach einer
Reihe von Jahren vollkommen entwickeln. Ferner mache ich
darauf aufmerksam, daß der Aschkoko gerne in Gesellschaft von
Zebra-Mangusten und einer großen Eidechse (Stellio cyano-
gaster) lebt.[1]

Man findet ihn gar nicht selten in den Gebirgen der
Bischarin, Beni Amer und Habab, im Gebiet des Anseba, im
Barkah und in ganz Habesch und Schoa, südwärts bis Tedjurah

---

[1] Brehm, Thierleben, II. p. 723.

und den Somal-Plateaux, auf 1500 bis 12000 Fuß Meereshöhe, sowohl in Felsklüften und Trümmergestein, als in Kirchen, Ruinen und Mauern. Hier haust er jahraus jahrein, zuweilen in größeren Familien, oft bis zu 20 Stück beisammen. Morgens und Abends verläßt er seine Schlupfwinkel, die fußtief mit Unrath angefüllt sind, und begiebt sich in das Gestrüpp und auf überhängende Bäume, um ungeheure Mengen von Blättern und jungen, grünen Zweigen zu verzehren. Ueber die heißeste Tageszeit ruht der Aschkoko dagegen in seinen Höhlen verborgen. Sonst treibt er sich auf Gesimsen, Mauerzinnen und Balken herum, wo er gewandt klettert und sich gerne sonnt, oder in drolliger Weise seinen Pelz reinigt. Ueberrascht man diese harmlosen Thiere, so flüchten sie mit großer Gewandtheit in Felslöcher, sonst sind ihre Bewegungen meist gemessen, ihr Gang vollkommen bärenartig. Auf steilen Felsplatten und schräg gewachsenen Baumstämmen sah ich oft einen Klippschliefer mit Sicherheit abwärts schreiten, d. h. mit dem Kopfe voran. Die Stimme besteht in einem eigenthümlichen Knurren und Bellen.

Das Fleisch wird von manchen Eingeborenen gegessen und ich fand dasselbe ziemlich schmackhaft.

Ord. Wiederkäuer (Ruminantia).

Fam. Hohlhörner (Cavicornia).

73. Die gemeine Gazelle, Antilope Dorcas (Licht.).

Gazella isabella, Gray. — Lichtenst. Darstell. t. 5. — *Antilope dorcas*, var. *A. Isidis*, Sund. — Wagn. Schreb. Suppl. V. p. 403. — Blanf. Abyss. p. 261. pl. 1. — Heugl. Fauna R. M. Nr. 60. — Brehm, Habesch, p. 65. — Fitz. u. Heugl. Säugeth. p. 55.

Arab. ẓazāleh, auch Dábi. Maſ. und tigr. Schoquen. Bedj. Qanai. Danak. Woir-ari. Som. Dero. Berb. Qel.

Einzeln, paar= und familienweiſe im Flachland und der Steppe, fehlt jedoch im Gebirg gänzlich.

Sehr häufig namentlich um Maſaua und die Bucht von Adulis, beſonders während der Winterregenzeit.

Anmerkung. Die arabiſche Gazelle, Antilope arabica, Licht. — *Antilope Cora*, H. Smith. — *Gazella Dorcas*, Gray. — *Antilope dorcas, var. arabica*, Sund. — Licht. Darst. t. 6. — Wagn. Schreb. Suppl. V. p. 403. — Heugl. Fauna R. M. Nr. 61.

Arab. wie die vorhergehende ẓazāleh, wie es ſcheint auch Ariel.

Ich kann nicht mit Beſtimmtheit angeben, ob dieſe Form oder Art unſer Beobachtungsgebiet berühre.

Eine weitere hierher gehörige Form oder Art iſt Antilope Spekei, Blyth. (Journ. As. Soc. of Beng. 1865. XXIV. p. 269. — Blanf. Abyss. p. 261. pl. I. f. 5 u. 5a) von der Samahel=Küſte.

74. Die glattfüßige Gazelle, Antilope laevipes (Sundev.).

Gazella rufifrons, Gray. — *Antilope Corinna et A. Kerella*, Pall. — *A. leptoceros*, Heugl. (nec Wagn.) Verh. Leop. Carol. Akad. XXX. II. p. 6.

Arab. Abu el H'arabāt.

Paar= und familienweiſe in Nubien, Kordofan, Senar, Takah; ferner bei Sauakin und in den Ebenen und Vorbergen der Beni Amer bis auf 1500 Fuß Meereshöhe anſteigend.

Durch Mangel der Kniebüſchel, ſehr zierliches, wenig geboge= nes Geweih und auffallend breiten ſchwärzlichen Flankenſtreif ausgezeichnete Art.

75. Die schwarzschwänzige Gazelle, Antilope tilonura (Heugl.).

Antilope melanura, Heugl. (nec Bechst.) Verh. Leop. Carol. Akad. XXX. II. p. 6.

Tigr. Telbadu.

Rudelweise in buschreichen Ebenen des Anseba-Gebietes auf 2500 bis 5000 Fuß Meereshöhe, wo ich der Dorcas-Antilope niemals begegnet bin. Starke Böcke erreichen fast die Größe von Antilope Soemmeringii, auch das Gehörn der Böcke hat viel Aehnlichkeit mit demjenigen der letztgenannten Art. Färbung ähnlich wie A. laevipes. Die Hufe sind weit stärker als bei A. Dorcas und ohne die schwarze Zeichnung an der Wurzel des Hufrückens. Die Färbung der Oberseite verläuft noch etwas in die Basis des Schwanzes; der übrige Theil des langen Schwanzes kohlschwarz, dieser mit Pinsel 9½" bis 10" lang.

Anmerkung. Zu den eigentlichen Gazellen gehört noch eine weitere ganz charakteristische Art, nämlich die langhörnige Gazelle, Antilope leptoceros, Cuv. — *A. leucotis*, Wagn. *A. Abu Haráb*, Heugl. — Wagn. Schreb. Suppl. IV. p. 422 u. V. p. 407. — *Leptoceros Cuvieri*, Fitz. u. Heugl. Säugeth. p. 56.

Etwas größer als A. Dorcas, von falb weißlicher bis isabeller Färbung, untenher nebst einem Theil der Außenseite des Ohrs, Nasengegend und ein Streif von der Nase über das Auge weg weißlich; Stirnmitte und Zügel (Längsstreif längs des oberen Theils der Wangen) roströthlich; Geweih sehr lang und dünn, fast gerade aufsteigend, mit sehr langer scharfer Spitze, die meist etwas wenig nach vorn gebogen; die einzelnen Stangen von der Wurzel ab fast parallel, in der Mitte bei einem vorliegenden Exemplar etwas divergirend, mit gegen einander gerichteten Spitzen, bei einem zweiten mit unregelmäßig aus einander gebogenen Spitzen. Die ungeringelte, ziemlich glatte

Spitze nimmt ein Drittheil der Länge ein, auf den übrigen zwei
Drittheilen zähle ich 18 bis 20 Knoten, deren 2 oder 3 unterste
am wenigsten scharf ausgeprägt sind.

Das Gehörn der Weibchen ist 11 bis 12 Zoll lang, das
der Männchen wahrscheinlich beträchtlich länger.

Meines Wissens existirt noch keine Abbildung dieser reizenden und seltenen Art, weshalb ich eine solche hier beifüge.

Heißt bei den Arabern Abu Haráb und findet sich in der
libyschen Wüste in der Nähe der Natronseen und des Fajum;
angeblich auch in Senar. Ich glaube sie wenigstens in der
Nähe von Donqolah gesehen zu haben.

76. Die Arab=Gazelle, Antilope Soemmerringii (Rüpp.).

Gazella Soemmeringii, Gray. — Cretschm. Rüpp. Atl.
t. 19. — Wagn. Schreb. Suppl. IV. p. 415. u. V. p. 405.
— Blanf. Abyss. p. 260. — Brehm, Habesch, p. 145. — Heugl.
Fauna R. M. Nr. 62. — Fitz. u. Heugl. Säugeth. p. 55.

Arab. Om S'abah, auch Ariel. Maf. Arab oder Hārab.
Danak. Bus-Adu. Som. Aul oder Awul.

Die Arab=Antilope bewohnt vorzüglich den Sahel, das
Strandgebiet der afrikanischen Küste des Rothen Meeres südwärts
vom 20. Grad n. Br. bis zum Danakil= und Somal=Land herab.
Sie kommt jedoch auch im Barkah und am Atbarah bis gegen
Berber hinüber vor, im Binnenland jedoch nicht in solch ungeheurer Menge wie in der Nähe der See. An der Mündung
des Lebka=Thales in die Ebene und bis zum Fuß der Berge bei
Ailet, sowie namentlich um den Golf von Adulis trafen wir
dieses schöne Thier noch allgemein, einzelner in den Flächen
des oberen Faltat und Aqra, sowie bei Af Abed; endlich soll
sie sich auf der großen Insel Dahlak finden, vielleicht auch auf
Soqobrah.

Lebt sowohl im offenen Steppenland, als im Buschwald und
steigt zeitweise bis hart zum Meere herab. Die Nahrung besteht
hauptsächlich in Kraut=, Salzpflanzen und Akazien. Die Wahl
der Aeßung ist übrigens natürlich von der Jahreszeit abhängig.
Die einzelnen Rudel ziehen sich Abends an geschützte Orte des
Binnenlandes und zum Fuß der Berge zurück.

Ist im Sahel viel Regen gefallen und sind die Ebenen mit
einer leichten Grasdecke bestanden, so finden sich die Arab=
Antilopen in ganz unglaublicher Menge dort ein und man
kann dicht gedrängte Rudel von mehreren Hunderten beisammen
sehen.

Die Setzzeit muß in unser Frühjahr, spätestens in den
Monat Mai fallen.

Im Allgemeinen sind diese Thiere, wie alle Antilopen,
schüchtern und vorsichtig, namentlich an Oertlichkeiten, wo man
ihnen viel nachstellt. Im Buschwald ist ihnen aber leichter bei=
zukommen, ebenso an Wasserplätzen, welche die Wüstenantilopen
übrigens weniger regelmäßig besuchen. Sie können offenbar
mehrere Tage lang Durst leiden.

Die Bewohner des Sahel jagen die Arab=Antilopen meist
durch vorsichtiges Treiben nach Plätzen, auf welchen Fußschlingen
angebracht sind und nach denen verlappte Wechsel führen.

Anmerkung. Im Gebiet zwischen Barkah und dem Rothen
Meer scheinen nachstehende den oberen Nilländern angehörige
Arten noch nicht nachgewiesen zu sein:

1) Antilope Dama, Licht.
Arab. 'Adrah, auch Ledra und Ariel oder El Riel.

In den Steppenlandschaften von Dongolah, Berber und
Nord=Kordofan, nach Rüppell auch in Senar. Meist paar=
und familienweise lebend, oft gemischt unter die Rudel gemeiner
Gazellen.

2) Antilope (Aepyceros, Sund.) melampus, Licht.

Arab. Om S'abah.

Im südlichsten Kordofan. Sehr häufig im Gebiet des Djur-Flusses und hier in großen Rudeln beisammen lebend.

77. Der Fiéqo, Calotragus montanus (Rüpp.).

Antilope montana, Cretschm. Rüpp. Atl. t. 3. — *A. brevicaudata*, Rüpp. M. 5. — *Calotragus montanus*, Sund. — *Scopophorus montanus*, Gray. — Knowsl. Menag. t. 5. — Wagn. Schreb. Säugeth. V. p. 431. — Blanf. Abyss. p.

Auch. Fiéqo. Geez Waital. Arab. H'amra, Atrob, Otrob und Mor (?).

Einzeln in den Gebirgen von Mensa und südlich von Majaua. Häufiger im mittleren Abessinien. Die Standorte wechseln zwischen 4000 und 10000 Fuß Meereshöhe.

78. Der Klippspringer, Oreotragus saltatrix (Tem.).

Antilope oreotragus, Forst. — Lefeb. Voy. Abyss. t. 4. — Blanf. Abyss. p. 265. — Brehm, Habesch, p. 162. — *Antilope saltatrixoides*, Temm. — Wagn. Schreb. Säugeth. Suppl. IV. p. 436. u. V. p. 421.

Auch. und Tigrenia Sasa. Bei Majaua Qobtu. Tigr. Embiraqa und Humberhaqa. Bedj. Mašokib.

Der Klippspringer verdient jedenfalls einer besonderen Gattung einverleibt zu werden, indem er sich nicht nur durch Gestalt, Färbung und rauhes sparriges Haarkleid von den übrigen Antilopen unterscheidet, sondern namentlich auch durch die Klauenbildung und Gangart. Nur die Spitzen der Schalen berühren die Erde, niemals setzt das Thier die ganze Unterseite der Klauen auf, daher auch seine eigenthümliche Fährte. Sehr niedlich und

leicht zähmbar sind die Jungen mit ihren klugen, schwarzen
Augen und den verhältnißmäßig sehr großen, am ganzen Rand
mit einem eigenthümlichen Kranz von verlängerten, licht gefärbten,
fast wolligen Haaren umgebenen Ohren, die meist ganz auf=
gerichtet getragen werden. Die schwarze Zeichnung an der
Außenseite des Ohres tritt auffallend deutlich hervor.

Der Klippspringer hat eine sehr weite Verbreitung, doch
ist er auf gewisse Oertlichkeiten beschränkt und lebt nur einzeln
und familienweise, niemals sehen wir denselben in Truppen.
Er findet sich nur im Hochland, wie es scheint auf der ganzen
ostafrikanischen Küste, nordwärts bis in die Berge der Beni
Amer, von 1500 bis 13 000 Fuß Meereshöhe. Allgemein ist
er namentlich im Bogos=Land, in ganz Tigrié und Amhara,
hier jedoch nicht westlich vom Tsana=See; auch im Woro Hei=
mano und im District der Jelu=Gala habe ich ihn noch bemerkt
und einen Bock auf dem Walia Dant dicht unter Bänken von
ewigem Schnee geschossen. Hauptsächlich sind es Klüfte mit
zahlreichen Felsblöcken und niedrigem oder höherem Buschwerk,
welche dem Klippspringer zusagen, auch trifft man ihn gerne
an zerrissenen, mauerartigen Steilrändern der Plateaux und
selbst auf den Hochebenen, vorausgesetzt daß es nicht an Geröll
und einzelnen freistehenden Klippen fehlt. Hier haust er jahr=
aus jahrein auf einem ziemlich beschränkten Bezirke und oft in
nächster Nachbarschaft eines oder mehrerer anderer Paare. Nur
wenn die Ricke gesetzt hat, und so lange das Junge ihrer
besonderen Pflege und Obhut bedarf, geht erstere gesondert vom
Bocke und hält sich etwas mehr versteckt. Die Setzzeit fällt in
Abessinien ungefähr in den August oder September. Das Ge=
hörn der Kitzböcke kommt erst nach Verlauf von einem Jahre
zur Entwickelung. Die Standorte der Sasa befinden sich meist
auf steilen Felsgesimsen, welche die Thiere mit außerordentlicher
Sicherheit erklettern. Dieselben sind im Stande, frei eine senk=

rechte Höhe von 4 bis 5 Fuß mit einem Sprunge zu erreichen.
Noch viel beträchtlichere Wände erklettern sie ebenfalls so zu
sagen in einem Satze, das heißt, ohne zu einem neuen Sprung
auszuholen, dabei giebt jeder Schlag der stahlharten Schalen
einen fast metallischen, kurzen Ton von sich.

Wittert der Bock Gefahr, so bläßt er unruhig und unwirsch,
setzt auf den höchsten Felsgrat und äugt. Jedenfalls ist übri=
gens auch der Gehörs= und Geruchssinn sehr ausgebildet. Von
plötzlich überraschten Männchen hörte ich öfter einen scharfen
pfeifenden Laut, ähnlich dem Warnungsruf der Gemse.

Die Haltung gleicht derjenigen des Rehbocks, nur wird der
kurze, kräftige Hals meist noch aufrechter getragen. In den
Vormittagsstunden äßt das Paar womöglich in mit Felstrüm=
mern bedeckten Hochthälern und Klüften. Die Nahrung besteht
nach meinen Erfahrungen mehr in Gräsern und anderen Kraut=
pflanzen, als in Laub und Knospen von Büschen oder Bäumen.
Erst nach Sonnenuntergang, wenn die Dämmerung bereits herein=
gebrochen, kehren die Thiere zu ihren Standorten, wo sie die
Nacht zubringen, zurück.

Gerne hält eines derselben auf irgend einem vorragenden
Punkte Wache, während das andere ruhig weidet. Auf der
Tränke habe ich den Klippspringer niemals beobachtet.

Geht man ihn plötzlich auf, so sucht er womöglich mit
einigen enormen Sätzen einen Felsblock zu erreichen, auf dessen
Gipfel er anhält und sich nach seinem Feind umsieht, um schon
nach wenigen Secunden im Gestein zu verschwinden. Meist
flüchten die Sasa übrigens nicht weit, sind jedoch, wenn sie ein=
mal beunruhigt wurden, sehr vorsichtig. Das Wildpret fanden
wir meist trocken und hat dasselbe einen eigenthümlichen Bisam=
geruch.

Ich gebe hier noch die Maße des alten Bockes: Ganze
Länge von der Schnauze zur Schwanzspitze 2′ 6″. Höhe im

Widerrift 1' 9". Kopf 5". Größte Stirnbreite 3" 3'''. Ohr 2" 10'''. Gehörn 3" 8'''. Schwanz mit Haaren fast 5".

Das schwarze Geweih ist nur an der Wurzel geringelt; seine Spitzen etwas nach vorwärts gerichtet.

79. Die Windspiel-Antilope, Nanotragus Hemprichianus (Ehr.).

Antilope saltiana, Cretschm. Rüpp. Atl. t. 21. — Ehrenb. Symb. phys. I. t. 8. — Licht. Darstell. t. 16. — Wagn. Schreb. Säugeth. Suppl. IV. p. 452. u. V. 415. — Blanf. Abyss. p.

Heißt bei Masaua Beni Isr'aël. Tigr. Atro. Tigrenia Endšu. Bei Kasalah und am Setit Diqdiq. Danak. Séqéré. Som. Saqaro.

Sehr häufig trifft man diese niedliche kleine Antilope im Küstengebiet, nordwärts bis zu den Bergen der Beni Amer, westwärts bis Takah hinüber. Doch liebt sie weniger die kahlen Strandgegenden, als Buschwald und Vorberge, wo sie bis auf 5000 Fuß Höhe erscheint.

In Rudel vereinigt habe ich den Endschu nie beobachtet, doch ist er an geeigneten Orten allgemein und häufig, meist in Paaren oder kleinen Familien.

Sie sind von äußerst lebhaftem, beweglichem Wesen, ungemein flüchtig und gewandt, sowohl im Laufen als im Setzen und Klettern, dabei jedoch wenig schüchtern, daher ganz leicht zu erlegen.

Die Setzzeit fällt in den Juni und Juli, selbst im August fand ich noch trächtige Gaisen. Ihre Lieblingsaufenthaltsorte sind dicht mit Büschen und Krautpflanzen bestandene Hänge, aber sie besuchen gerne auch die Betten der Regenströme und Wasserplätze. Zur heißesten Tageszeit ruht das Paar gemeinschaftlich mit eingeschlagenem Hals und Kopf unter überhängenden Wurzeln, im Gestrüpp und im Schatten von Felsblöcken.

Vom plötzlich aufgescheuchten Bock vernimmt man zuweilen einen eigenthümlichen feinen, hohen und etwas zirpenden War- nungsruf, der wahrscheinlich durch Ausstoßen von Luft durch die Nasenlöcher hervorgebracht wird.

80. Die Midaqua, Cephalolophus Madoqua (Rüpp.).

Antilope Madoqua, Rüpp. Wirbelth. t. 7. f. 2. — *Antilope Madoka*, H. Smith. — *Modoqua Antilope*, Bruce, Trav. VII. t. 56. — *Antilope Saltiana*, Blainv. — Wagn. Schreb. Säugeth. IV. p. 449. u. V. p. 422. — Blanf. Abyss. p. 267.

Geez Orna. Amch. Midáqua. Tigr. Qalbadu und De- nanid, auch Midaq. Maf. Danido. Sudan-Arab. Om odrud (??).

Angeblich in den Gebirgen des nördlichen Abessiniens, ohne Zweifel auch im östlichen Takah.

81. Der Bohor oder Nager, Cervicapra redunca (Pall.).

Antilope redunca, Pall. — *Antilope Bohor*, Rüpp. — *A. redunca*, Rüpp. Abyss. Wirbelth. t. 7. — *Antilope re- dunca et Bohor*, Wagn. Schreb. Säugeth. Suppl. IV. p. 425. u. V. p. 431. u. 432. — *Eleotragus redunca*, Heugl. Verh. Leop. Carol. Akad. XXX. II. p. 11. — *Redunca Bohor*, Fitz. u. Heugl. Säugeth. p. 58. — Heugl. Fauna R. M. Nr. 64.

Amch. Bohor.

Soll an den Gehängen des Ostabfalls der abessinischen Ge- birge vorkommen; wohl auch im südöstlichen Takah. Ich bin dieser stattlichen Art hauptsächlich in den buschigen Ebenen um den Tsana-See, sowie in Begemeder begegnet.

In meinen Tagebüchern finde ich noch eine Notiz über eine zweite wohl zu dieser Gruppe gehörige Art von Setit und führe dieselbe vorläufig hier auf als

82. Der Obrob, Cervicapra (?) Odrob.

Arab. Odrob oder Ozrob.

Totalfärbung hirschbräunlich bis gelbbraun. Nur das Männchen gehörnt. Die Hörner in der Richtung der Stirn gerade aufwärts steigend, von ihrer Mitte an etwas vorwärts gerichtet, die Spitze selbst nur wenig nach hinten sich neigend; Geweih ungeringelt, schwärzlich. Größe des Bockes nicht ganz die der Antilope Dorcas erreichend.

83. Die Desasa, Kobus Defassa (Rüpp.).

Antilope Defassa, Rüpp. Abyss. Wirbelth. t. 3. — Wagn. Schreb. Säugeth. IV. p. 423. u. V. p. 435. — *Cervicapra Defassa*, Sund.

Amch. Defāsa (nicht Defassa, wie Rüppell fälschlich schreibt). Arab. Om hetéhet. In Kordofan nach Rüppell Bura und Chora.

Diese stattliche Antilope lebt in kleinen Rudeln in den buschigen und waldigen Niederungen um Qalabat, am Mareb, ostwärts bis zum Abfall der Berge von Dembelas. Ich fand sie im Allgemeinen weniger schüchtern als ihre Gattungsverwandten, doch ist sie schwierig zum Schuß zu bringen, wenn sie einmal flüchtig wird. Auf der Morgen- und Abendpürsch im Hochgras der Waldgürtel und Regenströme haben wir mehrere dieser Thiere zu erlegen Gelegenheit gehabt.

Anmerkung. Von der Defasa wenigstens als Local-Rasse zu unterscheiden ist wohl Kobus Singsing, Gray. — *C. ellipsiprymnus*, Heugl. (nec Ogilby) vom Bahr el abiad. — Vergl. Heugl. Verh. der Leop. Carol. Akad. XXX. II. p. 15. Nr. 20. — Sclat. Proc. L. Z. S. 1864. p. 102. c. fig.

84. Baker=Antilope, Hippotragus Bakeri (Heugl.).

Aegoceros Bakeri, Fitz. u. Heugl. Säugeth. p. 61. —
Hippotragus Bakeri, Heugl. Verh. Leop. Carol. Akad. XXX.
II. p. 16. Nr. 22. t. 2. f. 6 a u. b. — Sclat. Proc. L. Z.
S. 1868. p. 214. pl. XVI.

Arab. Abu M'aāref. Auch. wahrscheinlich Woadembi (?).

Diese stattliche Antilope, welche möglicher Weise mit Antilope equina oder A. leucophaea zusammenfallen könnte, findet sich familienweise im Buschwald und Hügelland des oberen Barkah, am Setit, Baher Salam, Atbarah, namentlich häufig um den oberen Rahad und Dender, im Wolkait und Ermatschoho, wohl auch in der Ebene des Tana=Sees und im nördlichen Godscham. Endlich beobachtete ich am unteren Weißen Nil im Gebiet der Baqarah eine Pferd=Antilope von graugelblicher Farbe.

Die von mir früher gegebene Diagnose von Hippotragus Bakeri (Verh. Leop. Carol. Akad.) ist insofern unrichtig, als ich dem alten Bock drei dunkle Schulterstreifen zuschreibe. Diese Angabe beruhte auf den Aussagen eines arabischen Jägers; auch glaubte Sir S. Baker sich zu erinnern, daß er eine ähnliche Zeichnung mit dem Fernglas beobachtet habe. Doch scheint selbst das ganz ausgefärbte alte Männchen nur einen schwärzlichen Rückenstreif zu haben.

Ich lasse nachstehend die ausführliche Beschreibung eines jüngeren männlichen Exemplars folgen und füge zugleich die Abbildung des Kopfes bei.

Totalfärbung licht röthlichgrau mit einem Stich ins Chocoladefarbige; Hals und Widerrist bemähnt; Mähne steif, aufwärts gerichtet, rostbraun; über den ganzen Rücken ein rostbräunlicher Streif; Stirn und Außenseite des Ohres isabellröthlich; Ohrenspitzen schwärzlich; die sehr kräftigen Läufe rostbraun, Hinterseite der Fesseln bis über die Afterklauen circumscript schwarz; Gegend

Pferd=Antilope (Hippotragus Bakeri).

II. Seite 110.

über dem Knie des Vorderfußes schwärzlich; auch Rückseite des
Hinterfußes längs des ganzen Laufes verwaschen schwärzlich;
Schwanz ziemlich lang und buschig, schwarz; nackte Aftergegend
fleischfarbig; Maulgegend und Nasenkuppe weiß, ziemlich dicht
und lang behaart; nackte Nasenspitze warzig, stets feucht, schwarz;
über dem Auge und vor demselben sich nach der Oberseite der
Wangen herabziehend ein deutlicher breiter weißer Streif; Nasen=
rücken rostbraunschwärzlich; zwischen Auge und Nase (vor dem
weißen Superciliarstreif) ein aufgelöster schwarzer Fleck; Kinn
und Kehle weißlich; Auge ziemlich groß, klar, braun; das Weiße
des Augapfels violett=fleischfarbig überlaufen; Brust und Unter=
leib schmutzig weißlich, ebenso Innenseite der Hinterkeulen; Ge=
hörn horngrauschwärzlich, wenig nach rückwärts gebogen, bei dem
beschriebenen Bock erst 6 bis 7 Zoll hoch. Der Kopf klein,
zierlich, ziemlich spitz zulaufend, vor der Nase etwas eingedrückt;
Ohren sehr groß, nicht eben breit, werden meist horizontal ge=
tragen und etwas sichelförmig nach hinten gebogen; Körper und
Hals kurz, kräftig; der letztere an der Basis sehr hoch; Beine
lang, stark; Klauen sehr breit.

Beim Liegen werden die Extremitäten, namentlich die vorde=
ren, weit ausgestreckt. Frißt zuweilen auf den Vorderfüßen knieend.

Die etwas schlappen Ohren werden viel bewegt. Stößt
gern spielend, vor= und seitwärts mit tief gesenktem Kopfe und
gilft dabei wie ein wimmernder Hund; zuweilen stößt das Thier
schnaubend Luft aus der Nase.

Die Fährte, welche dieses Thier macht, ist außerordentlich
groß und breit.

85. Die Beiba=Antilope, Oryx Beisa (Rüpp.).

Antilope Beisa, Rüpp. Abyss. Wirbelth. t. 5. — Wagn.
Schreb. Säugeth. Suppl. IV. p. 477. u. V. p. 436. — Blanf.

Abyss. p. 263. — Heugl. Fauna R. M. Nr. 68. — Brehm,
Habesch, p. 66.

Arab. Beida. Danak. 'Ari. Som. Beïd. In Kordofan
nach Rüppell Damma, doch bezieht sich diese Benennung wahr=
scheinlich auf eine andere Art.

Lebt paarweise und in Gesellschaften längs der afrikanischen
Küste des Rothen Meeres, etwa vom Wendekreis an südwärts.
Nach Rüppell auch in Kordofan (?); endlich im Danakil=Land
und im nördlichen Somal=Gebiet, wo ich selbst großen Heerden
einer Spieß=Antilope begegnet bin. Liebt offene, mit niedrigen
Büschen (namentlich mit Salvadora) bestandene Flächen und
verirrt sich vom Sahel aus nur bis in die Vorberge. So sahen
wir die Beida noch bei Af Abed. Da diese Thiere meist von
dürrem, trockenem Wüstengrase leben, so sind dieselben genöthigt,
häufiger auf die Tränke zu kommen; sie nehmen aber nach Aus=
sage meiner Jäger im Nothfall auch mit Brackwasser vorlieb.

Im Allgemeinen gehört die Beida nicht zu den schüchternen
Antilopen, sie wird selten flüchtig und begnügt sich, wenn sie sich
verfolgt sieht, eine gewisse Distanz zwischen sich und ihrem Feind
einzuhalten.

Beim Aeßen ist der Schweif in beständiger Bewegung,
ebenso die Ohren, wohl der lästigen Fliegen wegen. Selbst der
Hörner bedienen sich diese streitbaren Thiere viel zum Kratzen
der Haut und zum Abwehren der Insecten.

Aus der Ferne gesehen, scheinen die Alten im Sommer
fast milchweiß, die Kälber sind dagegen rehfarbig (grau=rostbräun=
lich) mit dunkler rostbraunem schrägem Streif durch das Auge
und eben solchem Fleck auf dem Nasenrücken und an der Außen=
seite des Vorderfußes; Kropf, Hinterhals und Rückenmitte etwas
bemähnt.

Das Winterkleid der alten Thiere zeigt ebenfalls stets einen
mehr oder weniger intensiven rostiggrauen Ton.

Aus den fast ganz geraden und sehr scharfspitzigen Hörnern verfertigen die Somalen Stoßwaffen.

Anmerkung. Ich halte es kaum für wahrscheinlich, daß die Säbel-Antilope, Oryx ensicornis, Ehr. (*Antilope leucoryx*, Licht. nec Pall. Abh. der Berl. Akad. 1824. t. 1. — Licht. Darstell. t. 1. — Hempr. & Ehr. Symb. phys. I. t. 3. — *Antilope Algazella*, Rüpp. — *Antilope Tao*, H. Smith. — *Antilope (Oryx) ensicornis*, Wagn. Schreb. Säugeth. Suppl. IV. p. 479. u. V. p. 437) den Atbarah ostwärts überschreite. Sie ist allgemein im nördlichen Senar und Kordofan, in der Baiuda-Steppe und im südlichen Nubien. Diese Art fällt wahrscheinlich mit der westafrikanischen Antilope Gazella, Pall. (*A. bezoartica*, H. Smith) zusammen, wohl auch mit der asiatischen A. leucoryx, Pall. — Heißt auf Arabisch Wah's el Baqer.

Ebenfalls mehr auf das Nil-Gebiet und die libysche Wüste beschränkt, dort aber bis gegen die Mittelmeerküste nordwärts sich verbreitend, den Meridian von Berber oder Chartum südwärts jedoch nicht überschreitend ist die Mendes-Antilope, Addax nasomaculatus, Blainv. (*Antilope Addax*, Licht. Berl. Abhandl. 1824. t. 2. — Licht. Darstell. t. 2. — Rüpp. Zool. Atl. t. 7. — *Oryx Addax*, H. Smith. — *Oryx suturosa*, Otto. — *Oryx nasomaculata*, Blainv. — *Antilope mytilopus*, H. Smith. — Wagn. Schreb. Säugeth. Suppl. IV. p. 486. u. V. p. 437. — *Addax nasomaculatus*, Gray. Knowsley, Menag. t. 18.)

Der arabische Name dieses schönen Thieres ist Baqer el wah's. In Nubien heißt dasselbe 'Akaš. (Nach Ehrenberg Abu 'Akaš.) Koptisch Ti-Dachsi, daher der 'Αδδαξ des Plinius.

86. Der Kudu, Tragelaphus strepsiceros (Pall.).

Antilope strepsiceros, Pall. — *Damalis strepsiceros*, H. Smith. — Wagn. Schreb. Säugeth. IV. p. 445. u. V. p. 440.

— Peters, Mozamb. Säugeth. p. 190. — *Strepsiceros capensis*, Harr. Portr. t. 20. — Smith, Ill. S. Afr. Zool. I. t. 42. 43. — *Strepsiseros excelsus*, Sund. — Heugl. Fauna R. M. p. 16. — *Strepsiceros Kudu*, Gray. — Knowsley, Menag. t. 24. f. 2. — Rüpp. N. Wirbelth. p. 26. — Brehm, Thierl. II. p. 539. — Brehm, Habesch, p. 167. — Fitz. u. Heugl. Säugeth. p. 61. — Heugl. Verh. Leop. Carol. Akad. XXX. II. p. 19. — Blanf. Abyss. p. 270.

Arab. Nelet, Jeled und Miremreh. Im Homran Ungutir. Amhar. Agazén. Tigr. und Maf. Garua, auch Nelet.

Wohl keine Antilope dürfte einen so ausgedehnten Verbreitungsbezirk innehaben als der Kudu; denn derselbe fehlt nur der Wüsten-, Sumpf- und der subalpinen Region Afrika's.

In unserem Beobachtungsgebiet erscheint er in den Districten der Habab nordwärts bis zu den Beni Amer, am Setit und oberen Atbarah, in Qalabat, Sarago, Ermetschoho, in ganz Abessinien, vom Samhar über Menfa und das Bogos-Land südwärts bis Schoa, im südlichen und östlichen Senar, Süd-Kordofan, am oberen Sobat und in den höher gelegenen Regionen um den Bacher el abiad. Speke und Grant fanden ihn noch in Ugogo; ich sah seine Hörner in Tedjurah und im Somal-Lande. Wahrscheinlich gehört auch Denham's Antilope cervicapra aus dem centralen Afrika zu dieser Art.

Vorzugsweise bewohnt der Kudu Hügel- und Gebirgsland mit Buschwald und Hochgras, zwischen 1000 und 8000 Fuß Meereshöhe. Auch felsiger Grund mit Wildbächen und Hochbäumen sagt ihm zu, nicht aber die flache Steppe. Er lebt gern gesellschaftlich und findet sich in manchen Gegenden wirklich ungemein häufig. So mögen auf dem kleinen Plateau von Naqfa wohl mehr als 200 Stück stehen, noch zahlreicher trafen wir diese stattlichen Thiere im oberen Lebka, an einzelnen Stellen um den Anseba, an der Gandoa und Schimfa. An geeigne-

ten Oertlichkeiten findet man sie jahraus, jahrein; andere ver=
lassen sie jedoch während der Zeit der großen Trockenheit und
Hitze. Auf Gehängen, welche mit Nabaq (Zizyphus) und Afa=
zien (Acacia spirocarpa, A. Ehrenbergii, A. ferruginea, A.
arabica, A. mellifera, A. etbaica etc.) bestanden sind, scheinen
sich die Kudus besonders zu gefallen; aber auch Bambus=Dickichte,
die Nachbarschaft von Euphorbien (E. habessinica und E. Schim=
perii), Aloe, Sansevieria, Dracänen, Oelbäumen, Adansonien,
Kigelien, Balanites, Weihrauch, Sterculien, Balsamodendron
und Combreten verschmähen sie keineswegs. Ihre Lieblingsnah=
rung besteht in Zweigen, Knospen und Blättern von Akazien
und Dattelpflaumen, in Gramineen und Krautpflanzen. Selbst
die kahlen Zweige des Balsambaumes scheinen sie nicht zu ver=
achten.

Alte Böcke, welche sich durch ihre ehrwürdig dunkelgraue, der
eines morschen Baumstammes gleichende Färbung auszeichnen, hal=
ten sich, die Brunftzeit ausgenommen, gewöhnlich getrennt von
den Rudeln der Weibchen und Kälber; wir trafen zwar hin und
wieder mehrere Männchen in unmittelbarer Nähe, doch ging
jedes derselben besonders seiner Wege und hielt sich nicht zu
seinen Nachbarn. Jüngere Böcke aber gesellen sich in Trupps
von 4 bis 6 Stück zusammen.

Die Gebirge und Hügel, welche der Kudu vorzüglich be=
wohnt, dienen auch zahlreichen Viehheerden zeitweise als Weide=
gründe. Durch diese wird eine unglaubliche Menge von Fliegen
herbeigelockt, welche mit den Kühen von Park zu Park wandern
und auch den Antilopen sehr lästig fallen, weshalb letztere am
frühen Morgen die tiefer gelegenen Oertlichkeiten meiden. Die
Nacht bringt der Kudu stets auf den Hochflächen zu. Während
der Vormittagsstunden bemerkt man die Truppe der Weibchen
und Jungen, sowie vereinzelte alte Böcke am oberen Rand der
Thalkessel, in welche die Thiere, stets äßend, gemächlich herab=

8*

steigen, während die Männchen, welchen überhaupt ein ruhigeres, mehr mürrisches Wesen eigen ist, sich noch weniger beeilen. Offene Thalgründe behagen ihnen weit mehr als engere Schluchten. Ich bin der Ueberzeugung, daß wenigstens zur Winterszeit die Böcke überhaupt zum großen Theil höhere Standorte einnehmen als die Thiere.

Bei den täglichen Wanderungen nach den Futterplätzen werden keine regelmäßigen Wechsel eingehalten. Nur in Folge von Nachstellungen, oder wenn sie am Abend bergwärts ziehen, folgen diese Antilopen ihren bestimmten festen Wegen, welche häufig durch Felsrisse, Pässe und Klüfte nach den Höhen führen, am Rand der letzteren aber in der Regel noch um Hügelköpfe herum und über schmale Felsgrate hin.

Auf der Weide benehmen sich die Altthiere und die Kälber ähnlich wie Rothwild, nur mit dem Unterschied, daß der Kudu sich mehr an niederes Gesträpp hält oder an der Erde grast. Dies geschieht meist stehend oder im Vorwärtsschreiten. Dabei zeigen sich die Kühe weniger vorsichtig als der Bock. Letzterer hält sich, während er auf Nahrung ausgeht, am liebsten an etwas gedeckten Stellen und zwischen höheren Baumstämmen, und zwar oft stundenlang, ohne viel den Platz zu wechseln und scheinbar ohne sich besonders um seine Sicherheit zu kümmern.

Gesicht, Gehör und Geruchssinn sind in hohem Grade ausgebildet. Ueberrascht man den Bock plötzlich, so bleibt er einige Secunden unbeweglich stehen. Wittert er einen Feind auf eine Entfernung von mehreren Hundert Schritten, so dreht er den gehobenen Kopf nach der betreffenden Richtung und äugt dann im Falle lange Zeit hindurch, ohne nur die mindeste Bewegung zu machen. Glaubt er beschlichen zu werden, so stiehlt er sich in größter Stille ab und birgt sich offenbar, ohne eigentlich flüchtig zu werden.

Wähnt er sich nicht sicher, ohne jedoch seinen Verfolger ins

Auge fassen zu können, so stößt er ein rauhes „Bah" aus, wel=
ches in Zwischenräumen mehrfach wiederholt wird. Endlich sah
ich öfter, wie diese Antilopen auf den Flug und das Geschrei
der Vögel achten. Lag ich mit dem Fernglase in der Hand auf
überhängenden, verschiedene benachbarte Gehänge beherrschenden
Felsgesimsen auf der Lauer, so kam es vor, daß kurzschwänzige
Raben über mich hinzogen, deren scharfem Auge kein auffallender
oder fremder Gegenstand entgeht. Diese umkreisten dann schreiend
mehrmals mein Versteck, und gleichzeitig konnte ich wahrnehmen,
daß die Köpfe aller unter mir bisher in Ruhe ihrer Nahrung
nachgehenden Kudus demselben Orte sich zuwandten und die
Thiere sich dann lange nicht beruhigen wollten.

Aufgescheucht machen die Kudus einige Fluchten und trollen
dann ein Stück weit in die Büsche, womöglich nach höher ge=
legenen Plätzen, von welchen aus sie sich nach ihrem Verfolger
umsehen, um dann ihren Weg in die Berge fortzusetzen. Stau=
nenswerth ist ihre Kraft und Geschicklichkeit im Setzen über hohe
Büsche weg, sowie die Fähigkeit, die steilsten Höhen mit Leichtig=
keit zu erklimmen, während sie in den engen, dornigen Wechseln
des Buschwaldes mit Gewalt sich Bahn brechen, ohne die Haut
zu verletzen. Hierbei scheint dem Bock das mächtige Geweih sehr
zu statten zu kommen, indem er sich mittelst desselben offene
Straße fegt.

Nach meinen Erfahrungen fällt die Brunftzeit auf das Ende
der Sommerregen, etwa in den Anfang des September. Dann
vernimmt man sowohl in den frühen Morgenstunden als gegen
Abend das fürchterliche Gebrüll der Böcke, das mit dem Schreien
des Rothhirsches einige Aehnlichkeit hat, aber auch an das=
jenige des Löwen erinnert. Das Thier setzt durchschnittlich im
Juni.

Bei den Eingeborenen gilt das Wildpret als Leckerbissen.
Dasjenige der Böcke fand ich aber stets trocken und sehnig,

schmackhafter das der Thiere und der Kälber. Nicht zu verachten
sind namentlich Zunge und Mark.

Die Haltung der alten Männchen gleicht ebenfalls im Allgemeinen derjenigen des Hirsches, doch geht ihr ein gewisser
Ausdruck von Kühnheit und Adel ab. Der meist wohlgenährte
Körper erscheint, da er etwas mehr gestreckt ist, niedriger, auch
werden Kopf und Hals gewöhnlich nicht so hoch getragen, sondern länger und wagerechter ausgereckt. Ersterer hat vorn eine
Art von Wamme, während beim Aeßen das Widerrist buckelartig
hervortritt. Der buschige Schwanz ist viel in Bewegung.

Man betreibt die Jagd auf den Kudu in mannigfaltiger
Weise. Die Takarir (angesiedelte Neger aus dem Inneren
Afrika's) von Qalabat und Sarago hetzen ihn mit arabischen
Windhunden oder sie legen Fußschlingen. Die arabischen und
abessinischen Jäger schießen ihn dagegen meist auf dem Anstand.
Im südlichen Kordofan treibt man die Thiere in eingestellten
Bahnen nach Fallgruben.

Während des Marsches sind wir nicht selten zufällig Kudus
auf schußmäßige Entfernung nahe am Wege begegnet, namentlich
zur Nachmittagszeit, wo die Thiere zuweilen auf offene Stellen
heraustreten, um zu trinken oder um sich zu suhlen.

Die Jagd mit dem Schießgewehr erfordert natürlich ein
gutes Auge und Erfahrung. In Gegenden, wo diese Thiere
nicht selten sind, gelingt es einem geübten Beobachter in Kurzem, die Lebensweise und jeweiligen Aufenthaltsorte derselben
kennen zu lernen.

In den Vormittagsstunden wird er dann am oberen Rand
der Berge eine Stelle ausfindig machen, welche zum Anstehen
tauglich ist. Während der heißeren Tageszeit kann man die
Pürsche im Tiefland versuchen, Abends die Rückwechsel besetzen.
Ein anderer als Hinterhalt geeigneter Platz sind die Trinkstellen,
deren Besuch die Antilopen regelmäßig einzuhalten pflegen.

Vorsicht und Ruhe ist namentlich beim Pürschgang erfor=
derlich. Derselbe wird übrigens in den meisten Fällen wesentlich
erleichtert durch die Bodenverhältnisse, indem der Kudu, wie schon
gesagt, hauptsächlich coupirtes Terrain und Buschwald zu seinem
Aufenthaltsort wählt; aber auf der anderen Seite kommt man
hier viel mit Dornbüschen in allzu intime Berührung, nament=
lich aber mit Gestrüpp und hartem Geröll, wo einiges Geräusch
kaum vermieden werden kann. Auf solchen Jagdpartien bediente
ich mich womöglich nicht solider, mit Nägeln beschlagener Stiefel,
sondern weichsohliger arabischer Schuhe.

Die Aussicht auf Erfolg wird noch vermehrt, wenn der
Schütze einen eingeborenen Jäger zum Führer wählt. Diese
Leute verstehen auch trefflich, ein Thier zu umgehen und es dem
Schützen durch Gängeln zuzutreiben.

Der Schech Atlan von Merdiba (am oberen Rahad) ver=
anstaltete einst eine förmliche Treibjagd, an welcher sich vielleicht
dreißig mit Lanzen bewaffnete und mit einigen Hetzhunden ver=
sehene Schwarze betheiligten. Den Hauptwechsel besetzte ich.
Meine Stellung dort war insofern eine höchst ungünstige, als
der Platz, auf dem sich eine Anzahl von Wildpfaden kreuzte,
sowohl mit Buschwerk als namentlich mit dichtem und hohem
Steppengras bestanden war, so daß ich mit wenig Ausnahmen
meist nur die Köpfe der gehetzten Antilopen zu Gesicht bekam.

Das ganze Treiben währte wohl kaum eine halbe Stunde,
während welcher Zeit ich sieben Mal auf Kudus zu Schuß ge=
langte, von welchen allerdings nur zwei Stück auf dem Platze
blieben. Bemerken muß ich noch, daß ich bei dieser Gelegenheit
nur ein einziges Vorderladergewehr, und zwar eine Schrotflinte,
bei mir führte.

Aus den Häuten verfertigen die Eingeborenen Decken; die
Hörner verwenden sie als Gefäße, um Pulver, Salz und Pfeffer
aufzubewahren.

Jung eingefangen und bei angemessener Nahrung und Be-
handlung nimmt der Kudu bald einen hohen Grad von Zähmung
an; auch verträgt er sich im Allgemeinen gut mit anderen Thieren.

87. Die Decula, Tragelaphus Decula (Rüpp.).

Antilope Decula, Rüpp. Abyss. Wirbelth. t. 11. — *Anti-
lope (Tragelaphus) Decula*, Wagn. Schreb. Säugeth. Suppl.
IV. p. 442. u. V. p. 443. — Heugl. Verhandl. Leop. Carol.
Akad. XXX. II. Sep.-Abdr. p. 20. Nr. 30. t. 1. fig. 5. —
Fitz. u. Heugl. Säugeth. p. 59.

Amch. Dokula (nicht Decula). Arab. H'ūš. Im Homran
Saqal.

Im oberen Barkah, namentlich aber am Setit und Baher
Salam findet sich eine Busch-Antilope, welche ich für gleichartig
mit Antilope Decula, Rüpp., halte, welch letztere Art ich
namentlich häufig um die Gehänge der Dembea-Ebene in Central-
Abessinien angetroffen habe. Doch stimmen auch die von mir
hier eingesammelten Bälge sowohl in Form als in Färbung
nicht mit Rüppell's Beschreibung und Abbildung seiner Decula
oder besser Dokula (vergl. meine Notizen in den Verhandl. der
Leop. Carol. Akademie XXX. II. p. 20). Exemplare aus dem
Homran sind noch heller olivengelblich und scheinen durchgängig
kleiner als abessinische; die weiße Sattelzeichnung und Fleckung
der Keulen variirt individuell ungemein und fehlt bei einzelnen
Thieren fast gänzlich. Möglich, daß die Decula ein vom Sommerkleid abweichendes Winterkleid anlegt.

Anmerkung. Nach Petterick, Sclater und de Pruyssenaere
käme Tragelaphus sylvaticus, Sparrm., im Gebiet des Weißen
Nil vor (Sclat. Proceed. Lond. Zool. Soc. 1864. p. 105).
Ich hatte Gelegenheit, in der Nähe des Req-Sumpfes und in
Bongo eine ähnliche Form zu beobachten, die übrigens doch

wiederum einer anderen Art angehören dürfte. Leider konnte ich
die damals präparirten Bälge aus Mangel an Transportmitteln
nicht mit mir nehmen und gebe ich nachstehend die Beschreibung
derselben nach meinen Tagebuchnotizen und nach einer nach einem
alten Bock im Fleisch gefertigten Abbildung.

Thränengruben und Klauendrüsen fehlen. Inguinaldrüsen
stark entwickelt. Hörner schwärzlich, fast 9″ lang, in der Richtung der Stirn nach hinten aufsteigend, mit den Spitzen etwas
vorwärts gebogen, dreikantig, mit einem spiralförmig gewundenen
Kiel auf der Wurzelhälfte der Innen- und Vorderseite; ebenso
auf der Wurzelhälfte deutlich, aber nicht tief geringelt. Ganze
Länge bis zur Spitze des buschigen Schwanzes 4′ 8″. Höhe des
Widerristes 2′ 6″. Kopflänge gegen 10″. Ohrhöhe 6″; Ohrbreite 3″. Schwanz mit Quaste 10″. Ueber den ganzen Rücken
hin eine aufrichtbare Mähne von dunklen Haaren; Totalfärbung
glänzend olivenbräunlichgelb, Kopf und Hals mehr bräunlichgelb;
Nase schwarz; von der Mitte der Nasenkuppe führt ein schwärzlicher Streif auf dem Nasenrücken hin bis vor die Augengegend,
wo er breiter wird und dann scharf dreieckig absetzt; Kinn, ein
runder Fleck unter dem Auge, innere Behaarung des Ohres und
Außenfläche der Ohrwurzel sowie Vorderhalsmitte weißlich;
Ohren außen fast kahl, rauchbräunlich, innen nur am Vorder-
rande dicht und lang behaart, mit 2 bis 3 sehr deutlichen schräg
gestellten Längsfalten. An der Vorderhalsbasis ein weißes Quer-
band von der Form zweier mit der Spitze an einander gelegter
Halbmonde, darunter ein schwärzlicher Längsstreif bis zum Brust-
bein. Quer über den Rücken 5 weiße Binden, die 2 vordersten
kürzer als die übrigen und jederseits durch eine Längsbinde zu
einem Sattel verbunden; an den Flanken zwischen den Vorder-
und Hinterkeulen eine deutliche weiße Längsbinde; ein oder mehrere rundliche weiße Flecken vorn auf der Schulterblattgegend,
eine größere Anzahl solcher Flecken auf dem ganzen Hinterschlegel,

ein einzelner unter der Mitte zwischen der vierten und fünften (hintersten) Rückenquerbinde; Schwanz oben von der Farbe des Rückens, seitlich weiß, Unterseite und breite Spitze schwärzlich; vordere Hälfte des Unterleibes rauchfarbig; hintere trüb weißlich; Läufe innen weiß, außen falb, an den Vorderfüßen außen und innen ein schwarzer, in der Mitte breiter, nach oben gegabelter, nach unten weit hin sich zuspitzender schwärzlicher Streif; Fesseln weit herauf schwarz, über der Mitte der Klauen und jederseits der Knöchel ein weißer Fleck; Klauen braunschwarz, zierlich geformt; Iris braun; Weibchen ungehörnt.

Dieses Thier heißt in der Djeng-Sprache Bor, in Bongo Towa, bei den Djur Búrah. Es lebt meist paarweise in Gegenden, wo viel Hochgras gedeiht, und im dichten Gebüsch von Bauhinien und Akazien, wo sich der Bor gern drückt und aufgescheucht in ungeheuren Sätzen davoneilt. Der Kopf und Hals werden selten aufrecht getragen, der massive Hinterrücken sehr hoch. Das Wildpret fand ich ziemlich trocken und zäh.

Sollte sich diese Antilope als neue Art herausstellen, so schlage ich die Benennung Tragelaphus Bor vor.

Eine durch ihre eigenthümliche Klauenbildung ausgezeichnete Form vom Quellgebiet des Baher el abiad ist Tragelaphus Spekei, Sclat. (Proceed. Lond. Zool. Soc. 1864. p. 183. pl. XII.)

88. Die Kuh-Antilope, Acronotus bubalis (Cuv.).

Antilope bubalis, Cuv. — *A. (Bubalus) bubalis*, Wagn. Schreb. Säugeth. IV. p. 469. u. V. p. 444. — *Bubalis mauritanica*, Sund. — *Boselaphus bubalis*, Gray. — Knowsley, Menag. t. 20. f. 1. — Heugl. Abhandl. Leop. Carol. Akad. XXX. II. p. 21.

Arab. Tóra. Tigrenia Tori und Totel. Bel. Qaraqua. Im Senar Tétel.

Die Kuh-Antilope findet sich familien- und rudelweise in den Niederungen und an dem Fuß der Gebirge von Takah, int Gebiet der Beni Amer, im oberen Barkah, am Anseba, Atbarah und seinen Zuflüssen und in den Tiefländern des nördlichen Abessinien, vielleicht auch in Senar und Süd-Kordofan. Sehr häufig trafen wir sie namentlich im Quellgebiet des Dender und Rahad und um Qalabat. Sie lebt gern in coupirtem Terrain mit viel Hochgras und Unterholz, ist nicht besonders schüchtern, ja oft dummdreist, und besucht regelmäßig, namentlich in den Nachmittags- und Abendstunden, die einmal angenommenen Weide- und Trinkplätze.

Die Araber hetzen die Kuh-Antilope mit Windhunden und tödten sie mittelst Wurflanzen. Auch mit der Büchse ist ihr nicht schwer beizukommen, besonders wenn der Jäger einiger-maßen mit ihren Standorten und Wechseln bekannt ist.

Nach Aussage arabischer Jäger käme diese Art auch in der Gegend des Fajum und der Natron-Seen vor, nach Loche (Cat. des Mammif. Algér. p. 14) bewohnt sie die südlichen Provinzen von Algier.

Der Thierhändler G. Schmutzer, mit welchem ich auf der Rückreise von Masaua nach Sues zusammentraf, versichert mich, er habe vor wenigen Jahren an den zoologischen Garten zu Berlin eine noch unbekannte Art von Kuh-Antilope eingeliefert, welche in der Gegend von Dokah in Ost-Senar erbeutet wurde. Meine Anfrage beim Director des zoologischen Gartens, Dr. Bo-dinus, über diese muthmaßlich neue Art ist nicht beantwortet worden.

Es leben übrigens außer den genannten noch mehrere Acronotus-Arten im Gebiet des Weißen Nil. Eine derselben, namentlich am Kir und Sobat heimisch, scheint mit A. Caama zusammenzufallen, die zweite hielt ich früher für letztgenannte Form, doch scheint sie wiederum abweichend, namentlich in Bezug

auf die Gestalt des Gehörns, das etwas an A. Lichtensteinii
erinnert, aber knotiger und weniger gewunden ist. Letztere Art
ist sehr gemein in den Ebenen der Req=Neger bis zum Djur
und Kosange hinüber, sie heißt bei den Djeng Lelwel, bei den
Djur Burrah, bei den Dor Karjá. Das Thier mag vorläufig
A. Lelwel benannt werden.

Ich gebe hier die Seiten=Ansicht des Gehörns von A.
Caama' und A. Lelwel.

Von einer dritten Species (?), die ebenfalls Lelwel benannt
ist, besitze ich kein Horn mehr. Dasselbe gleicht ungefähr dem
des Acronotus bubalis, während die Färbung des Thieres mit
A. Caama übereinzukommen scheint, indem ein deutlicher breiter,
schwärzlicher Stirnstreif vorhanden ist, ebenso braunschwarze
Zeichnung auf der Außenseite der Läufe. Erinnere ich mich recht,
so divergiren die Hörner von der Basis ab sehr nach außen und
hinten, die kurze Spitze knorrig nach vorn und oben.

Mehrere Arten einer nächstverwandten Gruppe, zur Unter=
gattung Damalis gehörig, finden sich in Senar, Süd=Kordofan
und längs des Bahr el abiad, so Damalis senegalensis, H.
Smith, Damalis Tiang, Heugl., und Damalis Tiaugriel, Heugl.[1]

Glieder einer zweiten sehr ausgezeichneten Gruppe bewohnen
vorzüglich die Schilf= und Papyrus=Region des Sobat, Saraf
und Bahr Ghazal, nämlich Adenota Kul, Heugl.; Adenota
leucotis, Licht. & Pet.; Adenota Wuil, Heugl.; Adenota
Leche, Gray, und Adenota megaceros, Heugl.[2] Bei allen
mir bekannten Arten dieser Untergattung ist das Männchen auf=
fallend größer und bunter, theilweise schwarz gefärbt, das Weib=
chen ungehörnt, einfarbig hirschbräunlich.

Die Steppenländer des Kir= und Ghazalflusses beherbergen

---

[1] Vergl. Abh. Leop. Carol. Akad. XXX. II. p. 22. t. 1 u. 2.
[2] Vergl. Abh. Leop. Carol. Akad. XXX. II. p. 12 bis 14. t. 2.

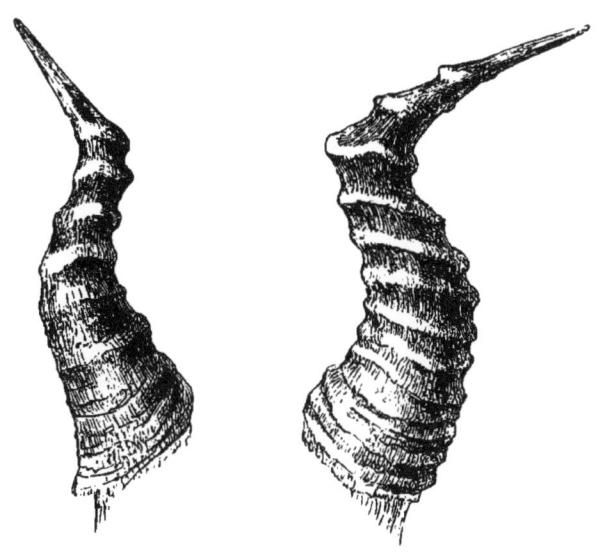

Gehörn von Antilope Acronotus Lelwel.

II. Seite 124.

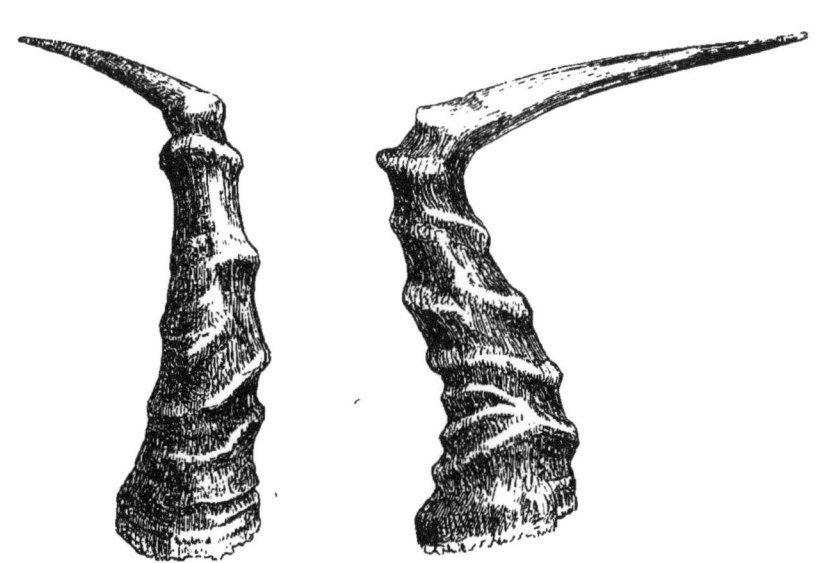

Gehörn von Antilope Acronotus Caama.

II. Seite 124.

endlich eine oder zwei Arten von Elenn-Antilopen, Taurotragus Livingstonii, Sclat., und Taurotragus gigas, Heugl., vielleicht auch Taurotragus orcas.[1] In den Bergen des südlichen Senar soll ein Gnu (wohl Catoblepas gorgon) auftreten.

Unbestimmte Nachrichten wurden mir über folgende Antilopen Nordost-Afrika's:

1) Cervicapra eleotragus, Schreb. Angeblich am Sabat und Kir.

2) Eleotragus sp.? Arab. el Chondiéh. In Ost-Kordofan.

3) Cephalologus mergens, Blainv. Am Baher Ghazal.

4) Eine sehr kleine, in den abessinischen Hochländern heimische Art, die Rüppell in Semien, ich wahrscheinlich bei Gondar beobachtet. Ersterer hält sie für Cephalolophus pygmaeus, Pall. Das von mir gesehene Thier hat eine graubläuliche Färbung, trägt den Kopf immer tief gesenkt, das starke Hintertheil dagegen hoch, ganz wie ein Moschusthier.

5) Acronotus sp.? Amchar. Soada. Im nordwestlichen Abessinien.

6) Hippotragus sp.? Amch. Worobo. Hirschfarbig mit schwarzer Mähne, starkem aber kurzem Gehörn. Gesellschaftlich am Tana-See, in Godscham und Agad vorkommend.

7) Calotragus sp.? Arab. Mor, Morr. In den Bergen westlich von Fazoql.

8) Antilope sp.? Arab. Om χat. Aehnlich der Antilope Dorcas, jedoch kleiner.

9) Antilope sp.? Arab. el Hamrah. Baiuda-Wüste, Kordofan.

10) und 11) Adenota oder Cephalolophus, zwei Arten,

---

[1] Abh. Leop. Carol. Akad. XXX. II. p. 16. — Heuglin, Reise in das Gebiet des Weißen Nil, p. 318. — Sclat. Proceed. Lond. Zool. Soc. 1864. p. 105.

bei den Djeng Amok benannt, von sehr dunkler Färbung. Daher el abiad.

Dr. Schweinfurth hat nach gefälliger schriftlicher Mittheilung im Gebiet westwärts vom oberen Nil noch mehrere neue Antilopen angetroffen, deren Beschreibung noch nicht veröffentlicht ist.

89. Der arabische Steinbock, Aegoceros Beden (Forsk.).

Capra Ibex Baeden, Forsk. — *Capra arabica*, Mus. Vindob. — *Capra nubiana*, Fischer. — *Capra sinaitica*, Ehr. Symb. phys. II. t. 18. — *Aegoceros Beden*, Wagn. Schreb. Säugeth. Suppl. IV. p. 494. — Rüpp. N. W. Abyss. p. 26. — Heugl. Fauna R. M. p. 16. — Fitz. u. Heugl. Säugeth. p. 66.

Arab. Beden. In Syrien Wa'el; in Egypten auch Tetal; im nördlichen Nubien Kebsch el djebel und Neqer; bei den Bedjah E'u[1] oder E'o.

Der Verbreitungsbezirk des arabischen Steinbockes beschränkt sich nicht nur auf Syrien und Klein-Asien, das nordwestliche Arabien, die sinaitische Halbinsel und die Gebirge zwischen Sues und Berenice troglodytica (Ras Benas). Er findet sich weiter südwärts in den Bergen der Ababdeh und Bischarin, in der Wüste von Korosko, zwischen Sauakin und Berber, bis zum Barkah hinüber und vielleicht noch jenseits desselben, namentlich um das Thal von Langheb. Selbst auf dem Djebel Haraza im nördlichen Kordofan soll ein hierher gehöriges Thier vorkommen.

---

[1] Nach Lepsius (Standard-Alphabet p. 61) würde in den Bedjah-Sprachen der Buchstabe 'Aïn gänzlich fehlen. Die Bewohner des unteren Barkah und der Gegend von Sauakin, deren Dialekt allerdings nicht unbeträchtlich von dem der Bischarin abweicht, bedienen sich jedoch eines ähnlichen explosiven Consonanten.

Nach der Ansicht mancher Gelehrten ist Aegoceros Beden gleichartig mit Aeg. Walie, Rüpp.; Wagner (Schreb. Säugethiere,
Suppl. IV. p. 193) sagt dagegen, der Walie sei größer, lang-
und rauhhaariger und der Bart kürzer.

Die Verschiedenheit in der Structur der Haare mag vom
Standort abhängig sein, wie denn auch das Winterkleid des
Beden sowohl in Bezug auf Färbung als Dichtigkeit und Länge
der Haare sehr von dem Sommerkleid abweicht. Die Gehörne
der Walie-Böcke schienen mir massiver als diejenigen des Beden,
sie stehen ihnen aber auch zuweilen an Länge nicht nach. Dagegen ist die Form des Hornes etwas abweichend und zeichnet
sich der Schädel der Walie durch eine höckerartige Auftreibung
auf dem Scheitel unmittelbar vor der Basis des Geweihes aus.
Die eigenthümliche bunte Zeichnung der Füße ist bei beiden Formen dieselbe.

Das Gehörn des Beden erreicht zuweilen eine Länge von
mehr als 3 Fuß (im Bogen gemessen), es ist von dunkel- und
trüb graugrünlicher Farbe; bei alten Böcken stehen die Knoten
zumeist paarweise. Je länger das Horn, um so mehr comprimirt sind die Seitenflächen, die innere sogar häufig eingedrückt
(concav). Bei sehr alten Männchen weicht die Form der einzelnen Stangen insofern ab, als sich dieselben von der Wurzel
an nicht gleichförmig in einem Halbkreis nach hinten abbiegen,
sondern ein gutes Stück weit gerade aufsteigen.

Ich vermuthe nach den durch mehrere Jahre an einem gezähmten Bock gemachten Beobachtungen, daß am Geweih alljährlich, bis zu einem gewissen Alter wenigstens, ein neuer Doppel-
knoten ansetzt.

Der Beden lebt zumeist gesellschaftlich. Zuweilen schaaren
sich Rudel von mehr als zwanzig Stück unter Leitung eines
alten Bockes zusammen. Sie sind im Allgemeinen Gebirgs-
bewohner und ziehen sich namentlich zur Abendzeit auf die steil-

sten Felsgesimse zurück, die sie nicht sehr früh zu verlassen
scheinen. Gegen 10 Uhr Vormittags begegnet man ihnen in
den weiten, offenen und grasreicheren Hochthälern. Zur Zeit
der Winterregen rücken diese Thiere aber noch mehr in die Tiefe
herab. Ihre Standorte wechseln zwischen 3000 und 6000 Fuß
Meereshöhe. Das Wildpret der Alten, vorzüglich der Böcke, ist
zäh, hart, schwarz und von höchst penetrantem Geruch, den es
selbst durch Auslaugen nicht verliert.

Dort, wo dieses Wild der Verfolgung nicht ausgesetzt ist,
fand ich dasselbe nicht gerade auffallend schüchtern. Vorzüglich
die Gaisen, welche auch stets beim Aeßen vorangehen, kümmern
sich wenig um einen fremden Gegenstand oder um ein zufälliges
Geräusch, während der Bock fleißiger äugt.

Jede Familie oder jedes Rudel hat seine bestimmten festen
Wechsel, die jedoch selten durch Klüfte führen, sondern meist an
den steileren Hängen und treppenartigen Kanten der Felsen hin.
Mit Vorliebe besuchen sie diejenigen Stellen der Hochthäler, wo
viele Felsblöcke zerstreut liegen. An solchen Plätzen ruhen die
Thiere während der Nachmittagsstunden, um zu käuen. Im
Frühjahr findet man um die Lager ganze Polster von Winter=
haaren, die nicht selten auch an Felskanten hängen, wo sich das
Wild gern reibt.

Die Araber behaupten, daß die einzelnen Gesellschaften stets
Wachen ausstellen. Dies habe ich nie zu bemerken Gelegenheit
gehabt, dagegen häufig gesehen, daß die Böcke, wenn die Heerde
flüchtig geworden, auf hervorragenden Punkten Umschau halten,
während die Gaisen Schutz und Deckung im Gestein suchen.

Die Flucht findet immer bergwärts statt, sie ist jedoch nur
im ersten Augenblick der Ueberraschung eine hastige und unge=
ordnete und der durch das Klappern der Schalen am Gestein,
durch das in Masse los werdende und herabfallende Geröll
bewirkte Lärm ein gewaltiger.

Die Setzzeit muß in den Mai oder Juni fallen. Die Jungen mäckern wie Zicklein, sind drollig in ihren Bewegungen und spielen gern, auf Felsblöcken sich herumtummelnd, aber das große Auge mit gespaltener Pupille verleiht ihnen einen etwas stupiden Ausdruck.

Vom Bock vernimmt man zuweilen einen sonderbaren, etwas gezogenen Laut, der durch Ausblasen von Luft aus den möglichst zusammengepreßten Nasenlöchern zu entstehen scheint und entfernte Aehnlichkeit mit dem Locken der Rehkitzen hat.

Die Bischarin erzählen, daß die Kobolde und Berggeister, welche die Schätze der alten Goldminen ihrer Heimath hüten, auf Steinböcken reiten; auch ist unter den eingeborenen Jägern der Glaube allgemein verbreitet, daß Böcke, welche bis zu den höchsten Gebirgsgraten verfolgt und dort in die Enge getrieben werden, sich auf die Hörner in die Tiefe stürzen, ohne Schaden zu nehmen.

In Klein-Asien sah ich mächtige Gehörne eines Steinbockes, welche angeblich aus der Gegend von Brusa gebracht wurden. Sie waren von schwärzlicher Farbe, breiter und noch mehr plattgedrückt als diejenigen des Beden.

Wie der europäische Steinbock, so paart sich der Beden gern mit Ziegen, wie denn auch der zahme Bock die Gaisen von dieser Art beschlägt. Die erzielten Bastarde sind fortpflanzungsfähig und sie gleichen stets mehr dem Beden als den genannten Hausthieren, sowohl in Gestalt, als in der Zeichnung und in der Form des Gehörnes und in ihrem Wesen.

Der arabische Steinbock läßt sich überhaupt leicht zähmen und hält in der Gefangenschaft selbst ohne besondere Pflege lange aus. Heufütterung und etwas Getreide sagt ihnen mehr zu als grüner Klee, auch bedürfen sie von Zeit zu Zeit Salz, auf das sie so gierig sind wie auf Zucker. Selbst den Salpeter lecken sie von den Wänden der Stallungen. Der Bock wird übrigens

gern streitsüchtig und geht dann Menschen und Hunden mit dem
Gehörn zu Leibe.

Anmerkung. Als Hausthiere werden im Gebiete der
Beni Amer und Habab allgemein Ziegen und Schafe gehalten,
erstere in überwiegender Anzahl und zwar in verschiedenen
Rassen, die ich nicht näher zu beschreiben vermag. Doch fehlen
die glatthaarigen, buckelnasigen egyptischen Formen (Hircus aegyptiacus und Hircus thebaicus). Auf der Insel Dahlak züchtet
man eine äußerst kleine und höchst niedliche und lebhafte Ziege,
die ein sehr wohlschmeckendes Fleisch liefert. Sie hat glatte,
kurze Haare und im Allgemeinen eine glänzend hell kaffeebraune
Färbung. Im Gebirge begegneten wir auch sehr stattlichen
schwarzen, langhaarigen Ziegen, welche einige Aehnlichkeit mit
Hircus mambricus haben.

Die Schafe des Bedjah-Landes gehören meistens der Form
Ovis steatopyga oder Ovis platyceros an. Sie sind gewöhnlich ungehörnt, häufig rein weiß mit schwarzem Kopfe.

Die Ziege in genere heißt auf Arab. Ghanem; der Bock
Tes, die weibliche Ziege M'ezah, auch 'Anz. Amch. Fijel. Tigr.
Del. Belen Fintira. Bedj. Tó-Naï.

Die Araber benennen das Schaf χarûf, den Schafbock
Kebš; auf Amcharisch heißt es Bag, Geez Bag'e; auf Bedjanieh
Tirfem und Argeno.

Das Mähnenschaf (Ovis tragelaphus, Desm.), in den
egyptischen und nubischen Bergen heimisch, ist unserem Beobachtungsgebiete nicht eigen.

Nach Mittheilung des verstorbenen P. Stella in Keren soll
im Gebiet des Anseba und in Mensa ein wildes Schaf von
weißlicher Farbe und mit spiralförmig gewundenen Hörnern
leben. Dr. W. Schimper versicherte mich, es komme ebenfalls
in Mensa ein hirschartiges Thier (ein ächter Cervus) von der
Größe des Rehbockes vor. Eine Verwechselung mit Oreotragus

saltatrix kann bei dieser Angabe nicht wohl vorliegen, da mein Berichterstatter den Klippspringer sehr wohl kannte.

90. Der Wildbüffel, Bos (Bubalus) pumilus (Turton).

Turt. Translat. of the Syst. Nat. p. 121. — *B. brachyceros*, Heugl. Verh. der Leop. Carol. Ak. 1863. Sep.-Abdr. p. 25. Antil. u. Büff. pl. 3. f. 12. — *B. caffer, var. aequinoctialis*, Blyth, Proc. L. Z. S. 1866. p. 371. f. 1 and 1a. — *B. centralis*, Gray, Cat. Rum. Brit. Mus. p. 11. — *B. pumilus Stirps orientalis*, Brooke, Proc. L. Z. S. 1873. p. 403.

Arab. G'amūs el χāla. Amch. Goš. Tigr. und Bedj. Agaba. Gala Gefersa. Geez Dasekano (nach Ludolf).

Ich habe in einem ausführlichen Artikel (Ant. u. Büffel, Verh. Leop. Carol. Akad. 1863) auf die Unterschiede der in Nordost-Afrika vorkommenden Wildbüffel aufmerksam gemacht und dieselben durch Abbildung der Gehörne zu versinnlichen gesucht. Sir Brooke hält die von mir für Bos brachyceros, Gray, angesprochene Form für B. pumilus, var. orientalis, doch soll nach Aussage der Homran-Araber nicht nur eine platthörnige, sondern auch eine dickhörnige Rasse oder Art am Setit vorkommen. In wie weit Bos pumilus von den übrigen afrikanischen Wildbüffeln sich unterscheide, kann ich wegen Mangels an umfassendem Material nicht nachweisen. Am Weißen Nil traf ich nur die groß- und dickhörnige Form, aber nach der Abbildung, welche Brooke von einem angeblich nubischen (!!) Exemplar des zoologischen Gartens in Berlin giebt, das wohl von Takah stammt, scheint ein Zwischenglied zwischen den von mir als B. brachyceros und B. caffer abgebildeten Thieren zu bestehen. Wiederum abweichend ist das Gehörn einer Kuh, welches Clapperton vom Tschad-See nach England sandte. Hier erscheinen die

9*

Hörner weit mehr noch mit den Spitzen nach hinten und einwärts gebogen, ähnlich wie bei dem Gerrrd'schen Exemplar des Britischen Museums (Vergl. Brooke l. c. p. 475 u. 478. fig. 1. 2. u. 3.)

Nach alle dem möchte ich vorläufig nur eine einzige Art annehmen, nämlich Bos caffer, Sparrm., die füglich in drei oder vier Rassen zerfallen dürfte. Uebrigens variiren wenigstens die Gehörne der einzelnen Individuen ebenfalls nicht unbeträchtlich.

Die platthörnige Form findet sich rudelweise am Homran und am oberen Atbarah, bei Qalabat, am oberen Rahab und Dender, am Blauen Nil südlich vom 13. Grad n. Br., endlich in Kordofan, und ohne Zweifel ist es dieselbe, welche im Tiefland des Mareb, in Quola Wogara, am Goang und von da südwärts bis Godscham oder Gozam und in die Gala-Gebiete sich verbreitet.

Der Wildbüffel lebt in sumpfigen Gegenden, namentlich in der Region des Bambus, sowie im dichten Buschwald. Zur Zeit der Sommerregen breitet er sich mehr nach dem Steppenland hin aus.

Ueber seine Lebensweise habe ich früher bereits meine Erfahrungen und Beobachtungen mitgetheilt. (Büffel und Antilopen l. c. — Reise in das Gebiet des Weissen Nil p. 307. etc.)

Anmerkung. Den zahmen Büffel (Bos bubalus, Briss.) hält man häufig in Egypten und hat auch versucht, denselben nach dem Sudan zu verpflanzen. In Abessinien und dem Barkah-Gebiet kommt er nicht vor. Derselbe heißt bei den Arabern G'amūs.

In Tigrié, namentlich am Ufer des Mareb und an der Sibba soll ein wildes Rind vorkommen, das dort Anha Bih' oder Biz benannt wird. Man sagt, daß sich dasselbe mit den gezähmten Hornvieh-Rassen der Gegend paare.

Im Barkah, dem Habab- und dem Anseba-Gebiet, sowie

in Habesch halten die Eingeborenen große Heerden von Rind=
vieh, das übrigens verschiedenen Rassen angehört. In einigen
Hafenstädten am Rothen Meer ist der Zebu eingeführt. Die
Rasse der Gala=Länder zeichnet sich durch ihr ungemein starkes
und langes Gehörn aus, aus dem man Trinkbecher und Gefäße
zur Aufbewahrung des Honigweines anfertigt. Im Bogos=
Gebiet und Habesch verwendet man den Stier auch zum Ackerbau.

Halbwilde Rinderheerden sah ich bei Qalabat, am oberen
Atbarah und am Fuß der Berge von Goara. Die dortige
Rasse ist sehr gleichförmig gezeichnet, hellgrau, mit hoch aufge=
setzten Hörnern, von mittlerer Größe, mit kleinem Kopf, schlankem
Hals und Füßen. — Das Steppenvieh ist durchschnittlich kleiner.
Der Preis einer wohlgenährten verschnittenen Kuh, deren Fleisch
demjenigen der Ochsen vorgezogen wird, wechselt in Ost=Afrika
zwischen 1 und 5 Thalern. Die Haut gilt im Binnenland
durchschnittlich einen halben Thaler.

Der Ochse heißt auf Arabisch Tōr, die Kuh Baqer, das
Kalb 'Igel. Amch. das Rindvieh im Allgemeinen Kaht, der
Ochse Berié, der Farren Wojefān, die Kuh Lam, das Kalb
Tedša und Enbasa. Der Ochse Tigrisch Berai, die Kuh Wot
und Lami. Geez der Ochse Lahem. Berberin. der Ochse
Gurki, die Kuh Ti-Keri. Bedj. der Ochse Laga (nach Mun=
zinger O-jo), die Kuh O-šā. Belen der Stier Bile (Munzin=
ger). Som. der Ochse Dibi, die Kuh Lō. Gala der Ochse
Kotijo, die Kuh Sāa.

Fam. Hirschartige Thiere (Cervina).

91. Die Giraffe, Camelopardalis Giraffa (Linn.).

Wagn. Schreb. Säugeth. Suppl. IV. p. 400. — Rüpp.
Atlas t. 8. — Heugl. Fauna R. M. Nr. 73. — Fitz. u. Heugl.
Säugeth. p. 53.

Arab. Żeräfeh und Żerïfeh. Geez Zerät. Amch. Żerata Qatꞩin. Som. Hal Gēri. Tigr. Zeōta und Zeräfa. Bedj. Seräf.

Familienweise kommt die Giraffe noch in den Steppen des Atbarah, Oasch und Barfah vor, nordwärts mindestens bis zum 18. Grad n. Br.; ebenso im Homran und am abeſſiniſchen Mareb und im Somal-Gebiet. Auch um den unteren Anſeba ſoll ſie häufig ſein.

Zuweilen begegneten wir dieſen Thieren in der vollkommen baumloſen Steppe, mit Vorliebe halten ſie ſich jedoch im Buſch= wald und in Gegenden, die wenigſtens hin und wieder mit höheren Bäumen beſtanden ſind. Ihre Nahrung beſteht haupt= ſächlich in Blättern, Knoſpen und Schoſſen von Akazien und Dattelpflaumen, die Giraffe fällt jedoch auch in Büſchelmais= feldern ein.

Fam. Schwielenthiere (Tylopoda).

Das einhöckrige Kameel (Camelus dromedarius) wird all= gemein im Tiefland unſeres Beobachtungsgebietes als Hausthier gehalten. Verwildert findet man daſſelbe hin und wieder an der Küſte von Berenice. Es reicht übrigens auch in die Berg= region bis auf 5000 bis 6000 Fuß Meereshöhe.

Die Araber nennen das Kameel im Allgemeinen G'emel, das Reitkameel H'egin, die Kameelſtute Naqah, den jungen Hengſt Q'aud. Auf Geez heißt es Gemle. Amch. Gemale. Sudan-Arab. Kalqeh. Verb. der Hengſt Qam-nudi, die Stute Kim-gi. Im Barfah Kambaro. Belen Gedem (nach Mun= zinger Gimmile). Gala Gala. Som. Geïl oder Gel. Denk. Rekiba. Bedj. O-qam. Bazen Ärkoba.

Wird hauptſächlich im Tiefland und in den Vorbergen gezüchtet, namentlich in ungeheuerer Anzahl in Takah und den benachbarten Steppen der Dabeina, Schukerieh bis Berber und Kordofan, endlich in den Bedjah=Gebieten. Hier finden sich zuweilen Kameele in verwildertem Zustande. Die Raſſe der Habab und öſtlichen Beni Amer gehört zu den weniger geſchätzten Laſtthieren. Hier fehlt es denſelben an der gehörigen Pflege und Nahrung. Ihrer Ausdauer wegen ſind namentlich die Biſchärin=Kameele geſucht, die ſich theilweiſe auch zum Reiten eignen.

Ord. See-Säugethiere (Pinnata).

Fam. Sirenen (Sirenia).

92. Der Dugong, Halicore cetacea (Ill.).

Wagn. Schreb. Säugeth. VII. p. 145. t. 382. — *Halicore tabernaculi*, Rüpp. Mus. Senkenb. I. p. 95. t. 6. — Brehm, Habesch, p. 200. — Fitz. u. Heugl. Säugeth. p. 73. — Heugl. Fauna R. M. p. 74. — *Halicore Hemprichii et H. Lottum*, H. & Ehr. Symb. phys. II. fol. k. — v. Krauss, Reichert's u. du Bois-Reymond's Archiv 1870. p. 525.

Arab. Tauïleh, G'ilid und Naqah el Bah'er; nach Ehrenberg auch Lotēm. Denk. Ūrum. Som. Qelbädeh. Hebr. Tachasch (?).

Der Dugong oder Dujong kommt nicht ſelten im Rothen Meere vor und war ſchon den Juden und den alten Geographen bekannt (Diod. I. 1. — Strabo XVI).

Nach freundlicher Mittheilung von Dr. Klunzinger erſcheint dieſes Thier übrigens nördlich vom Wendekreis nur während des Hochwaſſerſtandes, d. h. zur Winterszeit, und dringt dann wohl ſelbſt bis zum Golf von Sues und Aqabah vor und wandert im Sommer wahrſcheinlich ſüdwärts, weil man daſſelbe dann wenigſtens in der Nähe des Feſtlandes nicht bemerkt.

Auch die Brunſtzeit und Wurfzeit fällt in den Winter.

Zu einem Männchen gesellen sich mehrere Weibchen. Die letzteren werfen nur ein einziges Junges, welches etwa ein Jahr lang bei der Mutter bleibt und gesäugt wird. Bei dieser Art der Ernährung wird das Kalb von der Alten mittelst des Armes gehalten. Ersteres reitet wohl auch auf dem Rücken der Mutter, die ihren Sprößling selbst bei äußerster Gefahr nicht verläßt.

Die Araber glauben, daß das Weibchen auf dem Wasser gebäre. Es lege sich zu diesem Zweck auf den Rücken. Das eben zur Welt gekommene Kalb mißt bereits über drei Fuß.

Der Djilib führt vorzugsweise eine nächtliche Lebensart, indem man ihn bei Tag selten bemerkt, während diese Thiere erst nach Sonnenuntergang regelmäßig auf Nahrung ausgehen. Letztere besteht in Algen und Najaden, welche der Dugong auf den Untiefen, auf den unterseeischen Wiesen und von den Felsen abweidet. Er kommt etwa alle 10 Minuten an die Oberfläche, um Athem zu holen. Dies geschieht unter großem Geräusch und in wenigen Zügen.

Die Stelle, wo diese Thiere schwimmen, ist am Leuchten des Meeres zu erkennen. Es hält sich hauptsächlich in der Nähe der Felsen und Klippen und kommt in tiefe Buchten herein. Nie habe ich aber vernommen, daß es auch ans Land steige. Die arabischen Fischer stellen dem Dugong gerne nach. Sie genießen sein Fleisch und Thran, Haut und Zähne haben keinen unbeträchtlichen Werth. Die gewöhnliche Fangart ist die mittelst starker, langer Netze, welche vor die kleinen Einbuchtungen der Madreporen-Klippen gelegt werden, in denen die Thiere im ruhigen Wasser ihrer Nahrung nachgehen. Diese verwickeln sich in den Maschen und werden dann mittelst Stangen in der Tiefe ertränkt. Im Süden des Rothen Meeres und an der Somal-Küste ist auch die Jagd mit der Harpune üblich. In den Hafenplätzen des Rothen Meeres beläuft sich der Werth einer großen, dicken Haut auf 6 bis 10 Maria-Theresia-Thaler. Man ver-

wendet sie namentlich zur Anfertigung von Sandalen, und viele
solcher Häute werden zu diesem Zweck nach Palästina ausgeführt.
Aus den Zähnen fertigt man Messerhefte, Ringe und vorzüglich
Perlen für Rosenkränze. Der polirte Zahn nimmt eine grauliche Farbe an und zeigt einen herrlichen Perlmutterglanz, sowie
ein eigenthümliches Irisiren.

Anmerkung. Im See von Dembeja (Tsana) soll ein
hierher gehöriges Thier vorkommen, das Aila, Auli und Ja
Bah'er Tedša genannt wird (wohl ein Manatus?). Auch in
den Flüssen, welche aus dem Niamniam=Gebiet nach Westen zu
abfließen, findet sich ein ähnliches Thier, das bei den Elfenbein=
händlern Om Zebeibeh heißt (wohl Manatus Vogelii?).

Seehunde fehlen dem Rothen Meer gänzlich.

Fam. Delphine (Cete dentigera).

An der Somalküste findet man nicht selten größere Mengen von Ambra, welche das Meer auswirft. Auch in den südlichen Gegenden des Rothen Meeres soll dieses Product hin und
wieder vorkommen. Die muthmaßlichen ursprünglichen Eigen-
thümer dieser Masse, Pottwale, sind meines Wissens dagegen
niemals an jenen Küsten gesehen worden. Wahrscheinlich wird
die leichte Ambra durch die Monsune dahin getrieben. Nach
Mittheilung Dr. Klunzinger's versichern übrigens die eingeboren-
nen Fischer, daß auch gezähnte Wale, also ohne Zweifel Physe-
ter, ins Rothe Meer gelangen. Ein Exemplar, das mein Berichterstatter hierher rechnet, hielt sich etwa 8 Tage lang zwischen
Klippen in der Nähe von Qoseïr auf. Dasselbe war beständig
von Möven und Seeschwalben begleitet, welche Schmarotzerthiere
vom Rücken des Ungethüms abzunehmen versuchten. Es kam
stets — jedoch ohne die Stelle viel zu ändern — nur auf kurze
Zeit an die Oberfläche und zeigte dann hauptsächlich nur den

Kopf. Die Bewohner der Hafenstadt, obgleich größtentheils
Fischer und Seeleute, belästigten den Wal nicht, aus Furcht,
er möchte ihre Fahrzeuge angreifen.

Sie nannten denselben Betan, wie die Finnwale ebenfalls
heißen. Unser „Ambra" kommt vom arabischen 'Anber, was
gleichzeitig auch Räucherwerk und zuweilen selbst Bernstein bedeutet.

93. Der Abu Salam, Delphinus (Tursio) Abu Salam (Rüpp.).

Rüpp. Mus. Senkenb. III. p. 140. t. 12. — *D. hama-*
tus, H. & Ehr. Mus. Berol. (?) Schleg. Abhandl. I. p. 25.
— Wagn. Schreb. Säugeth. Suppl. IV. p. 324. — *D. adun-*
cus, H. & Ehr. Symb. phys. II. fol. k. (??). — Heugl. Fauna
R. M. Nr. 76. — Brehm, Habesch, p. 68. — Fitz. u. Heugl.
Säugeth. p. 74.

Arab. Abu Salam. Denk. Hoberi. Som. Hombaro.

Nicht selten schaarenweise im ganzen Rothen Meer.

Nach Rüppell finden sich noch mehrere hierher gehörige
Arten, vielleicht Phocaena capensis und Delphinus longi-
rostris. Verschieden von D. Abu Salam scheint wohl D. aduncus,
H. u. Ehr. Symb. phys. II. fol. k.

Fam. Wale (Cete edentata).

94. Der Betan, Balaenoptera Bitan (H. & Ehr.)

H. & Ehr. Symb. phys. II. fol. k. — *B. Forskalii,*
Heugl. — Fitz. u. Heugl. Säugeth. p. 75. — Heugl. Sitzungs-
Ber. der k. k. Akad. Wien 1852 mit Taf. — Heugl. Fauna
R. M. Nr. 75.

Arab. Betān. Geez 'Aṣa Anberi (d. i. Ambra = Fisch). Denk. Betāneh. Som. Neberi.

Es ist mir nicht gelungen, ein vollständiges Skelett des Betan zu erlangen. Die Thiere sind nicht häufig auf dem Rothen Meer und wird von Seiten der eingeborenen Fischer keine Jagd auf sie gemacht. Hin und wieder strandet einer und dann benutzt man den Thran und das übrige Fett, namentlich das des Kopfes und der Zunge zum Kalfatern von Schiffen, wohl auch zur Seifenbereitung.

Ein anderes Product dieses Wales ist der Ŝaḥ'am el Betān, Concretionen aus einer theils weißen theils grauen talk= artigen Masse von eigenthümlichem Geruch, die sich wohl ähnlich der Ambra in den Eingeweiden ausscheidet und mit dem Aus= wurf abgeht. Diese Massen haben eine unregelmäßig lang=ovale Gestalt, schwimmen auf der Oberfläche des Meeres und werden da und dort durch Wellenschlag ans Ufer geworfen. Man sammelt sie und benutzt sie ähnlich dem Walthran. Auch wer= den ihnen heilkräftige Eigenschaften zugeschrieben.

Der Betan ist ein Wal, der höchstens 40 Fuß Länge erreicht, wovon der Kopf wohl ein Viertheil bis ein Drittheil einnimmt. Der Oberkiefer hat die Form des umgekehrten Vor= dertheils einer Schaluppe mit tiefem Kiel und scharfem Schnabel. Die Unterkiefer wohl mit den Spitzen nicht verwachsen; alle Kieferäste zahnlos; auch besitzt das Thier eine Finne, die mir jedoch nicht hoch schien. Die Färbung ist obenher dunkel=grau schwärzlich. Nie sah ich diese Wale „blasen", überhaupt beobach= tete ich sie nur auf den südlicheren Theilen des Rothen Meeres, gewöhnlich zwischen inselreichen Buchten und zwar stets bei stür= mischer Witterung. Man sieht sie einzeln und in Gesellschaften von 3 bis 6 Stück.

Auf Heiligengräbern und an Betplätzen, wo die Eingebore= nen gern Schildkrötenschalen, Sägen von Sägfischen, Dugong=

schädel und andere Producte des Meeres aufstellen, fand ich
häufig auch die mächtigen Rippen und andere Theile des Knochen=
gerüstes von gestrandeten Walen.

Die Nahrung besteht offenbar in Fischbrut und Schleim=
thieren, welche der Betan auf sehr bequeme Weise erlangen soll,
indem er erstere in den weit geöffneten Rachen treiben läßt.

Auf dem Rothen Meere findet man hin und wieder schwärz=
liche Klumpen von verhärtetem Petroleum. Auch diese werden
da und dort durch die Trift ans Ufer geführt. Sie heißen bei
den eingeborenen Schiffsleuten zarat el Betan, d. i. Wal=
Excremente.

B. Vögel.

Bemerkung.

Alle Maße in altfranzösischem Fuß.

Die citirten ornithologischen Schriften sind folgende:

H. et Ehr. Symb. phys.: Hemprich et Ehrenberg, Symbolae physicae.

Heugl. Fauna R. M.: Heuglin, Fauna des Rothen Meeres und der Somali-Küste. Peterm. Geogr. Mitth. 1861, p. 11 bis 32.

Brehm, Habesch: Brehm, Ergebnisse einer Reise nach Habesch 1863.

Finsch, Coll. Jesse: On a collection of Birds from N. Eastern Abyssinia and the Bogos-Country. — Transact. Zoolog. Soc. Lond. VII. Part. IV. — May 1870.

Blanf. Abyss.: Blanford, Observationes on the Geology and Zoology of Abyssinia. London 1870.

Antin. M. R.: Antinori e Salvadori, Catalogo degli Uccelli. Genova 1873.

Heugl. O. N.-O.-Afr.: Heuglin, Ornithologie Nordost-Afrika's.

Heugl. Ber. XXI. Vers. der deutsch. O. Ges. Heuglin, Bericht über die XXI. Versammlung der deutschen Ornithologen 1875.

Ord. I. Raubvögel (Accipitres).

Subord. I. Tag-Raubvögel (Accipitres diurni).

Fam. Geieradler (Gypaëtidae).

1. Der südliche Bartgeier, Gypaëtus nudipes (Brehm).

G. meridionalis, Bl. & Kays. — *G. barbatus*, Auct. part. — *G. barbatus meridionalis*, Brehm, Blas. etc. — Rüpp. Syst. Uebers. t. 1. — Heugl. Cab. Journ. 1861. p. 425. — Blanf. Abyss. p. 298. — Finsch, Coll. Jesse, p. 200. Gold. Eegle, Bruce, Abyss. V. p. 155. — Heugl. Fauna R. M. Nr. 6.

Arab. Big. Aethiop. Qilqil Agafi, Fijel Aqafi und Tsowita.

Erscheint im Gebiet von Mensa und Bogos auf seinen Wanderungen mit Truppen. Besucht namentlich die Nachbar-schaft von Ortschaften und Lagern, wo viel Vieh geschlachtet wird, und lebt fast ausschließlich von Aas und Resten von Schlachtvieh, fängt aber auch kleine Säugethiere und zwar nicht stoßend, son-dern auf der Erde lauernd. Sehr allgemein in den abessinischen Hochländern.

Fam. Geier (Vulturidae).

2. Der weiße Aasgeier, Neophron percnopterus (Linn.).

Rachama, Bruce, Abyss. V. p. 163. — Heugl. Fauna R. M. Nr. 2. — Brehm, Habesch, p. 205. — Heugl. Cab. Journ. 1861. p. 425. — Blanf. Abyss. p. 287.

Arab. Rachām, Tigr. Setei Hakān.

Allgemein auf Dahlak, auch im Strandgebiet und den Vorbergen. Seltener hoch im Gebirgsland. Namentlich um Ortschaften und Hafenplätze, aber seltener als der folgende und nur zufällig in dessen Gesellschaft.

3. Der Mönchsgeier, Neophron monachus (Tem.).

N. pileatus, Auct. nec Burch. — Heugl. Fauna R. M. Nr. 1. — Heugl. Cab. Journ. 1861. p. 425. — Brehm, Habesch, p. 205 — Blanf. Abyss. p. 287. — Finsch, Coll. Jesse, p. 200. — Antin. M. R. p. 15.

Amhar. Tenb Amora. Tigr. Bela χāri.

In den Gebirgen der Habab und Beni Amer nordwärts bis Aqiq. Brütet einzeln im Falkat auf Akazien im Februar; in ungeheurer Menge auf Avicennien und Rhizophoren im Golf von Masaua zwischen Februar und Juni. Oft stehen zahlreiche Nester auf einem und demselben Baum, andere einzeln oder gemeinschaftlich mit Reihern und Schmarotzer-Milanen. Die Horste stehen in Astgabeln, gewöhnlich nahe am Stamm; sie sind nicht gar groß, aber solid aus dürren Reisern zusammengefügt. Gewöhnlich nur ein Ei, nach Antinori zwei bis drei enthaltend. Das Ei 2" 7''' bis 2" 10''' lang und 1" 11''' bis 2" 1''' dick, lichtgrünlich durchscheinend und mit eigenthümlichem Moschusgeruch; rauhschalig, lichtgrünlich, graulich oder lehmgelblich, selten purpurweiß; Flecken im Allgemeinen lehmbräunlich, aber zuweilen auch satt purpurbraun, jedoch nie so dicht wie bei N. percnopterus; einzelne Eier sind auch fast ungefleckt, andere mit Excrementen überzogen.

Im Horst finden sich auch Algen, Baumwollstoffe, Hautstücke und Thierhaare.

Die Flaumjungen graubraun mit bläulichgrauen Weichtheilen; piepen wie junge Hühner und brauchen sehr lange Zeit, bis sie flugfähig werden.

Der Mönchgeier geht auch hoch ins Gebirge und lebt meist in größeren Gesellschaften, ist gar nicht scheu und läßt sich zuweilen auf Hausdächern und Grabkuppeln nieder.

4. Der marmorirte Geier, Vultur (Gyps) Rüppellii (Natt.).

Vultur Kolbei, Rüpp. Atl. t. 32. — Heugl. Cab. Journ. 1861. p. 424. u. 1862. p. 39. — Brehm, Habesch, p. 206. — Antin. M. R. p. 14.

Arab. und äthiop. Niser, tigr. auch Bela-Qambi.

Nordwärts bis zum Lebka beobachtet. Lebt mehr auf Bäumen als auf Felsen und führt ein herumschweifendes Leben, sich dort sammelnd, wo er gerade viel Nahrung findet. Scheint höhere Gebirgslandschaften zu meiden; auch habe ich ihn nicht am Meeresstrand gesehen. — Nistet sicherlich auf dem Tsad Amba.

5. Der fahle Geier, Vultur (Gyps) fulvus (Linn.).

Finsch, Coll. Jesse, p. 199. — Blanf. Abyss. p. 286. (not.) — Heugl. Fauna R. M. Nr. 4. — Antin. M. R. p. 13.

Arab. Niser.

Nur zufällig im Samhar und am Ostabhang der Küstengebirge. In Abessinien von uns bis auf 12000 Fuß Meereshöhe beobachtet. Häufig im Barkah.

6. Der Schopfgeier, Vultur occipitalis (Burch.).

V. chincou, Daud. ? — Brehm, Habesch, p. 206. — Heugl. Cab. Journ. 1861. p. 425. — Antin. M. R. p. 12. — Heugl. Fauna R. M. Nr. 3.

Belen Qab. Tigr. Amora. Arab. Niser.

Vereinzelt und in größeren Gesellschaften im Anseba und Barkah. Führt wie seine Verwandten ein unstetes Leben. Von mir stets nur auf Bäumen, nicht aber auf Felsen beobachtet. Ueberschreitet nordwärts wohl kaum den 17. Breitegrad.

7. Der Ohrengeier, Vultur (Otogyps) auricularis (Daud.).

V. nubicus, H. Smith. — *V. aegyptius*, Tem. — *V. imperialis*, Tem. — Brehm, Habesch, p. 206. — Blanf. Abyss. p. 286. — Heugl. Fauna R. M. Nr. 5.

Arab. Niser.

Verstreicht sich zuweilen ins Samhar. Auch in den abessinischen Gebirgen allgemein, ebenso im Barkah. — Mein Begleiter, Herr Vieweg, erlegte ein Exemplar im März bei Sauakin.

Anmerkung. Den im östlichen Senar, in einzelnen Gegenden von Habesch und am Bahr el abiad häufigen weißrückigen Geier (Vultur bengalensis, Lath. — *V. moschatus*, Pr. Württ. — *V. africanus*, Salvad. — *V. leuconotus africanus*, Heugl.) habe ich im Barkah und Samhar nicht gefunden.

Fam. Falken (Falconidae).

8. Der Augur-Bussard, Buteo Augur (Rüpp.).

Rüpp. N. W. t. 16. u. 17. — *B. hydrophilus*, Rüpp. — *B. eximius*, Brehm. — *B. auguralis* (p.), F. & Hartl. — Heugl. Cab. Journ. 1862. p. 32. — Brehm, Habesch, p. 206. p. — Blanf. Abyss. p. 297. — Finsch, Jesse, p. 202. -- Antin. M. R. p. 23. — Salt. App. p. XLII.

Amch. Getegete oder Giétegiéte.

Paarweise, jedoch nicht häufig in Naqfa, am Tsab Amba, in Mensa. — Häufig in ganz Abessinien.

9. Der kleine Augur-Bussard, Buteo anceps (Brehm.).

Buteo auguralis, Salvad. — *Buteo augur* (p.), F. & Hartl. — Antin. M. R. p. 24. t. 1.

Von Antinori bis Kasaleh angetroffen. Nicht gar selten auf den vereinzelten Felsbergen der Steppen um den Qasch und Atbarah, westwärts bei Kordofan; ebenso in Senar.

Wahrscheinlich verstreichen sich auch Buteo desertorum und B. ferox in unser Beobachtungsgebiet.

10. Der Kaiser-Abler, Aquila imperialis (Bechst.).

Finsch, Coll. Jesse, p. 201.

Von Jesse im März bei Zula erlegt. Auch von mir als Wintergast in Abessinien angetroffen; als solcher nicht selten im Delta und längs des unteren Nil.

11. Der Schrei-Abler, Aquila naevia (Gm.).

Antin. M. R. p. 18.

Von Antinori unfern Keren im Barkah-Thal im Juli einge- sammelt. Von mir niemals zur heißen Jahreszeit in Nordost- Afrika beobachtet.

12. Der Raub-Abler, Aquila rapax (Tem.).

A. albicans, Rüpp. N. W. t. 13. — *A. naevioides*, Cuv. — Finsch, Coll. Jesse, p. 201. — Heugl. Cab. Journ. 1861. p. 426. — Blanf. Abyss. p. 295. — Brehm, Habesch, p. 206. — Heugl. Fauna R. M. Nr. 7.

10*

Amch). Nezer und Neser.

Sehr allgemein vom Falkat-Thal an südwärts, jedoch häufiger im Gebirg als im Tiefland. Namentlich in der Waldregion und auf Hochbäumen um Dörfer und Kirchen. Nistet zur Regenzeit gesellschaftlich auf Nabaq- und Juniperus-Bäumen. Standvogel.

Anmerkung. Brehm glaubt auch Aquila Wahlbergii (A. Brehmii, v. Müll.) in Mensa gesehen zu haben. Ohne Zweifel verstreicht sich wohl A. pennata in das Gebiet des Barkah und Anseba.

13. Der Fluß-Adler, Pandion haliaëtus (Linn.).

Brehm, Habesch, p. 207. — Heugl. Cab. Journ. 1861. p. 426. — Antin. M. R. p. 21. — Heugl. Fauna R. M. Nr. 11.

Arab. Mansūr und Ketāf.

Sehr häufig auf Inseln und Klippen des Rothen Meeres, namentlich auf Dahlak; südwärts bis zum Golf von Aden.

Ist Standvogel und nistet je nach der Oertlichkeit auf hervorragenden Felsspitzen, auf Bäumen, Büschen, Cisternen, ja auf verlassenen Fischerhütten.

Wahrscheinlich verstreicht sich auch Pandion vocifer, den ich am Atbarah und an manchen Flüssen von Abessinien gefunden habe, in das Barkah.

14. Der weißrückige oder Kaffer-Adler, Pteroaëtus vulturinus (Daud.).

Aquila Verreauxii, Less. — Heugl. Cab. Journ. 1861. p. 426.

Amchar. Nezer Worka.

Von mir nur ein einziges Mal in den Gebirgen bei Keren beobachtet. Weniger selten im centralen und südlichen Abessinien.

15. Der Gaukler, Helotarsus ecaudatus (Daud.).

Brehm, Habesch, p. 206. — Heugl. Cab. Journ. 1861. p. 426. — Blanf. Abyss. p. 296. — Antin. M. R. p. 19. — Heugl. Fauna R. M. Nr. 12.

Arab. Saqer el h'akīm und Saqer el Arnab. Tigr. Hewei Semei. Som. Nabodi.

Nicht sehr häufig, doch allgemein in den Gebirgen und Vorbergen am Nord=Abhang von Abessinien, nordwärts bis zum Falkat; ebenso im Barkah. Standvogel, der sich meist hoch in den Lüften herumtreibt, aber nicht selten auch aufbäumt.

Antinori hält die Form mit grauen Cubitalschwingen für Weibchen, die schwarzschwingige für Männchen.

16. Der Riesen=Habichts=Adler, Spizaëtus bellicosus (Daud.).

Antin. M. R. p. 28. — Heugl. Cab. Journ. 1861. p. 427. Nr. 17.

Sehr einzeln im Bogos=Land und im oberen Barkah, wohl als Standvogel.

17. Der gehäubte Habichts=Adler, Spizaëtus occipitalis (Daud.).

Antin. M. R. p. 29. — Heugl. Cab. Journ. 1861. p. 427.

Von uns im August und September bei Keren, von Antinori, wie es scheint, das ganze Jahr über im Bogos=Gebiet und am oberen Barkah angetroffen. Ich beobachtete ein Exemplar im Februar 1875 bei To=Kar.

18. Der gestrichelte Habichts=Adler, Spizaëtus spilogaster (Dubus.).

Antin. M. R. p. 30. — *Sp. leucostigma*, Brehm, Habesch, p. 206. (?)

Von Brehm angeblich in Mensa erlegt. Antinori sammelte mehrere Exemplare im Samhar und am Anseba; ich erlegte diese Art mehrfach am oberen Mareb, bei Wohni, am oberen Atbarah und in den Steppen von Ost-Senar.

19. Der europäische Schlangen-Adler, Circaëtus gallicus (Gm.).

Antin. M. R. p. 23. — Heugl. Cab. Journ. 1862. p. 39. — Heugl. Fauna R. M. Nr. 10.

Antinori erhielt ein Exemplar aus dem Samhar; ich erlegte diesen, wohl nur als Zugvogel in Nordost-Afrika vorkommenden Adler im September unfern Keren, im October am oberen Mareb.

20. Der nubische Lanner-Falke, Falco lanarius nubicus (Schleg.).

Falco tanypterus, Licht. — *F. cervicalis*, Heugl. Cab. Journ. 1861. p. 427. — Finsch, Coll. Jesse, p. 203. — Blanf. Abyss. p. 289. — Brehm, Habesch, p. 207. — Antin. M. R. p. 25.

Arab. Saqer el h'or.

Vereinzelt im Lebka- und Anseba-Thal auf Naqfa. Auch auf Dahlak und einigen anderen Inseln des Rothen Meeres gesehen.

21. Der kleine Würgfalke, Falco barbarus (Linn. Schleg.).

Antin. M. R. p. 25. — Blanf. Abyss. p. 288. — Finsch, Coll. Jesse, p. 204.

Von Antinori bei Kasalah erlegt. Nicht eben selten in Mittel- und Oberegypten, sowie in Nubien. Blanford will ein

Exemplar im Anseba-Thal gefunden haben, Jesse ein solches bei Ain im Lebka. Beide letztgenannten Forscher beobachteten und erlegten aber nur junge Vögel, deren Maße nicht mit denen der zahlreichen von mir gemessenen F. barbarus übereinstimmen.

22. Der Gazellen-Jagdfalke, Falco Saqer (Heugl.).

Falco sacer et F. saker, Auct. — Subgen. *Dorcadothera*, Heugl. Blanf. Abyss. p. 289.

Arab. Saqer schāhīn.

Von Blanford wurde ein Exemplar im Lebka erlegt, andere bei Aden gesehen. Kommt nur als Wintergast ins nordöstliche Afrika.

23. Der schiefergraue Baumfalke, Falco (Lithofalco?) ardosiacus (Vieill.).

Heugl. Cab. Journ. 1861. p. 427.

Sehr einzeln im Sommer und Herbst in waldigen Gegenden des oberen Anseba, häufiger am oberen Mareb.

24. Der einfarbige Felsenfalke, Falco (Dissodectes) concolor (Tem.).

Heugl. Cab. Journ. 1861. p. 427. — Antin. M. R. p. 26. — Heugl. Fauna R. M. Nr. 13.

Nur zufällig im Binnenland unfern Masaua. Antinori traf diese Art im Juni und Juli in größeren Schaaren im Bogos-Gebiet, auf geflügelte Ameisen Jagd machend; ich sah einige Exemplare zu derselben Jahreszeit im Lebka, im Februar einen Flug von 30 bis 40 Stück bei später Abendzeit in der Ebene von Af Abed.

Bewohnt paar- und familienweise viele Klippen und Inseln längs der Küsten des Rothen Meeres als Standvogel. Eier und Junge fand ich im Juli und August im Archipel von Dahlak, in Felsklüften.

25. Der Fuchsfalke, Falco (Tinnunculus) Alopex (Heugl.).

Heugl. Cab. Journ. 1861. p. 427. — Antin. M. R. p. 28.
Im Juli einzeln von mir bei Dalamet in Lebka beobachtet. Wahrscheinlich auch in den Bergen der Beni Amer und Habab. Nach Antinori nicht selten am Barkah und bei Sabderat.

26. Der gemeine Thurmfalke, Falco (Tinnunculus) alaudarius (Gm. Briss.).

F. tinnunculus, L. — Blanf. Abyss. p. 290. — Finsch, Coll. Jesse, p. 205. — Antin. M. R. p. 227. — Heugl. Cab. Journ. 1862. p. 39. — Heugl. Fauna R. M. Nr. 14.
Als Zugvogel im Herbst, Winter und Frühjahr sehr häufig im Binnenland unseres ganzen Beobachtungsgebiets, seltener am Meeresstrand. Wir fanden Hunderte dieser Falken um Heuschreckenschwärme in den Gebirgen der Beni Amer und Habab.

27. Der Röthelfalke, Falco (Tichornis) cenchris (Naum.).

Heugl. Cab. Journ. 1862. p. 39. — Blanf. Abyss. p. 290.
Wie der vorhergehende. Im October sehr allgemein auf den Flächen um Keren. Wandert zuweilen gesellschaftlich.

28. Der schwarze Gabelweih, Milvus migrans (Bodd.).

Blanf. Abyss. p. 300. — Finsch, Coll. Jesse, p. 203.
Nach Blanford und Jesse häufig in Abessinien, im Küsten-

land Samhar und im Bogos-Gebiet. Diese Art ist von mir nicht in jenen Gegenden eingesammelt worden.

29. Der Schmarotzer-Gabelweih, Milvus aegyptius (Gm.).

Heugl. Cab. Journ. 1861. p. 426. — Blanf. Abyss. p. 300. — Brehm, Habesch, p. 267. — Finsch, Coll. Jesse, p. 203. — Heugl. Fauna R. M. Nr. 16.

Arab. Hʿedāieh. Amch. Tšelat.

Nicht selten in unserem ganzen Beobachtungsgebiet, zwischen Masaua und Sauakin; auch hin und wieder im Gebirg, namentlich um Ortschaften. Brütet im Februar und März auf Avicennien der Insel Schech Said bei Masaua. Es giebt sowohl gelb- als schwarzschnäblige Vögel dieser Art, welche möglicher Weise mit der vorhergehenden zusammenfällt.

30. Der schwarzflüglige Milan, Elanus melanopterus (Daud.).

Heugl. Cab. Journ. 1861. p. 426.

Arab. Saqer Abu Šerʾāqeh.

Im Januar einzeln zwischen Aqiq und To-Kar. — Im August und September paarweise bei Keren, wohl auf der Wanderung begriffen.

31. Der keilschwänzige Sperber, Micronisus badius (Gm.).

Nisus sphenurus, Rüpp. Syst. Uebers. t. 2. — Brehm, Habesch, p. 207. — Heugl. Cab. Journ. 1861. p. 429. — Antin. Cat. p. 31. — Heugl. Fauna R. M. Nr. 20 u. 22. — Finsch, Coll. Jesse, p. 205. — Accipiter polioparejus, Heugl. Cab. Journ. 1861. p. 428. — Blanf. Abyss. p. 294. — M. guttatus, Heugl. Cab. Journ. 1861. p. 430 ($\male$ jun.)

Nicht selten in der Waldregion um den Lebka und Anseba, westwärts bis Qalabat. Standorte gewöhnlich auf 1500 bis 4500 Fuß Meereshöhe. Von Rüppell auf Dahlak, von mir in Naqfa und im oberen Falkat beobachtet.

32. Der Gabar, Micronisus Gabar (Daud.).

Heugl. Cab. Journ. 1861. p. 428. — Antin. M. R. p. 33. — Finsch, Coll. Jesse, p. 207. — *M. niloticus*, Blanf. Abyss. p. 292. — Heugl. Fauna R. M. Nr. 21.

Nicht gerade häufig im Samhar und im Barkah. Scheint nicht hoch ins Gebirge zu gehen.

33. Der schwarze Sperber, Micronisus niger (Vieill.).

Heugl. Cab. Journ. 1861. p. 428. — Antin. M. R. p. 33. — Blanf. Abyss. p. 293. — Finsch, Coll. Jesse, p. 207. — *Micronisus miltopus*, Heugl. Cab. Journ. 1861. p. 429. u. 1862. p. 31.

Vereinzelt in der Waldregion um den Lebka, Anseba und oberen Mareb, wohl auch im Barkah.

Ohne Zweifel findet sich im Anseba-Gebiet auch Nisus Tachiro, den ich vom Mareb-Thal und von Central-Abessinien erlangte, Blanford bei Senafié.

34. Der Sing-Habicht, Melierax polyzonus (Rüpp.).

Heugl. Cab. Journ. 1861. p. 430. — Antin. M. R. p. 34. — Finsch, Coll. Jesse, p. 208. — Blanf. Abyss. p. 291. — Brehm, Habesch, p. 207. — Heugl. Fauna R. M. Nr. 18.

Allgemein, jedoch nicht gerade sehr häufig in unserem Beobachtungsgebiet, mit Ausnahme der Strandgegenden. Geht

nordwärts bis zum 19. Grad nördl. Br. — Auch in Naqfa. —
Stößt nicht nur auf Reptilien, sondern auch auf Vögel von der
Größe einer Taube.

35. Die Rohrweihe, Circus aeruginosus (Linn.).

Heugl. Cab. Journ. 1862. p. 39. -- Blanf. Abyss. p. 301.

Hin und wieder als Zugvogel im Herbst und Winter im
Bogos-Land, wahrscheinlich auch im Küstengebiet und Barkah.

36. Die Steppenweihe, Circus pallidus (Sykes).

Finsch, Coll. Jesse, p. 208. — Brehm, Habesch, p. 208.
— Heugl. Cab. Journ. 1862. p. 39. — Blanf. Abyss. p. 301.
— Antin. M. R. p. 36. — Heugl. Fauna R. M. Nr. 23.

Nicht selten im Herbst, Winter und Frühjahr auf Weideland
und im Küstengebiet.

37. Die graue Weihe, Circus cineraceus (Mont.).

Blanf. Abyss. p. 301. — Heugl. Cab. Journ. 1862. p.
39. — Antin. M. R. p. 37.

Wie die vorhergehende.

Fam. Stelzengeier (Serpentariidae).

38. Der Sekretär, Serpentarius reptilivorus (Cuv.).

Heugl. Cab. Journ. 1861. p. 426. — Blanf. Abyss. p.
297. — Antin. M. R. p. 35. — Brehm, Habesch, p. 208.

Arab. Ter el Nesīb. Aethiop. Faras seitān.

Vom Juni bis December im Bogos-Gebiet. Im Juli von uns auch bei Ain eingesammelt, im oberen Barkah im September.

Subord. II. Nachtraubvögel (Accipitres nocturni).

Fam. Eulen (Strigidae).[1]

39. Der gestrichelte Kauz, Athene spilogaster (Heugl.).

Heugl. Cab. Journ. 1863. p. 15. — Heugl. Orn. N.-O.-Afr. I. p. 119. t. IV. — Finsch, Coll. Jesse, p. 209. (not.)

In den Flächen zwischen Mekulu und Arkiko in tief ein-gerissenen Regenstrombetten entdeckt.

40. Der Perlkauz, Athene perlata (Vieill.).

Antin. M. R. p. 37. — Blanf. Abyss. p. 303. — Finsch, Coll. Jesse, p. 209. — Heugl. Cab. Journ. 1863. p. 14.

Nicht eben selten in waldigen Gegenden des Lebka- und Anseba-Gebietes. Fliegt auch zuweilen bei grellem Sonnenlicht und nährt sich sowohl von Käfern, Heuschrecken, als von Eidech-sen und kleinen Nagern.

41. Der graue Uhu, Bubo lacteus (Tem.).

Heugl. Cab. Journ. 1863. p. 13. — Brehm, Habesch, p. 208. (*B. cinerascens*). — Blanf. Abyss. p. 302. — Antin. M. R. p. 38. — Finsch, Coll. Jesse, p. 210. — Heugl. Fauna R. M. Nr. 24.

----

[1] Die Eulen heißen auf Arabisch Būh, Būmah, Blalah, Maṣāṣah und Om-Quēq. — Aethiop. Gutgut, Goqit, Quqa und Qobqa, auch Qan.

In den Thälern am Ostabfall des abessinischen Hochlandes nach Massaua zu, ebenso im Anseba=Gebiet nicht selten. Wohl nordwärts bis Naqfa.

42. Der südafrikanische Uhu, Bubo capensis (Daud.).

Bubo ascalaphus, Finsch (nec Sav.), Coll. Jesse, p. 210. Von Jesse am Ostabhang der abessinischen Gebirge, bei Se= nafié eingesammelt.

43. Der gefleckte Uhu, Bubo maculosus (Vieill.).

Bubo cinerascens, Guér. — Brehm, Habesch, p. 208. — Blanf. Abyss. p. 302. — Heugl. Cab. Journ. 1863. p. 13. — Antin. M. R. p. 39. — Heugl. Fauna R. M. Nr. 25. Im Anseba=Gebiet und den Gebirgen westlich von Massaua.

44. Der weißohrige Zwerg=Uhu, Ptilopsis leucotis (Tem.).

Heugl. Cab. Journ. 1868. p. 13. — Antin. M. R. p. 39. Einzeln am oberen Anseba.

45. Die afrikanische Zwerg=Ohreule, Scops capensis (Smith).

Scops senegalensis, Antin. M. R. p. 40. — Blanf. Abyss. p. 303. — Heugl. Cab. Journ. 1863. p. 14. — Heugl. Fauna R. M. Nr. 26. (*Scops vulgaris*). Nicht eben selten im Gebiet des oberen Anseba; auch im Mobat=Thal beobachtet.

46. Die Sumpf=Ohreule, Otus brachyotus (Linn.).

Finsch, Coll. Jesse, p. 211. — Heugl. Cab. Journ. 1863. p. 14. Im Winter im abessinischen Küstenland (Samhar).

47. Die Schleiereule, Strix flammea (Linn.).

Heugl. Cab. Journ. 1863. p. 14. — Finsch, Coll. Jesse, p. 211.

Nicht selten bei Keren. Von Jesse auch in der Bai von Adulis gefunden.

Ord. II. Singvögel (Passeres).

I. Sperrschnäbel (Fissirostres).

Fam. Ziegenmelker (Caprimulgidae).

84. Der einfache Ziegenmelker, Caprimulgus inornatus (Heugl.).

Finsch, Coll. Jesse, p. 211. t. XXIV. — Blanf. Abyss. p. 337.

Häufig im Gebiet des Anseba und Lebka.

49. Der nubische Ziegenmelker, Caprimulgus nubicus (Licht.).

Blanf. Abyss. p. 336. — Antin. M. R. p. 69. — Heugl. Orn. N.-O.-Afr. I. p. 129. — ? *Caprimulgus tristigma*, Brehm, Habesch, p. 208.

In den Regenbetten des Samhar und bei Sauakin, wohl Standvogel.

Eine weitere, größere hierher gehörige Art beobachtete ich in der Nähe von Aqiq, konnte jedoch kein Exemplar derselben einsammeln. Wohl C. tristigma oder C. tamaricis. Auch C. europaeus, den ich auf der Wanderung bis ins Land der Danakil und Somal antraf, dürfte in unserem Gebiet erscheinen.

Fam. Segler (Cypselidae).

50. Der Mauersegler, Cypselus apus (Linn.).

Blanf. Abyss. p. 335. — Finsch, Coll. Jesse, p. 213. — *Cypselus?* Heugl. Cab. Journ. 1861. p. 422. sp. 11.

Als Zugvogel vom Juli bis ins Frühjahr im Küstenland sowie im Gebirg.

51. Der Alpensegler, Cypselus melba (Linn.).

Heugl. Cab. Journ. 1861. p. 421.

Im August im Gebiet des oberen Anseba. Brutvogel in den Hochgebirgen Abessiniens.

52. Der Rüppell'sche Segler, Cypselus aequatorialis (v. Müll.).

C. Rüppellii, Heugl. Cab. Journ. 1861. p. 421. — Antin. M. R. p. 69. — Blanf. Abyss. p. 334.

Von Blanford im Februar und März bei Senafié, von Antinori und mir im Juni, Juli und August bei Keren eingesammelt. Dürfte in Hochabessinien Standvogel sein.

(?) 53. Der einfarbige Segler, Cypselus unicolor (Jard.).

Heugl. Ornith. N.-O.-Afr. App. p. LIII. — *Cypselus sp.*, Heugl. Cab. Journ. 1861. p. 422.

An der abessinischen Küste mehrfach gesehen.

54. Der abessinische Segler, Cypselus affinis (Gr.).

C. abyssinicus, Streub. — *C. galilejensis*, Antin. — Antin. M. R. p. 70. — Blanf. Abyss. p. 335. — Heugl. Fauna R. M. Nr. 31.

Im Monat Mai im Lebka und im Hügelland am Ost-
abfall der abessinischen Gebirge.

55. Der Kaffersegler, Cypselus caffer (Licht.).

„*C. habessinicus* (?)," Heugl. Cab. Journ. 1861. p. 422.
— *C. habessinicus*, Brehm, Habesch, p. 209 u. 274. — Finsch,
Coll. Jesse, p. 216.

Im Mai, Juli und August im Bogos-Gebiet beobachtet.

Der Zwergsegler (Cypselus parvus, Licht.) bewohnt ohne
Zweifel auch das Tiefland von Samhar, Dahlak und das
Danakil-Gebiet, doch habe ich diese Art nicht in genannten Gegenden eingesammelt, glaube sie aber mit Bestimmtheit unterschieden
zu haben.

Fam. Schwalben (Hirundinidae).[1]

56. Die Seglerschwalbe, Psalidoprocne albiscapulata (Boie).

Hirundo pristoptera, Rüpp. N. W. t. 29. f. 2. — Blanf.
Abyss. p. 349. — Brehm, Habesch, p. 209. — Finsch, Coll.
Jesse, p. 217. — Heugl. Cab. Journ. p. 420.

Während der Sommerregenzeit im Bogos-Gebiet nistend.
Von Antinori im Mai bei Keren, von Brehm im April in
Mensa angetroffen. Scheint in Habesch Zug- oder Strichvogel,
der zur Zeit der Dürre wohl südlich wandert.

57. Die Rauchschwalbe, Hirundo rustica (Linn.).

H. rusticae similis, Heugl. Cab. Journ. 1861. p. 420.
— Brehm, Habesch, p. 209. — Blanf. Abyss. p. 347. —
Antin. M. R. p. 72. — Heugl. Fauna R. M. Nr. 32.

---

[1] Die Schwalben heißen auf Arabisch χoṭāf und ʾAsfūr el g'enah.
Amh. Ladšut. Tigr. Loh'aheidu.

Den ganzen Sommer über an den Küsten des Rothen Meeres vereinzelt. Im Februar bei Aqiq. Im August nicht selten bei Keren.

58. Die gestrichelte Schwalbe, Hirundo puella (Tem.).

H. abyssinica, Guér. — *H. striolata*, Rüpp. Syst. Ueb. t. 6. — Finsch, Coll. Jesse, p. 218. — Heugl. Cab. Journ. 1861. p. 420. — Brehm, Habesch, p. 209. — Antin. M. R. p. 73.

Scheint Standvogel in Mensa und am oberen Anseba.

Brehm führt auch H. melanocrissus als in Mensa gesehen in seiner Uebersicht der Vögel von Ost-Abessinien auf, doch scheint hier eine Verwechselung mit einer anderen Art (vielleicht mit H. senegalensis) obzuwalten.

59. Die afrikanische rothstirnige Schwalbe, Hirundo aethiopica (Blanf.).

Blanf. Abyss. p. 347. t. 2. — *H. rufifrons*, Auct. ex Afr. orient. — Heugl. Cab. Journ. 1861. p. 420. — Brehm, Habesch, p. 209. — Antin. M. R. p. 72. — Finsch, Coll. Jesse, p. 218.

Hausschwalbe und Standvogel im Bogos-Gebiet und in Mensa.

60. Die Alpenschwalbe, Hirundo alpestris (Pall.).

Blanf. Abyss. p. 346.

Von Blanford im Februar bei Komali an der Bai von Adulis eingesammelt.

61. Die schwarzsteißige Schwalbe, Hirundo melanocrissus (Rüpp.).

Rüpp. Syst. Uebers. t. 5. — Blanf. Abyss. p. 346 u. 349. Nr. 103. not.

Zuweilen im Tiefland bei Adulis nach Blanford.

Von mir wurde ein ähnlicher Vogel in den Bergen der Beni Amer öfter gesehen, jedoch nicht erlegt. — Nicht selten im abessinischen Hochland.

62. Die fadenschwänzige Schwalbe, Hirundo filifera (Steph.).

Blanf. Abyss. p. 343. (*H. ruficeps*). — Brehm, Habesch, p. 209.

Nach Brehm im Tiefland von Samhar. Von mir in den abessinischen Thälern bis auf 7000 Fuß Höhe angetroffen, aber auch im oberen Nilgebiet zwischen Dongolah und Senar nicht selten.

63. Die falbe Felsenschwalbe, Cotile obsoleta (Cab.).

Cotyle fuligula, Finsch, Coll. Jesse, p. 219. (nec Licht.). — Brehm, Habesch, p. 209. — Heugl. Fauna R. M. Nr. 35. (*C. rupestris*).

Im Januar und März in den Bergen der Beni Amer und im Lebta, im Februar wahrscheinlich in Naqfa beobachtet. Auch in Central-Abessinien nicht selten und zuweilen hoch in die Berge verstreichend.

64. Die Felsenschwalbe, Cotile rupestris (Scop.).

Blanf. Abyss. p. 350.

In großer Menge im abessinischen Hochland, aber auch bei Senafie: Blanford.

65. Die Uferschwalbe, Cotile riparia (Linn.).

Antin. M. R. p. 72. — Heugl. Cab. Journ. 1861. p. 423.
Von Antinori im April bei Masaua, von mir im September bei Keren eingesammelt.

Auch C. minor, falls sie sich als eigene Art bestätigt, dürfte in unserem Beobachtungsgebiet erscheinen, vielleicht selbst C. cincta.

66. Die Mehlschwalbe, Chelidon urbica (Linn.).

Heugl. Cab. Journ. 1861. p. 419. — Blanf. Abyss. p. 349.
Im Frühjahr in Samhar, im August auf der Wanderung bei Keren beobachtet.

67. Die weißbärtige Mehlschwalbe, Chelidon albigena (Heugl.).

Heugl. Cab. Journ. 1861. p. 419.
Im August bei Keren schaarenweise in Hochthälern.

Fam. Racken (Coraciadae).

68. Die Mandelkrähe, Coracias garrula (Linn.).

Heugl. Fauna R. M. Nr. 36.
Auf der Wanderung längs des Küstenlandes. Am 29. Juli 1857 erlegte ich einen jungen Vogel auf der Insel Eri, im October traf ich ungeheure Schaaren von Mandelkrähen an der Somal-Küste auf Avicennia-Bäumen.

69. Die abessinische Mandelkrähe, Coracias habessinica (Bodd.).

Blanf. Abyss. p. 319. — Brehm, Habesch, p. 210. — Antin. M. R. p. 62. — Heugl. Fauna R. M. Nr. 37. — Finsch, Coll. Jesse, p. 220.

Allgemein im Küstenland und im Bogos-Gebiet, sowie im südlichen Barkah. Auch im südlichen Arabien vorkommend.

70. Die gestrichelte Mandelkrähe, Coracias pilosa (Lath.).

Blanf. Abyss. p. 319. — Antin. M. R. p. 63. — Heugl. Fauna R. M. Nr. 38. — Finsch, Coll. Jesse, p. 221.

Allgemein in der Waldregion des Samhar, im Anseba-Thal und oberen Barkah; nordwärts bis Naro und dem Hedai-Thal.

71. Die Rachenracke, Eurystomus afer (Lath.).

Blanf. Abyss. p. 320. — Finsch, Coll. Jesse, p. 220.

Nicht selten im Lebka und oberen Anseba, hauptsächlich während und nach der Regenzeit.

Fam. Trogoniden (Trogonidae).

72. Die Narina, Hapaloderma Narina (Vieill.).

Brehm, Habesch, p. 210. — Finsch, Coll. Jesse, p. 219. — Antin. M. R. p. 61. — Heugl. Fauna R. M. Nr. 39.

Selten und eine sehr zurückgezogene Lebensweise führend im dichten Hochwald der Ost-Abfälle der Gebirge von Habesch, namentlich im Mobat-Thal und in den Schluchten von Mensa. Wahrscheinlich Standvogel.

Fam. Eisvögel (Alcedinidae).[1]

73. Der grünliche Eisvogel, Sauropatis chloris (Bodd.).

Antin. M. R. p. 68. — Heugl. Fauna R. M. Nr. 21. — Finsch, Coll. Jesse, p. 222.

---

[1] Die Eisvögel heißen Arab. Abu Raqes und Saiäd el Samak. Tigr. Bela 'Asa. Auch. 'Asau Dsin, d. i. der böse Geist der Fische.

In mit Avicennien und Rhizophoren bestandenen Buchten des abessinischen Küstenlandes paarweise als Standvogel. Nistet im April und Mai in hohlen Bäumen.

74. Der gestrichelte Eisvogel, Halcyon tschelicutensis (Heugl. ex Stanl.).

Heugl. Fauna R. M.

Nicht selten in den nach dem Samhar mündenden Thalschluchten und im Anseba=Gebiet. Meist auf Lichtungen in der Waldregion.

75. Der senegalische Eisvogel, Halcyon senegalensis (Linn.).

Finsch, Coll. Jesse, p. 221. — Blanf. Abyss. p. 323. Im Juli, wohl als Strichvogel, im Bogos=Gebiet.

76. Der rostbäuchige Eisvogel, Halcyon semicoerulea (Forsk.).

H. leucocephala, Müll.? — Blanf. Abyss. p. 322. — Finsch, Coll. Jesse, p. 222. — Antin. M. R. p. 68. — Heugl. Fauna R. M. Nr. 41.

Scheint Strichvogel, der zur Regenzeit im Küstenland und im Gebiet des Anseba nicht selten auftritt.

77. Der bunte Zwerg=Eisvogel, Alcedo picta (Bodd.).

Blanf. Abyss. p. 323. — Antin. M. R. p. 67. — Finsch, Coll. Jesse, p. 323. — ? *Ispidina cyanotis*, Brehm, Habesch, p. 210.

Häufig vom Mai bis September im Gebiet des oberen Anseba, namentlich um trockene Regenstrom=Thäler. Lebt fast ausschließlich von Insecten.

Fam. Bienenfresser (Meropidae).[1]

78. Der gemeine Bienenwolf, Merops apiaster (Linn.).

Blanf. Abyss. p. 321. — Finsch, Coll. Jesse, p. 223. —
Antin. M. R. p. 65. — Brehm, Habesch, p. 210. — Heugl.
Fauna R. M. Nr. 44.

Häufig schaarenweise im Frühjahr und Herbst in unserem
ganzen Beobachtungsgebiet.

79. Der egyptische Bienenwolf, Merops superciliosus
(Linn.).

Blanf. Abyss. p. 321. — Antin. M. R. p. 65. — Finsch,
Coll. Jesse, p. 223. — Brehm, Habesch, p. 210. Nr. 34. —
Heugl. Fauna R. M. Nr. 46.

Wie der vorhergehende als Zugvogel allgemein.

80. Der kirschrothe Bienenwolf, Merops nubicus (Gm.).

Blanf. Abyss. p. 321.

Von Blanford im Küstenland an der Zula-Bai wohl im
Hochsommer schaarenweise beobachtet.

81. Der grüne Bienenwolf, Merops viridissimus
(Swains.).

Blanf. Abyss. p. 320. — Finsch, Coll. Jesse, p. 224.
— Antin. M. R. p. 66.

---

[1] Die Bienenfresser heißen Arab. Scheqáq, Tigr. Bela Nebhi
(d. i. Bienenfresser).

Wahrscheinlich Standvogel im Anseba-Gebiet und in der Waldgegend des Samhar. Geht am Nil nordwärts bis Mittel-egypten, woselbst ebenfalls sedentär.

82. Der weißhalsige Bienenwolf, Merops albicollis (Vieill.).

Antin. M. R. p. 66. — Heugl. Fauna R. M. Nr. 45. — Finsch, Coll. Jesse, p. 224. — Blanf. Abyss. p. 321.

Im April, Juni, Juli und August in zahlreichen Schaaren im Samhar, Lebka- und Anseba-Thal.

83. Der blaubindige Bienenwolf, Merops Lafresnayi (Guér.).

M. Lefeburei, Desm. & Prév. — Blanf. Abyss. p. 322. — Brehm, Habesch, p. 211. — Heugl. Fauna R. M. Nr. 48. — Finsch, Coll. Jesse, p. 225.

Geht in den Gebirgen der Beni Amer nordwärts bis auf den Breitenparallel von Aqiq. Auch im Falkat, Hebai und in Naqfa im Februar und März paar- und familienweise auf Büschen und Bäumen zwischen Schluchten. Während der Regen-zeit nicht gar selten um Keren und im Mobat-Thal; im Mai von Jesse bei Senafié beobachtet. Lebt vorzüglich von großen Fliegen und Heuschrecken.

82. Der rothflüglige Bienenwolf, Merops pusillus (Müll.).

M. erythropterus, Gm. — Blanf. Abyss. p. 322. — Antin. M. R. p. 67. — Finsch, Coll. Jesse, p. 225. — Heugl. Fauna R. M. Nr. 47.

Scheint Standvogel im Samhar und oberen Anseba. Meist nur paarweise lebend.

II. Dünnschnäbler (Tenuirostres).

Fam. Wiedehopfe (Upupidae).

85. Der gemeine Wiedehopf, Upupa epops (Linn.).

Heugl. Fauna R. M. Nr. 49. — Blanf. Abyss. p. 332.
— Finsch, Coll. Jesse, p. 220. — Brehm, Habesch, p. 211.
— Finsch, Coll. Jesse, p. 226.

Arab. Hudhud.

Sowohl als Stand-, wie als Zugvogel in unserem ganzen
Beobachtungsgebiet. Im Februar lockten die Männchen schon
eifrig (Aqra-Thal).

86. Der senegalische Wiedehopf, Upupa senegalensis (Sw.).

Antin. M. R. p. 220.

Von Antinori im Juli im Bogos-Gebiet eingesammelt.
Eben daselbst erlegte ich einen wohl zu dieser Art oder Rasse
gehörigen Vogel, welchem die weißen Spitzen der Haubenfedern
fehlten; letztere waren nur durch einen weißen Rand vertreten.
Ich bin übrigens geneigt, U. senegalensis nur für eine Local-
Rasse von U. epops zu halten.

87. Der Spotthopf, Irrisor erythrorhynchus (Lath.).

Antin. M. R. p. 60. — Blanf. Abyss. p. 332. — Finsch,
Coll. Jesse, p. 220. — Brehm, Habesch, p. 211. — *I. spec.*
Heugl. Fauna R. M. Nr. 51.

Nicht selten im Gebiet des Anseba, Lebka, Barka und im
Mobat-Thal. Nistet im August in Baumhöhlen.

88. **Der kleine Spotthopf,** Irrisor aterrimus (Steph.).

Blanf. Abyss. p. 334. — Finsch, Coll. Jesse, p. 227. — Antin. M. R. p. 62.

Meist paarweise im Anseba= und oberen Barkah=Thal. Im Februar beobachtete ich eine Schaar von etwa 25 Stück, offenbar auf dem Strich begriffen, im Hochland von Naqfa.

Fam. Honigsauger (Promeropidae).

89. **Die rothkehlige Suimanga,** Nectarinia cruentata (Rüpp.).

Rüpp. Syst. Uebers. t. 9. — Blanf. Abyss. p. 352. — Antin. M. R. p. 87. — Finsch, Coll. Jesse, p. 229. — Brehm, Habesch, p. 211.

Ziemlich häufig am oberen Anseba, wo sie zu nisten scheint; auch in den Schluchten von Menfa gefunden. Standorte zwischen 3000 und 8000 Fuß Meereshöhe. Ohne Zweifel in Naqfa. Dürfte nicht wandern.

90. **Der abessinische Honigsauger,** Nectarinia habessinica (Ehr.).

Heugl. Fauna R. M. Nr. 53. — Antin. M. R. p. 88. Blanf. Abyss. p. 351. — Brehm, Habesch, p. 211. — Finsch, Coll. Jesse, p. 228.

Im Küstenland und den benachbarten Gebirgen nordwärts bis zum Breitenparallel von Suakin (hier aber nur im Hoch= land), südlich bis ins Somal=Gebiet. Ebenso in Naqfa und am Anseba. Standvogel und recht häufig an geeigneten Oertlich= keiten. Die Männchen trugen im Februar und März bereits ihr buntes Hochzeitskleid und bekämpften sich unter großem Lärm und Gezwitscher.

91. Der Jardins-Honigsauger, Nectarinia Jardinei (Verr.).

Blanf. Abyss. p. 252. — Finsch, Coll. Jesse, p. 230.

In der Gegend von Senafié im Monat Mai. Wahrscheinlich nordwärts bis in die Berge von Sauakin.

92. Der metallschimmernde Honigsauger, Nectarinia metallica (Licht.).

Heugl. & Ehr. Symb. phys. pl. I. — Blanf. Abyss. p. 353. — Antin. M. R. p. 90. — Heugl. Fauna R. M. Nr. 52. — Finsch, Coll. Jesse, p. 228. — Brehm, Habesch, p. 211.

Nicht selten im Samhar. Wohl als Standvogel.

93. Der broncefarbige Honigsauger, Nectarinia tacaziena (Heugl. e Stanl.).

Blanf. Abyss. p. 352. — Finsch, Coll. Jesse, p. 227. Antin. M. R. p. 89.

Ziemlich einzeln um Keren. Häufiger im benachbarten Hochland.

94. Der metallgrüne Honigsauger, Nectarinia pulchella (Linn.).

Finsch, Coll. Jesse, p. 227. — Blanf. Abyss. p. 354. — Antin. M. R. p. 90.

Ziemlich einzeln um Keren und im Lebka.

95. Der ähnliche Honigsauger, Nectarina affinis (Rüpp.).

Finsch, Coll. Jesse, p. 229. — Blanf. Abyss. p. 351. Brehm, Habesch, p. 211. — Heugl. Fauna R. M. Nr. 55.

Ziemlich allgemein im Samhar, ebenso im oberen Anseba
und in Naqfa; geht nordwärts bis zum Thal von Aserai und
Qarova. Im Februar traf ich dort schön ausgefärbte Männchen.

III. Zahnschnäbler (Dentirostres).

Fam. (Luscinidae).

96. Der rothwimprige Fächerschwanz, Urorhipes rufifrons (Rüpp.).

Heugl. Fauna R. M. Nr. 62. — Antin. M. R. p. 109.
— Blanf. Abyss. p. 374. — Finsch, Coll. Jesse, p. 231. —
? Brehm, Habesch, p. 212.

Im Küstengebiet vom Breitenparallel von Aqiq südwärts
bis zum Land der Eisa-Somalen. Meist paarweise auf felsigem
oder sandigem, spärlich mit Akazien bewachsenem Grunde. Geht
gegen meine früheren Beobachtungen auch etwas landeinwärts
bis auf 1500 bis 2000 Fuß Meereshöhe (z. B. am Fuß des
Hedarbeh, um Wold Qau, bei Af Abed), hin und wieder selbst
auf Inseln.

97. Der zierliche Buschschlüpfer, Drymoeca gracilis (Rüpp.).

Antin. M. R. p. 108. — Blanf. Abyss. p. 373. — Heugl.
Fauna R. M. p. 61. — Heugl. Cab. Journ. 1862. p. 39.

Nicht gar selten zwischen Sauakin und dem Golf von
Adulis. Meist paarweise in Akaziengesträpp und Dickblatt-
Büschen, sowohl auf Inseln als in der Strandgegend. Der
Lockton besteht in einem schnalzenden Hoïed, worauf ein lebhaft
und heftig klingendes Priiiii folgt.

Der Oberschnabel ist rauchbräunlich, Unterschnabel und
Schneiden des ersteren fleischfarbig; Füße hell fleischröthlich; Iris

licht gelbbräunlich; Augenlid nackt, rauchgraulich, nach dem vorderen Winkel zu hellgrau. Ganze Länge 4'' 3'''. Schnabel 3½'''. Flügel 1'' 7¼'''. Längste Steuerfeder 2'', kürzeste 1''.

Ich habe meine am Rothen Meer eingesammelten Vögel, die ich zu Dr. gracilis stelle, nicht mit egyptischen vergleichen können. Sie scheinen indeß in mancher Beziehung abzuweichen.

98. Der mausfarbige Buschschlüpfer, Drymoeca murina (Heugl.).

Antin. M. R. p. 109. — Heugl. O. N.-O.-Afr. I. p. 241.

Nach der Regenzeit in der Umgegend von Keren in mit Hochgras durchwachsenem Gestrüpp.

99. Der grünliche Buschschlüpfer, Drymoeca pulchella (Rüpp.).

Blanf. Abyss. p. 374. — Antin. M. R. p. 109.

Diese in Zeichnung und Schnabelform sehr aberrante Art wurde von Blanford im Gebiet des Anseba, von Antinori bei Azuz im Küstenland eingesammelt.

100. Der rostköpfige Staffelschwanz, Cisticola ruficeps (Rüpp.).

Antin. M. R. p. 108.

Von Antinori in Dambelas eingesammelt. Nicht selten in Takah.

101. Der einfarbige Staffelschwanz, Cisticola semitorques (Heugl.).

Drymoeca semitorques (Heugl.) Cab. Journ. 1862. p. 40. (part.) — Heugl. O. N.-O.-Afr. t. 9.

Im Herbst unsern Keren in dichtem Gebüsch und Gestrüpp.

102. Der Cistensänger, Cisticola cursitans (Frankl.).

Antin. M. R. p. 108.

Nach Antinori um Keren und im Barkah.

Cisticola brunneonucha (Heugl. Cab. Journ. 1862. p. 39), wohl mit C. lugubris, Rüpp., zusammenfallend, erhielt ich unter einer Vogelsammlung aus Ost-Abessinien, vermuthe aber, daß das betreffende Exemplar nicht in unserem Beobachtungsgebiet heimisch sei, eben so wenig als Cisticola erythrogenys, Rüpp., Cisticola Le Vaillantii, Smith. (= *C. cantans*, Heugl.), Cisticola robusta, Rüpp., und Cisticola Ayresii, Luyard (= *C. habessinica*, Heugl.), welche Arten Jesse und Blanford südlich von Senafié erlangt haben.

103. Die Baumnachtigall, Aëdon galactodes (Tem.).

Aëdon minor, Cab. — Brehm, Habesch, p. 212. — Heugl. Fauna R. M. Nr. 67. — Finsch, Coll. Jesse, p. 233. — Blanf. Abyss. p. 380. – Antin. M. R. p. 107.

Im Küstenland bei Massaua und in den benachbarten Vorbergen, wahrscheinlich als Standvogel.

104. Der Schweifdrossling, Cercotrichas erythroptera (Gm.).

Antin. M. R. p. 107. — Blanf. Abyss. p. 360. — Brehm, Habesch, p. 214. — Finsch, Coll. Jesse, p. 234.

Im Gebüsch des Küstenlandes von Suakin südwärts, sowie in den benachbarten Thälern und im Gebiet des Anseba.

105. Der Isa, Camaroptera brevicaudata (Rüpp.).

Finsch, Coll. Jesse, p. 231. — Blanf. Abyss. p. 376. — Brehm, Habesch, p. 212. — Heugl. Cab. Journ. 1862. p. 41. — Antin. M. R. p. 105.

Paarweise in den Vorbergen des Samhar, am Anseba und an den Bächen von Ragfa, gewöhnlich im dichten Gebüsch und Wurzelwerk der Uferböschungen.

106. Der Stutzschwanz, Oligocercus microurus (Rüpp.).

Blanf. Abyss. p. 276. — Finsch, Coll. Jesse, p. 230. (O. *rufescens*). — Heugl. Fauna R. M. Nr. 50. — Heugl. Cab. Journ. 1862. p. 41.

Im Küstenland, den Vorbergen, dem Anseba= und Barkah= Gebiet. Nordwärts bis in die Berge der Beni Amer angetroffen.

107. Der graugelbe Steppensänger, Eremomela griseo-flava (Heugl.).

Blanf. Abyss. p. 355. t. 3. f. 1. — Heugl. O. N.-O.- Afr. I. t. 12. — Heugl. Cab. Journ. 1862. p. 40.

Im Gebiet des oberen Anseba paarweise im Gebüsch.

108. Der Stentorsänger, Calamodyta stentorea (Ehr.).

Heugl. Fauna R. M. Nr. 64. — *Acrocephalus sp.*, Antin. M. R. p. 105. (?)

Wir begegneten diesem ausgezeichneten Rohrsänger auf mehreren mit Avicennia=Gebüsch bestandenen Inseln des Rothen Meeres, so auf Eri und bei Masaua. Er lebt dort paarweise und dürfte nicht wandern. Nistet im Gebüsch und auf über- hängenden Aesten im Mai, Juni und Juli.

Ein am 4. März bei Masaua erlegter Vogel hat ein ziem- lich abgetragenes Gefieder.

Obenher ziemlich hell graubräunlich, fast ohne Stich ins Olivenfarbige; Oberkopf am dunkelsten, Bürzel am hellsten;

untenher schmutzig weißlich, Kehle fast rein weiß; Kropfseiten,
Weichen und Außenseite der Tibial-Befiederung graubräunlich
getrübt; Unterflügeldeckfedern weißlich, graugelblich angehaucht;
Unterschwanzdeckfedern schmutzig weißlich, die längsten in ihrer Mitte
deutlich bräunlichgrau getrübt; der weiße Superciliarstreif nicht
hinter das Auge hinausreichend, scharf begrenzt und vorn am
breitesten; Augenlider deutlich weißlich; auf der Zügelgegend
zahlreiche, nach der Schnabelbasis hin an Länge zunehmende
schwärzliche Bartborsten, die unmittelbar vor dem Auge einen
kleinen schwärzlichen Büschel bilden; auch Mystakal-Gegend mit
schwarzen Börstchen gestrichelt, am Kinn einzelne weißliche Borsten;
Schwingen rauchfarbig, innen, nach der Basis zu breit und verwaschen weißlich gerandet; Primarschwingen an der Spitze und
Außenfahne fein und undeutlich heller gerandet; Secundarschwingen
ebenso, aber intensiver; Tertiarschwingen und Flügeldeckfedern
von der Farbe der Oberseite, erstere an der Spitze und Außenfahne, letztere allein an der Spitze verwaschen heller; Afterflügel
und große Deckfedern der Primarschwingen rauchfarbig, außen
verwaschen graubräunlich gerandet; Steuerfedern hell graubräunlich, die mittleren mit dunkleren Schaften, die zunächst folgenden,
namentlich auf der Innenfahne, mehr rauchfarbig, die 3 bis 4
äußeren Paare an der Spitze, vorzüglich aber auf der Innenfahne mit ziemlich breitem, verwaschenem, aber doch deutlichem
graubräunlich-weißem Saum; Schwanz ziemlich stark gestuft, die
äußerste Steuerfeder stark 6''' kürzer als die mittleren; die erste,
verkümmerte Schwinge erreicht nicht die Spitze der ersten Serie
der Primar-Deckfedern, ist jedoch beträchtlich länger als der
Afterflügel, die dritte und vierte Schwinge die längste, die zweite
etwa gleich der sechsten.

Der Schnabel ist bläulich hornbräunlich, Oberschnabel dunkler,
fast schwärzlich mit röthlichen Schneiden, Unterschnabel nach der
Basis zu fleischroth (im Hochzeitskleid wahrscheinlich orangefarbig),

an der Spitze mehr bläulich; Schnabelwinkel und Zunge orange-
bis morgenroth; Füße und Krallen hornbräunlich, Sohlen heller.
Die Spitze des zusammengelegten Flügels steht um 1" 7''' hinter der Schwanzspitze zurück.

Ganze Länge 6" 8'''. Schnabelfirste 9'''. Mundspalte fast 1". Schnabelbreite in der Nasengegend 2½'''. Flügel 3". Schwanz 2" 9'''. Tarsus 1" 1'''. Mittelzehe mit Nagel 7'''.

Die Originaltypen des Berliner Museums messen nach ge-
fälliger Mittheilung Reichenow's: Mundspalte 10½''' bis gegen 11'''. Firste 7'''. Breite am Nasenloch 2'''. Flügel 2" 11''' bis 3" 2'''. Lauf 10½''' bis 12'''. Hinterzehe mit Nagel 8,5'''.

Diese Vögel halten sich gerne im Gebüsch von Avicennia, Rhizophora, zuweilen auch in Dickblatt (Suaeda) verborgen, doch singen die Männchen häufig auf Gipfeln oder hervorragenden Zweigen mit gesträubten Kopffedern. Man trifft sie nament-
lich an Stellen, wo viel schwarzer Schlamm liegt. Der Sten-
torsänger kommt übrigens nicht selten auf den Boden, wo er nach Art von Aëdon mit gehobenem Schweif rasch hin und her läuft, um Insecten zu fangen. Morgens und Abends hört man beide Gatten beständig locken. Ihr Lockton besteht in einem sehr tiefen und lauten Garr oder Graa, der Gesang dagegen ist drosselartig, dazwischen schmatzt und schäft das Männchen mit aufgeblasener Kehle ganz wie der Drossel-
Rohrsänger.

109. Der große Buschsänger, Hypolais languida (Ehr.).

Blanf. Abyss. p. 379. — ? *H. olivetorum*, Finsch, Coll. Jesse, p. 233.

Von Blanford im Lebka und Samhar eingesammelt. Vielleicht gehört der von Finsch als H. olivetorum der Jesse'schen

Sammlung bezeichnete Vogel hierher, obgleich er größere Ver=
hältnisse zeigt, als die von mir (O. N.-O.Afr. I. p. 296) ge=
messene Originaltype.

110. Der Olivensänger, Hypolais olivetorum (Strickl.).

Finsch, Coll. Jesse, p. 233.

Nach Finsch von Jesse im August am Torrent von Amba
eingesammelt.

111. Der griechische Buschsänger, Hypolais elaeica (Linderm.).

Blanf. Abyss. p. 380. — Finsch, Coll. Jesse, p. 232.
— (*H. ambigua*, Schleg. — *H. pallida*, Gerbe. — *H. cine-
rascens*, Selys. — *H. Pregelii*, Frauenf. — *H. Arigonis*,
A. Brehm: teste Finsch.)

Nach Blanford und Jesse im Lebka (August).

Finsch (in lit.) erklärt H. elaeica für identisch mit H. pallida,
Ehr. — Letztere ist aber offenbar noch kleiner (ich messe die
Originaltypen: Flügel 2″ 4½‴ bis 5½‴).

112. Der fahle Buschsänger, Hypolais pallida (Ehr.).

Heugl. Fauna R. M. Nr. 63.

Im August und den Herbst und Winter über in Dahlak
und dem abessinischen Küstenland.

113. Der bunte Laubsänger, Phyllopseuste umbrino-virens (Rüpp.).

Blanf. Abyss. p. 378. — Finsch, Coll. Jesse, p. 232.

Nach Jesse bei den Undel=Quellen im Tiefland um die
Bucht von Adulis. Von mir nur im abessinischen Hochland
beobachtet.

114. Der Fitis-Laubsänger, Phyllopseuste trochilus (Linn.).

Im Winter im Lebka und in Naqfa.

115. Der Weiden-Laubsänger, Phyllopseuste rufa (Gm.).

Wie der vorhergehende.

116. Der abessinische Laubsänger, Phyllopseuste habessinica (Blanf.).

Ph. abyssinica (!), Blanf. Abyss. p. 378. t. 3. f. 2.
Bei den Unbel-Quellen und um Senafié von Blanford erlangt.

117. Der südliche Schwarzkopf, Sylvia (Thamnodus) melano-cephala (Gm.).

Blanf. Abyss. p. 379.
Im Habab-Gebiet von Blanford erlangt. Sicherlich hier nur Zugvogel.
Die egyptische Rasse oder Art (S. momus, Ehr. — *Melizophilus nigricapillus*, Cab.) habe ich zur Winterzeit in ganz Arabien südwärts bis gegen Aden beobachtet, nicht aber im Samhar-Gebiet.

118. Der rostkehlige Sänger, Sylvia (Melizophilus) undata (Bodd.).

Häufig im Winter zwischen Sanakin und Wold Dan, in niedrigem Akaziengestrüpp. Mausert zu Anfang März.

119. Der gemeine Schwarzkopf, Sylvia (Monachus) atricapilla (Linn.).

Antin. M. R. p. 104. — Heugl. Fauna R. M. Nr. 76.
Von Antinori im Mai und Juni im Bogos-Gebiet gefunden.

120. Die Rüppell-Grasmücke, Sylvia (Corytholaea) Rüppellii (Tem.).

Heugl. Fauna R. M. Nr. 77.
Zugvogel im Herbst und Frühjahr im Samhar.

121. Die graue Grasmücke, Sylvia (Sterparola) cinerea (Briss.).

Heugl. Fauna R. M. Nr. 71. — Finsch, Coll. Jesse, p. 233. — Blanf. Abyss. p. 379. — Heugl. Cab. Journ. 1862. p. 40.
Im August und September im Samhar und auf Dahlak.

122. Die Dorn-Grasmücke, Sylvia (Sterparola) curruca (Lath.).

Heugl. Fauna R. M. Nr. 73. — Heugl. Cab. Journ. 1862. p. 41.
Auf der Wanderung im Samhar und Lebka.

123. Die Garten-Grasmücke, Sylvia (Epilais) hortensis (Gm.).

Antin. M. R. p. 105.
Im Mai im Bogos-Gebiet: Antinori.

124. Die Trauer=Grasmücke, Sylvia (Subgen.?) lugens (Rüpp.).

Heugl. Cab. Journ. 1862. p. 41.

Anmerkung. Ehrenberg (Symb. phys. Av. fol. cc.) be=
schreibt eine Curruca leucomelaena aus Arabien und dem
abessinischen Küstenland, die wirklich einer besonderen guten Art
anzugehören scheint.

125. Die Sprosser=Nachtigall, Luscinia philomela (Bechst.).

Lusciola luscinia, Heugl. Cab. Journ. 1862. p. 41.

Zu Anfang September von uns bei Keren eingesammelt.

126. Der Garten=Rothschwanz, Ruticilla phoenicurus (Linn.).

Brehm, Habesch, p. 213. — Heugl. Fauna R. M. Nr. 78.
— Antin. M. R. p. 93. — Finsch, Coll. Jesse, p. 237. —
Blanf. Abyss. p. 358.

Den Winter über im Hochland und den Vorbergen allge=
mein. Von Antinori noch im Mai bei Keren angetroffen.

127. Der kleine Rothschwanz, Ruticilla mesoleuca (Ehr.).

Heugl. Fauna R. M. Nr. 79.

Im Bogos=Gebiet und den benachbarten Tiefländern.
Vielleicht Standvogel.

128. Das Blaukehlchen, Cyanecula suecica (Linn.).

Antin. M. R. p. 93. — Heugl. Fauna R. M. Nr. 80.
Von Antinori im September im Anseba-Gebiet, von mir
zu derselben Jahreszeit in den Bergen bei Suakin angetroffen.

129. Der Strauchschmätzer, Pratincola rubicola (Linn.).

Im Januar und Februar bei To-Kar, Aqiq und in den
Bergen der Beni Amer.

130. Der Trift-Strauchschmätzer, Pratincola pastor
(Strickl.).

Blanf. Abyss. p. 364. — Antin. M. R. p. 103.
In Naqfa, im Hedai-Thal, Bogos-Gebiet und Lebka den
Winter über.

131. Der Hemprich-Strauchschmätzer, Pratincola Hemprichii
(Ehr.).

Blanf. Abyss. p. 164. — Antin. M. R. p. 104. — Heugl.
Fauna R. M. Nr. 92. — Brehm, Habesch, p. 213.
In Naqfa, im Lebka, im Bogos-Gebiet und im Küstenland
von Masaua über die Winterzeit.

132. Der Wiesenschmätzer, Pratincola rubetra (Linn.).

Blanf. Abyss. p. 364. — Heugl. Fauna R. M. Nr. 93.
Im August wurde von Blanford ein junger Vogel in den
Bergen der Habab erlegt.

133. Der große Braunschwanz, Philothamna scotocerca (Heugl.).

Ruticilla fuscicaudata, Blanf. Abyss. p. 359. t. 4. — Heugl. O. N.-O.-Afr. I. t. 14. p. 363. (Sept. 1869.) — Antin. M. R. p. 103.

Von mir während der Regenzeit des Jahres 1861, von Blanford im Jahre 1868, von Antinori im Jahre 1870 im Gebiet des oberen Anseba eingesammelt.

134. Der kleine Braunschwanz, Philothamna minor (Heugl.).

Siehe beigegebene Tafel. — Heugl. Ber. der XXI. Vers. deutsch. Ornith. (1875) p. 93.

Sehr ähnlich der Ph. modesta, Heugl. (O. N.-O.-Afr. I. p. 362), aber um ein Namhaftes kleiner; Oberschwanzdeckfedern sattbraun (nicht rostfahl). Supra sordide fusco-cinerascens; infra pallidior, pectore et hypochondriis saturatius tinctis; abdomine postico subcaudalibusque subalbicantibus; subalaribus fumosis, in apice conspicue albido-limbatis; caudae tectricibus superioribus, remigibus et rectricibus tergaco fuscioribus, extus sordide et dilute pallide marginatis; rectricibus intus, basin versus, pallidius limbatis; tibialibus fuscescentibus, conspicue albido-marginatis; periophthalmiis sordide et dilute albescentibus; loris fuscescentibus; rostro ex incarnato corneo-fuscescente; pedibus fuscis; iride fusca; long. tot. 5" 9'''. rostr. a fr. 5,2'''. al. 2" 5½'''. caud. 1" 11'''. tars. 9" 2'''. alae apice 4,5'''.

Schnabel ziemlich kräftig, an den Nasenlöchern etwas eingedrückt, Culmen gerundet; Schneidengegend etwas eingezogen. Tarsen ungeschildet.

Schwingenverhältnisse ganz wie bei Ph. modesta; erste Schwinge etwas weniger als halb so lang als die zweite —

dritte, vierte und fünfte die längsten und unter sich ungefähr
gleich lang; die sechste wenig kürzer. Schwanz etwas ausge=
randet; die dritte Steuerfeder die längste. Vor dem Auge ein
kleiner Büschel schwärzlicher Borstenhaare.

Nur ein Exemplar im Hebai=Thal eingesammelt. Dasselbe
flatterte etwas fliegenfängerartig von Busch zu Busch.

Die nahe verwandte Ph. modesta habe ich in mehreren
Exemplaren im Tiefland von Tigrié bei Abet im Monat De=
cember eingesammelt. Die Originaltypen befinden sich jetzt im
Museum zu Leyden.

135. Der Schwarzschwanz, Cercomela melanura (Rüpp.).

Heugl. Fauna R. M. Nr. 90. — Finsch, Coll. Jesse,
p. 237. — Brehm, Habesch, p. 213. — Antin. M. R. p. 297.

Namentlich im Küstenland und in den in dasselbe mündenden
Thälern nordwärts bis zum Falkat, sowohl auf Felsen als im
Gesträpp, auf Steinen und auf der Erde sich aufhaltend.

Lebt meist paarweise und hat in der Art der Bewegung
manche Aehnlichkeit mit den Fliegenfängern. Trägt den langen
Schweif nicht hoch aufgeschlagen, dagegen zuweilen horizontal
und breitet denselben dann von Zeit zu Zeit fächerförmig aus.
Lockt wirbelnd Ziriwitt. Während der Paarungszeit singen die
Männchen recht fleißig und lieblich, sonst führen diese zarten
Vögelchen eine stille und zurückgezogene Lebensweise.

136. Der Trauer=Steinschmätzer, Saxicola lugubris (Rüpp.).

Antin. M. R. p. 97. — Blanf. Abyss. p. 363. — Brehm,
Habesch, p. 212. — Finsch, Coll. Jesse, p. 237.

In Mensa, Naqfa bis Aqra sowie in Dembelas. Wohl
Standvogel.

137. Der weiß-schwarze Steinschmätzer, Saxicola leucolaema (Ant. & Salv.).

Antin. M. R. p. 101. t. 2.
Von Antinori im Monat December bei Keren eingesammelt.

138. Der Brehm's-Steinschmätzer, Saxicola Brehmii (Salvad.).

Saxicola lugubris, Brehm, Habesch, p. 290 (part.). — Heugl. O. N.-O.-Afr. App. p. XCIX.
In den Gebirgen von Mensa.

139. Der Weißschwanz, Saxicola oenanthe (Linn.).

Blanf. Abyss. p. 361. — Brehm, Habesch, p. 212. — Antin. M. R. p. 90. — Finsch, Coll. Jesse, p. 236. — Heugl. Fauna R. M. Nr. 84.
Zugvogel, den Winter über im Küstenland, seltener im Gebirge.

140. Der Wüsten-Steinschmätzer, Saxicola deserti (Rüpp.).

Heugl. Fauna R. M. Nr. 85. — Blanf. Abyss. p. 362. — Antin. M. R. p. 102.
Nicht selten im Küstengebiet; geht jedoch auch landeinwärts in die Gebirge. Wohl Standvogel.

141. Der gelb-schwarze Steinschmätzer, Saxicola xanthomelaena (Ehr.).

Antin. M. R. p. 100. — Heugl. Fauna R. M. Nr. 86.
Im Küstengebiet und den benachbarten Bergen; nordwärts

bis Sauakin. Ob Standvogel, kann ich nicht angeben. Von mir nur über die kältere Jahreszeit beobachtet.

142. Der Ohren-Steinschmätzer, Saxicola albicollis (Vieill.).

S. aurita, Tem. — Antin. M. R. p. 100.
Im Winter bei Keren: Antinori.

143. Der Pallas-Steinschmätzer, Saxicola leucomela (Pall.).

Antin. M. R. p. 102. — Heugl. Fauna R. M. Nr. 87.
Im Winter im Küstenland und im Gebiet des Anseba. Auch wohl in Naqfa.

144. Der Temminck-Steinschmätzer, Saxicola lugens (Licht.).

S. leucomela, Tem. (nec Pall.). — Heugl. Fauna R. M. Nr. 88. — Blanf. Abyss. p. 363 (nec Synon.).
Bei Sauakin im Herbst; im Winter im abessinischen Hochland. Standvogel in Egypten und Nord-Arabien.

145. Der sandfarbige Steinschmätzer, Saxicola isabellina (Rüpp.).

Heugl. Fauna R. M. Nr. 89. — Brehm, Habesch, p. 212. — Blanf. Abyss. p. 361. — Antin. M. R. p. 98.
Scheint im Tiefland Strich- oder Zugvogel. Brütet jedoch im Hochgebirge von Habesch. Den Winter über auch um Keren nicht selten.

146. Der gezäumte Steinschmätzer, Saxicola frenata (Heugl.).

Heugl. O. N.-O-Afr. I. t. 13. — Blanf. Abyss. p. 362.
In den Gebirgen von Mensa, sowie im ganzen abessinischen Hochland. Scheint Standvogel.

147. Der Kappen-Steinschmätzer, Dromolaea leucocephala
(Brehm).

Heugl. Fauna R. M. Nr. 82.

In Egypten und Nord-Arabien, südwärts bis zum Barkah-Thal; auch in den Schluchten der Vorberge bei Suakin. Wahrscheinlich überall sedentär.

148. Der weißschultrige Buschschmätzer, Thamnolaea albiscapulata
(Rüpp.).

Thamnolaea caesiogastra, Bp. — Brehm, Habesch, p. 213. — Blanf. Abyss. p. 361. — Antin. M. R. p. 95. — Finsch, Coll. Jesse, p. 235.

Im oberen Anseba-Gebiet, Mensa und Lebka.

Kein Zweifel, daß Th. caesiogastra das Weibchen dieser Art. Die Weibchen sind übrigens namhaft kleiner als die Männchen. Ich messe ein von uns am 28. Februar erlegtes Exemplar: Schnabel 7''' schwach. Flügel 3'' 8'''. Schwanz 2'' 10'''. Tarsus 12½'''. Flügelspitze stark 6'''.

Lebt im Gegensatz zu Th. semirufa mehr in Felsen und Gebüsch; doch habe ich auch diese Art in Mauern und unter Dächern gefunden.

149. Der rothgraue Buschschmätzer, Thamnolaea rufo-cinerea
(Rüpp.).

Heugl. Fauna R. M. Nr. 91. — *Ruticilla rufo-cinerea*, Blanf. Abyss. p. 358. — Brehm, Habesch, p. 213.

Nicht selten im oberen Maro, in Naqfa, im Hedai, bei Keren, in Mensa, im Lebka und bei Ailat. Auf Gebüsch und auch auf der Erde zwischen Steinen.

Bei frisch verfärbten Männchen sind Stirn, Superciliarstreif, Kinn und Halsseiten schön blaugrau, die Brust dunkler
aschblau. Ist eine wahre Thamnolaea und keine Ruticilla.
Ich sah noch einen ähnlichen Vogel mit weißlichem Unterleib
in Naqfa.

150. Der Trauer-Buschschmätzer, Pentholaea albifrons (Rüpp.).

Finsch, Coll. Jesse, p. 237. — Antin. M. R. p. 96.
Nicht gar selten um Keren und am oberen Anseba.

Fam. Drosseln (Turdidae).

151. Der rostbäuchige Schluchtenschmätzer, Cossypha semirufa
(Rüpp.).

Antin. M. R. p. 94. — Blanf. Abyss. p. 360. — Finsch,
Coll. Jesse, p. 242.
Nicht häufig im Gebiet des oberen Anseba in buschigen
Thälern.

152. Der weißkehlige Schluchtenschmätzer, Cossypha gutturalis (Guér.).

Finsch, Coll. Jesse, p. 343.
Von Jesse im April und August im Samhar-Gebiet eingesammelt. Wohl Zugvogel.

153. Die Blaudrossel, Monticola cyanea (Linn.).

Blanf. Abyss p. 357. — Heugl. Fauna R. M. Nr. 109.
Als Zugvogel im Tiefland und im Gebirge. Im Februar
von uns im Hedai-Thal erlegt.

154. Die Steindroſſel, Monticola saxatilis (Linn.).

Heugl. Fauna R. M. Nr. 108. — Brehm, Habesch,
p. 214. — Blanf. Abyss. p. 357. — Antin. M. R. p. 93.
Wie die vorhergehende; Zugvogel. Dembelas: Antinori.

**155. Die abeſſiniſche Singdroſſel, Turdus semiensis
(Heugl. e Rüpp.).**

Finsch, Coll. Jesse, p. 241. — Blanf. Abyss. p. 357.
— Antin. Cat. p. 91. — Brehm, Habesch, p. 214.
In Menſa, Hameſien, am Taranta= und Senafié=Paß.
Wohl nicht unter 5000 bis 6000 Fuß Meereshöhe.

156. Die Singdroſſel, Turdus musicus (Linn.).

Heugl. Fauna R. M. Nr. 107.
Nach Hemprich und Ehrenberg an der abeſſiniſchen Küſte.
Von uns nicht ſüdwärts von Egypten beobachtet (?).

**157. Die gelbſchnäblige Droſſel, Turdus icterorhynchus
(Pr. Würt.).**

T. pelios, Auct. (part.) — Antin. M. R. p. 92. —
Finsch, Coll. Jesse, p. 242.
Häufig im Buſchwerk des oberen Anſeba=Gebietes.

Fam. Pelzrücken=Vögel (Pycnonotidae).

158. Der Grauvogel, Pycnonotus Arsinoe (Licht.).

Antin. M. R. p. 91. — Heugl. Fauna R. M. Nr. 114.
— Brehm, Habesch, p. 214. — Finsch, Coll. Jesse, p. 245.

Allgemein vom 20. Grad nördl. Breite an südwärts, im Küstenland wie im Gebirge.

159. Der isabellfarbige Keilschwanz, Argia acaciae (Rüpp.).

Antin. M. R. p. 106. — Heugl. Fauna R. M. Nr. 110.

Von uns nur im Küstenland zwischen Sauakin und Majaua beobachtet. Bewohnt familienweise Dornbuschwald um Brunnen=gruben. Nährt sich von allerhand Insecten, vorzüglich von Käfern. Ich sah ihn zolllange Bupresten fressend.

160. Der weißköpfige Drößling, Crateropus leucocephalus (Rüpp.).

Antin. M. R. p. 106. — Finsch, Coll. Jesse, p. 244. — Blanf. Abyss. p. 272.

Im Lebka=Thal und Anjeba=Gebiet.

161. Der weißbürzlige Drößling, Crateropus leucopygius (Rüpp.).

Finsch, Coll. Jesse, p. 243. — Blanf. Abyss. p. 271. — Cr. limbatus, Finsch, Coll. Jesse, p. 244. — Heugl. Fauna R. M. Nr. 112. — Brehm, Habesch, p. 214.

Im Küstenland des Samhar und in Tafah. Wohl nicht nördlich vom 17. Grad nördl. Br.

Fam. Bachstelzen (Motacillidae).

162. Die weiße Bachstelze, Motacilla alba (Linn.).

Blanf. Abyss. p. 380. — Heugl. Fauna R. M. Nr. 96. — Brehm, Habesch, p. 213. — Blanf. Abyss. p. 381.

Den Winter über ungemein häufig am Meeresstrand, um Brunnengruben und auf Viehweiden, doch nicht hoch ins Gebirg ansteigend.

163. Die Schafstelze, Motacilla (Budytes) flava (Linn.).

a) Motacilla melanocephala, Licht.
b) Motacilla cinereo-capilla, Savi.
c) Motacilla Rayi, Bp.
d) Motacilla flava vera.

Blanf. Abyss. p. 381. Nr. 167, 168 u. 169. — Antin. M. R. p. 110. — Finsch, Coll. Jesse, p. 239. — Heugl. Fauna R. M. Nr. 97. — Brehm, Habesch, p. 213 u. 214. — Antin. M. R. p. 110 (*B. nigricapillus*).

Wie die vorhergehende im Herbst, Winter und Frühjahr bis Ende April um Viehparke, Brunnengruben u. s. w. — Auch im Anseba-Gebiet.

M. ophthalmica, Des Murs vom Schoho-Land gehört vielleicht zur folgenden Art.

164. Die langschwänzige Bachstelze, Motacilla (Calobates) boarula (Penn.).

Blanf. Abyss. p. 381. — Brehm, Habesch, p. 213.

Im Sommer im Anseba-Gebiet, im März an den Regenströmen von Mensa und am Lebka. Wahrscheinlich Standvogel.

165. Der Brach-Pieper, Anthus campestris (Bechst.).

Heugl. Fauna R. M. Nr. 101. — ? Blanf. Abyss. p. 383.

Auf der Wanderung im Herbst und Frühjahr nicht selten in unserem ganzen Beobachtungsgebiet.

166. Der rothkehlige Pieper, Anthus pratensis var. rufigularis (Heugl.).

A. rufigularis, Brehm. — Blanf. Abyss. p. 382. — *A. pratensis*, Finsch, Coll. Jesse, p. 240. — Heugl. Fauna R. M. Nr. 100.

Auf Viehweiden im Tiefland und im Gebirg. Wohl nur auf dem Durchzug.

167. Der abessinische Pieper, Anthus sordidus (Rüpp.).

Finsch, Coll. Jesse, p. 240. — Blanf. Abyss. p. 382. — Antin. M. R. p. 110.

Im Bogos=Gebiet und Mensa, wohl auch in Naqfa. Scheint nicht zu wandern.

168. (?) Anthus sp.?

Antin. M. R. p. 110.

Antinori sammelte in Dembelas im Januar einen Pieper ein, welcher dem A. malayensis sehr ähnlich ist. Welcher Art derselbe angehöre, kann ich nicht angeben.

Anmerkung. Was ist Corydalla Vierthaleri, Brehm, von Mensa? — Röthlicher als A. sordidus, Flügel etwas kürzer, Schwanz länger. Wohl = A. campestris. Leider ist von Brehm (Habesch, p. 298) keine Beschreibung dieses Vogels veröffentlicht und nur die Maße; bei letzteren fehlt aber die Angabe der Länge des Sporns, die vielleicht hier entschei= dend wäre.

Fam. Meisen (Paridae).

169. Die weißrückige Trauermeise, Parus (Melaniparus) leuconotus
(Guér.).

Finsch, Coll. Jesse, p. 238.
An den Gehängen von Mensa, bei Senafié und am Taranta.
Auf 5500 bis 11 000 Fuß Meereshöhe.

170. Die weißflüglige Trauermeise, Parus (Melaniparus)
leucopterus (Swains.).

Finsch, Coll. Jesse, p. 238. — Antin. M. R. p. 87.
Nordwärts bis nach den Bergen der Beni Amer. Nicht
selten im Lebka und im oberen Anseba, sowie in Aqra.

Fam. Pinselzüngler (Meliphagidae).

171. Der große Brillensänger, Zosterops poliogastra
(Heugl.).

Heugl. Cab. Journ. 1862. p. 42. — Blanf. Abyss. p. 354.
Bei Keren, am Tsad Amba und Debra Sina. Im centralen Abessinien noch auf 12 000 Fuß Höhe beobachtet. Lebt
stets paarweise und besucht gerne wilde Feigen und Kronleuchter-
Euphorbien.

172. Der abessinische Brillensänger, Zosterops habessinica (Guér.).

Heugl. Cab. Journ. 1862. p. 42. — Finsch, Coll. Jesse,
p. 239. — Blanf. Abyss. p. 355.
Wie die vorhergehende Art.

173. Der gelbstirnige Brillensänger, Zosterops senegalensis (Bp.).

Z. aurifrons, Heugl. Cab. Journ. 1862. p. 41.
Unfern Keren im lichten Buschwald sehr einzeln.

Fam. Fliegenfänger (Muscicapidae).

174. Der graue Fliegenfänger, Muscicapa grisola (Linn.).

Heugl. Fauna R. M. Nr. 117. — Brehm, Habesch, p.
215. — Finsch, Coll. Jesse, p. 245.
Wintergast in unserem Beobachtungsgebiet. Von Jesse
übrigens auch im Juni und August eingesammelt.

175. Der Zwerg-Fliegenfänger, Muscicapa planirostris
(Heugl.).

M. fuscula, Sund.?? — Heugl. O. N.-O.-Afr. App. p.
CXIV. — Finsch, Coll. Jesse, p. 245.
Paarweise in Felsenthälern mit Gebüsch, Hochbäumen und
fließenden Gewässern auf 2500 bis 7000 Fuß Meereshöhe.
Nicht nordwärts vom 16. Grad nördl. Br.

176. Der Paradies-Fliegenschnäpper, Terpsiphone melanogastra
(Swains.).

Finsch, Coll. Jesse, p. 246. — Heugl. Fauna R. M.
Nr. 116. — Brehm, Habesch, p. 215. — Blanf. Abyss. p.
344. — Antin. M. R. p. 74.
In den Thälern von Mensa, um den Anseba, in Naqfa
und um die Mündungen der Gebirgsschluchten bei Ailet und
Ain. Auch im oberen Barkah beobachtet.

177. Der ostafrikanische Feldschnäpper, Batis orientalis Heugl.).

Platystira senegalensis et *Pl. pririt*, Finsch, Coll. Jesse,
p. 247. — *Pl. pririt*, Heugl. Fauna R. M. Nr. 129. — Blanf.
Abyss. p. 345. — Antin. M. R. p. 75.

Ich gebe hier noch die nach dem Vogel im Fleisch entworfene Beschreibung nebst Abbildung.

Altes Männchen: Scheitel grau, nach der Stirn zu mehr
schwärzlich schieferfarbig. Vom Nasenloch über das Auge weg
ein weißlicher Streif; Zügel, Augen- und Ohrengegend, Wangen
bis zum Nacken stahlschwarz; im Nacken selbst ein weißlicher Fleck.
Halsseiten und Unterleib weiß; über die Oberbrust führt ein
breites stahlschwarzes Band; Mantel aschgrau bis dunkel bläulichgrau; Bürzel weiß, schwärzlich geschuppt; Oberschwanzdeckfedern
und Tibialien schwarz; Schwingen und ihre Deckfedern schwarz
mit schmalem weißem Spiegel, der quer über den Flügel läuft;
die letzten Secundärschwingen außen weiß gesäumt; Unterflügel-
decken schwarz, die äußersten derselben aber weißlich; alle Schwingen innen nach der Basis zu weißlich gesäumt; die zehn Steuerfedern schwarz, die $\frac{1}{1}$. äußersten mit breiter weißer Spitze und
solchem Außenrand, die $\frac{2}{2}$. auf der Außenfahne weiß gesäumt,
die $\frac{3}{3}$. mit Spur von weißem Spitzfleck; am Flügelbug einige
weiße Federchen; Schnabel schwarz; Füße schwärzlich; Iris lebhaft gelb. Ganze Länge 4″. Schnabel 4,7‴ bis 5,5‴. Flügel 2″ 1‴. Schwanz 1″ 6‴ bis 1″ 7‴. Tarsus 6,5‴ bis
7,5‴.

Das Weibchen kaum kleiner, mit breitem, lebhaft kastanien-
rostbraunem Band über die Oberbrust. Bei einigen Exemplaren
sind die Weibchen schwarz gescheckt.

Ziemlich allgemein im Buschwald, nordwärts bis zu den
Bergen der Beni Amer, im Falkat, Aqra, am Fuß von Ragfa,
bei Af Abed, im Lebka und im Vorland des Samhar.

Immer nur paarweise vorkommend und sich flüchtig von
Baum zu Baum treibend. Während der Monate Februar und
März habe ich dort den eigenthümlichen Paarungslaut der
Männchen nie vernommen, sondern nur ein schwaches Locken
das etwas rätschend, wie bi—bi—blü und gi—wi—we—gab—
gab klingt.

Die Haltung des Körpers ist horizontaler als bei den
eigentlichen Fliegenfängern, mit denen Batis aber das geräusch=
lose Flattern und Wippen mit Flügeln und Schweif gemein hat.
Auch fangen diese zarten Bögelchen gewandt kleine Insecten im
Flug; sie scheinen übrigens auch Raupen und Schmetterlingseier
zu fressen.

Nach meinen Beobachtungen kommt im ganzen tropischen
und subtropischen Nordost=Afrika nur diese einzige Art vor.

Fam. Drongos (Dicrouridae).

178. Der gemeine Drongo, Dicrourus divaricatus (Licht.).

Heugl. Fauna R. M. Nr. 121. — Brehm, Habesch, p.
215. — Finsch, Coll. Jesse, p. 249. — Blanf. Abyss. p.
344. — Antin. M. R. p. 77.

Allgemein vom 19. Grad n. Br. an, sowohl im Gebirg
als im Küstenland. Frißt neben Fliegen auch kleinere Heu=
schrecken.

179. Der östliche Trägvogel, Bradyornis pallida (v. Müll.).

Im Anseba=Gebiet, wohl ostwärts bis Takah.

Anmerkung. Jesse hat in der Nähe von Senafié auch
Bradyornis chocolatina, Rüpp., aufgefunden (Finsch, Coll.
Jesse, p. 284).

Die höchst eigenthümliche Form Hypocolius ampelinus
(Bp.) habe ich unter einer Sammlung von Vögeln aus dem
Samhar und aus Tigrié erhalten.

Fam. Pirole (Oriolidae).

180. Der gemeine Pirol, Oriolus galbula (Linn.).

Heugl. Fauna R. M. Nr. 115.

Auf der Wanderung im August und September, sowie im
Frühjahr nicht selten im Küstenland.

Fam. Raupenfresser (Campophagidae).

181. Der rothschultrige Raupenfresser, Campophaga phoenicea
(Lath.).

Antin. M. R. p. 75. — Finsch, Coll. Jesse, p. 248.

Selten im Anseba-Gebiet und in den Thalschluchten nach
dem Samhar zu. Nach Antinori nur auf der Wanderung im
Juli. Von Jesse im April bei Senafié eingesammelt. Liebt
dichtes Buschwerk und führt eine sehr stille Lebensweise.

182. Der gelbschultrige Raupenfresser, Campophaga sp.?

Antin. M. R. p. 76.

Gleichzeitig mit der vorhergehenden Art von Antinori am
Anseba beobachtet. Vielleicht nur gelbschultrige Varietät von
C. phoenicea.

Fam. Würger (Laniidae).

183. Der Brillen-Würger Prionops poliocephalus (Stanl.).

Antin. M. R. p. 81.

Von Antinori im April bei Azuz ein altes Weibchen und ein halbflügges Junges eingesammelt. Wir fanden diese eigenthümliche Art zur Regenzeit im oberen Barfah und um den Anseba, und zwar stets in kleinen auf der Wanderung begriffenen Gesellschaften.

184. Der Baumspäher, Dryoscopus gambiensis (Licht.).

Finsch, Coll. Jesse, p. 255. — Blanf. Abyss. p. 342. Antin. M. R. p. 82.

Scheint Standvogel in den Gebirgen der Habab und Beni Amer. Um Naqfa und am oberen Anseba, in dichtem Gebüsch längs Wildbächen und Strombetten.

185. Der äthiopische Baumspäher, Dryoscopus aethiopicus (Gm.).

Heugl. Fauna R. M. Nr. 134. — Brehm, Habesch, p. 215. — Finsch, Coll. Jesse, p. 255. — Blanf. Abyss. p. — 340. — Antin. M. R. p. 82.

Noch häufiger als der vorhergehende um Keren, im oberen Barfah, in Naqfa, Aqra und im Falfat nordwärts bis zum 18. Grad.

186. Der Rosenwürger, Rhodophoneus cruentus (Hempr. & Ehr.).

Heugl. Fauna R. M. Nr. 135. — Brehm, Habesch, p. 215. — Finsch, Coll. Jesse, p. 256. — Blanf. Abyss. p. 342. — Antin. M. R. p. 85.

Wahrscheinlich sind beide Geschlechter dieser reizenden Würger-art gleich gefärbt. Ich untersuchte im März 1874 ein am Torrent von Schakat gaih erlegtes Weibchen mit schwarz einge-faßtem Vorderhals, während ich (jüngere?) Männchen untersucht habe, welchen diese Zeichnung fehlte, wobei jedoch die Brust und der Vorderhals bis gegen die Kehle ganz pfirsichroth ge-färbt waren.

Lebt an Regenstrombetten und in deren Nähe vom Samhar südwärts bis nach der Eisah-Küste, zumeist in Paaren und Familien und zwar auf Tundub und verschiedenen Akazienarten. Weiter nordwärts nicht mit Bestimmtheit nachgewiesen. Kommt zuweilen auf die Erde herab, um Käfer zu fangen. Beide Ge-schlechter locken wie biribi und biquik—biquik. Zur Paarungs-zeit vernimmt man von den Männchen einen sehr lieblichen Gesang.

Der Schnabel und Rachen sind schwarz; die Iris graulich-violett; Füße hellgrau; Zügel untenher weißlich; Weibchen falb-gelblich angehaucht. Manche Exemplare zeigen auf Scheitel und Nacken einen pfirsichrothen Anflug.

Ich habe diese Form in eine besondere Untergattung (Rho-dophoneus) versetzt. Sie ist ausgezeichnet durch großen Schna-bel und Kopf, den langen, ziemlich breiten, sehr stark gestuften Schwanz, auffallend kräftige Ständer und kurze Schwingen; die erste Schwinge ziemlich lang, 12''' kürzer als die Flügel-spitze; die vierte die längste, die dritte, fünfte, sechste und siebente wenig kürzer, die zweite ungefähr so lang als die längsten Secundärschwingen; die äußerste Steuerfeder um mehr als einen Zoll kürzer als die mittleren. Wahrscheinlich tragen die Vögel mit einfach rosenrother Brust (bis zur Kehle herauf), denen das schwarze Brustband abgeht, das Jugendkleid.

187. Der blutbäuchige Baumspäher, Malaconotus erythrogaster (Rüpp.).

Antin. M. R. p. 84.

Von Antinori im Anseba-Gebiet und am oberen Barkah eingesammelt; von uns im abessinischen Tiefland und am oberen Atbarah, ebenso am Blauen und Weißen Nil.

188. Der rothflüglige Würger, Telephonus erythropterus (Shaw).

Heugl. Fauna R. M. Nr. 133. — Brehm, Habesch, p. 215. — Finsch, Coll. Jesse, p. 250. — Blanf. Abyss. p. 342. — Antin. M. R. p. 86.

In unserem ganzen Beobachtungsgebiet, nordwärts bis gegen Suakin. Gewöhnlich paar- und familienweise im dichten Gebüsch um Brunnengruben und in Torrenten. Kommt auch viel auf die Erde herab und läuft äußerst gewandt im undurchdringlichsten Gestrüpp umher.

189. Der Brubru, Nilaus Brubru (Lath.).

Heugl. Fauna R. M. Nr. 122. — Finsch, Coll. Jesse, p. 254. — Blanf. Abyss. p. 344. — Antin. M. R. p. 86.

Nicht gar häufig im Gebirg und in den Thalschluchten nordwärts bis Aqra. Auch auf Naqfa, im Hedai-Thal, um Keren, im Lebka und an den Bächen bei Ailet.

Der Lockton besteht in einem gurgelnden Rätschen. Meist paarweise im Buschwald und auf höheren Bäumen.

190. Der Lahtora, Lanius Lahtora (Sykes).

Lanius fallax, Finsch, Coll. Jesse, p. 249. — Heugl. Fauna R. M. Nr. 123. — Blanf. Abyss. p. 337. — Antin. M. R. p. 77.

Im Küstenland und auf Inseln des Rothen Meeres, nordwärts bis Suakin. Nistet im Juni auf Schirm-Akazien. Ein
Nest fand ich im Unterbau des Horstes vom Fischadler. Selten
im Lebka, einzeln im Thal des Anseba.

191. Der kleine Grauwürger, Lanius minor (Gm.).

Antin. M. R. p. 78.

Von Antinori und mir im August und September im Gebiet des oberen Anseba begegnet. Wohl auf der Wanderung be-
griffene Exemplare, die noch das Sommerkleid trugen, aber ein
sehr abgescheuertes Gefieder zeigten.

192. Der weißrückige Grauwürger, Lanius leucopygus
(Hempr. & Ehr.).

Im Gebiet des Anseba und Barka allgemein.

193. Der fahlschnäblige Grauwürger, Lanius pallidirostris
(Cass.).

Wie der vorhergehende.

194. Der nordafrikanische Fiscal, Lanius (Fiscus) humeralis
(Stanl.).

Heugl. Fauna R. M. Nr. 128. — Brehm, Habesch, p.
215. (*L. cubla et Collurio Smithii?*) — Finsch, Coll. Jesse,
p. 253. (*L. fiscus*). — Blanf. Abyss. p. 338. — Antin. M.
R. p. 80.

Nicht selten um Keren, auch im Lebka, Hedai-Thal und in
Naqfa beobachtet.

195. Der nubische Maskenwürger, Lanius (Leucometopon) nubicus
(Licht.).

Finsch, Coll. Jesse, p. 253. — Blanf. Abyss. p. 346.

In unserem ganzen Beobachtungsgebiet mit Ausnahme der
höheren Gebirge. Vorzüglich um Wüstenbrunnen und in Torrenten. Wohl Standvogel.

196. Der isabellfarbige Würger, Lanius (Enneoctonus) isabellinus
(Hempr. & Ehr.).

L. arenarius, Blyth? — Heugl. Fauna R. M. Nr. 132.
— Blanf. Abyss. p. 339. — Antin. M. R. p. 70.

Bei Aqiq, im Falkat, am Lebka und im Samhar. Ziemlich
einzeln um Torrenten.

Der Schnabel ist schwärzlich, an der Wurzel ins Fleisch-
farbene; Füße bräunlichgrau. Ein deutlicher schwarzer Streif
durch das Auge; Kehle und Seiten des Rumpfes weingelb angehaucht; Bürzel und obere Schwanzdecken rostfalb; Scheitel,
Nacken und Mantel schmutzig erdgrau; Primär- und Secundärschwingen schwärzlich, ebenso die Flügeldeckfedern erster Ordnung;
die letzteren auf Außenfahne und Spitze weiß gesäumt. Auf der
3. bis 8. Schwinge befindet sich ein weißer Spiegel an der
Außenfahne; die $\frac{3}{3}$ mittleren Steuerfedern wie die übrigen rostfarbig, aber nach der Spitze zu schwärzlich angehaucht, letztere
breit hell rostbräunlich. Ganze Länge 6" 6'''. Firste 6,5'''.
Flügel 3" 8'''. Schwanz 3". Tarsus 11'''.

Mitte Februar in der Mauser. Läßt sich gerne im
Gipfel von Büschen nieder und bewegt den Schweif viel hin
und her.

197. Der rothnackige Würger, Lanius (Enneoctonus) auriculatus (Müll.).

L. rufus, Briss. — Heugl. Fauna R. M. Nr. 131. — Finsch, Coll. Jesse, p. 251. — Blanf. Abyss. p. 340. — Antin. M. R. p. 79.

Auf der Wanderung im Frühherbst und im Februar, März und April nicht selten. Möglicher Weise auf Dahlak und im Küstenland auch brütend.

198. Der Dornbreher, Lanius (Enneoctonus) collurio (Linn.).

Heugl. Fauna R. M. Nr. 130. — Finsch, Coll. Jesse, p. 251. — Blanf. Abyss. p. 340. — Antin. M. R. p. 79.

Im Herbst und Frühjahr, seltener den Sommer über im Bogos-Gebiet und im Samhar, sowie auf den Dahlak-Inseln. Dürfte hin und wieder selbst dort brüten.

Ord. Kegelschnäbler (Conirostres).

Fam. Raben (Corvidae).[1]

199. Der kurzschwänzige Rabe, Corvus affinis (Rüpp.).

Heugl. Fauna R. M. Nr. 142. — Brehm, Habesch, p. 216. — Finsch, Coll. Jesse, p. 256. — Blanf. Abyss. p. 393. — Antin. M. R. p. 128.

Sehr allgemein in den Gebirgen der Beni Amer und Habab, in Naqfa und um den Anseba; zufälliger im Samhar.

---

[1] Die Raben heißen arabisch X'uräb. Tigrisch Qoah'. Amcha-risch Qura.

Verfolgt mit verschiedenen Raubvögeln zusammen die Heuschrecken=
züge. Kreist oft hoch und schön. Stimme ähnlich der von
Corvus corax, aber weniger schnalzend.

200. Der Wüstenrabe, Corvus umbrinus (Hedenb.).

Heugl. Fauna R. M. Nr. 141. — Brehm, Habesch,
p. 216.

Nach Brehm auf den Inseln des Rothen Meeres. Von
uns nicht daselbst bemerkt.

201. Der Schildrabe, Corvus scapulatus (Daud.).

Heugl. Fauna R. M. Nr. 137. — Brehm, Habesch, p.
216. — Finsch, Coll. Jesse, p. 256. — Blanf. Abyss. p. 393.
— Antin. M. R. p. 128.

Im Tiefland und den Vorbergen als Standvogel, nord=
wärts bis Sauakin. Auch auf Inseln des Rothen Meeres, um
Fischerhütten, Barken und Dörfer. Nicht in Naqfa und im
oberen Lebka, dagegen häufig im Barkah.

Anmerkung. Ich bezweifle das Vorkommen des Geier=
raben (Archicorax crassirostris) in unserem Beobachtungsgebiet,
obwohl ich diesem Gebirgsvogel bereits in der Gegend der Mareb=
Quellen begegnet bin und aus Erfahrung weiß, daß derselbe
sich gerne den militärischen Expeditionen anschließt und mit den=
selben größere Wanderungen unternimmt.

In der Gegend von To=Kar traf ich mehrmals einen ein=
farbig schwarzen Raben von der Größe unserer Saatkrähe, von
schlankem Bau und mit verhältnißmäßig langen Flugwerkzeugen.
Leider konnte ich die betreffende Art nicht bestimmen. Nachdem
ich übrigens die Saatkrähe zur Winterszeit schaarenweise bei

Sues gesehen, wäre es nicht ganz unmöglich, daß sich dieselbe längs den Küsten des Rothen Meeres auch weiter südwärts verstriche.

Fam. Staarenvögel (Sturnidae).

202. Der purpurflüglige Glanzstaar, Lamprotornis porphyroptera (Cab.).

L. aeneus, Brehm, Habesch, p. 216. — *L. purpuroptera*, Rüpp. Heugl. Fauna R. M. Not. Nr. 2 u. 3. — Finsch, Coll. Jesse, p. 258. — Blanf. Abyss. p. 397. — Antin. M. R. p. 127.

Nicht selten das ganze Jahr über um Keren. Nistet während der Regenzeit auf Hochbäumen, kommt aber auch bis in die Dörfer, auf Hecken und in Viehparke.

203. Der stahlblaue Glanzstaar, Lamprocolius chalybaeus (Ehr.).

Heugl. Fauna R. M. Nr. 146. — Brehm, Habesch, p. 216. — Finsch, Coll. Jesse, p. 259. — Blanf. Abyss. p. 395. — Antin. M. R. p. 126.

Amcharisch Wordit.

Sehr allgemein und meist schaarenweise im Tiefland nordwärts bis Suakin, ebenso in den Torrenten, im Anseba- und Barkah-Thal bis auf 5000 Fuß Meereshöhe. Nistet colonienweise zur Regenzeit.

204. Der grünflüglige Glanzstaar, Lamprocolius chloropterus (Swains.).

Heugl. Fauna R. M. Nr. 147.

Besucht hier und da auf der Wanderung in kleinen Gesellschaften das Bogos-Gebiet.

205. Der roſtbäuchige Glanzſtaar, Notauges chrysogaster (Gm.).

Heugl. Fauna R. M. Nr. 148. — Brehm, Habesch, p. 216. — Finsch, Coll. Jesse, p. 258. — Blanf. Abyss. p. 397. — Antin. M. R. p. 126.

Hat ungefähr die gleichen Wohnbezirke inne, wie Lamprocolius chalybaeus. Meiſt ſchaarenweiſe im Buſchwald und längs der Torrenten.

206. Der Schuppen-Glanzſtaar, Pholidauges leucogaster (Gm.).

Heugl. Fauna R. M. Nr. 151. — Brehm, Habesch, p. 217. — Finsch, Coll. Jesse, p. 257. — Antin. M. R. p. 124.

Von Mai bis Auguſt ſehr häufig im Gebiet des Anſeba; im Frühjahr im Küſtenland zwiſchen Ain und der Bucht von Adulis. Sind die Jungen ausgeflogen, ſo ziehen dieſe herrlichen Vögel ſchaarenweiſe weiter im Land herum.

207. Der Rüppell'ſche Berg-Glanzvogel, Amydrus Rüppellii (Verx.).

Heugl. Fauna R. M. Not. Nr. 6. — ? *Ptilonorhynchus albirostris,* Brehm, Habesch, p. 216. — Finsch, Coll. Jesse, p. 259. — Blanf. Abyss. p. 398. — Antin. M. R. p. 127.

Ein Paar im Thal von Aqra eingeſammelt. Um Keren und in den Bergen um die Bucht von Adulis im Juli bis September in kleinen Familien, meiſt auf Hochbäumen, in waldigen Schluchten.

208. Der Blyth'ſche Berg-Glanzvogel, Amydrus Blythii (Hartl.).

Heugl. Fauna R. M. Nr. 152. — Blanf. Abyss. p. 399.

Von mir im November im Somal-Gebiet, von Blanford

im Januar und Februar am Fuß des Senafié-Passes in größeren Gesellschaften beobachtet.

209. Der Fels-Glanzstaar, Pilorhinus albirostris (Rüpp.).

Finsch, Coll. Jesse, p. 260. — Brehm, Habesch, p. 225. — Blanf. Abyss. p. 401.

Nach Brehm in Mensa. Häufig an den Berggehängen bei Senafié; ebenso im ganzen südöstlichen Tigrié und in Amchara.

Anmerkung. Ich glaube den Lappen-Staar, Dilophus carunculatus, am Ost-Abhang der abessinischen Gebirge gesehen zu haben, führe diese Art jedoch hier nicht als wirklich vorkommend auf, weil ich sie nicht einzusammeln vermochte.

Fam. Webervögel (Ploceidae).

210. Der Büffel-Webervogel, Textor alecto (Tem.).

Heugl. Cab. Journ. 1862. p. 25. — Brehm, Habesch, p. 217. — Finsch, Coll. Jesse, p. 261. — Blanf. Abyss. p. 402. — Antin. M. R. p. 123.

Tigrisch Wudscrek.

Wahrscheinlich Zugvogel. Schaarenweise zur Regenzeit im Innern des Samhar und im Bogos-Gebiet. Nistet gesellschaftlich in einem ungeheuren Haufwerk von dürren Zweigen, welche die Vögel auf den Astgabeln von Hochbäumen zusammentragen.

211. Der gelbliche Webervogel, Hyphantornis galbula (Rüpp.).

Heugl. Fauna R. M. Nr. 156. — Heugl. Cab. Journ. 1862. p. 26. — Brehm, Habesch, p. 217. — Finsch, Coll. Jesse, p. 262. — Blanf. Abyss. p. 404. — Antin. M. R. p. 121.

Alle Webervögel heißen auf Amcharisch Ombala.

Scheint Standvogel im Samhar, nordwärts bis gegen Sauakin, in den Gebirgsthälern der Habab und Beni Amer, sowie im Anseba-Gebiet; südlich bis an die Eisa-Küste gesehen. Nicht in Naqfa. Im Anfang März begannen die Männchen bei Ain und am Lawa bereits mit Nestbau.

212. Der weißaugige Webervogel, Hyphantornis Guerinii (Gray).

Heugl. Cab. Journ. 1862. p. 26. (*Textor melanotis*). — — Blanf. Abyss. p. 403. — Antin. M. R. p. 122.

Im Bogos-Gebiet, in Naqfa und in den Thälern von Mensa. Scheint nicht zu wandern. Nistet zu Ende der Regenzeit, jedoch nicht in großen Gesellschaften wie H. galbula.

213. Der abessinische Webervogel, Hyphantornis habessinica (Heugl. e Gmel.).

Textor flavo-viridis, Rüpp. — Heugl. Fauna R. M. Nr. 159. — ? Brehm, Habesch, p. 217. (part.) — Finsch, Coll. Jesse, p. 261. — Blanf. Abyss. p. 403.

Wie es scheint, besucht dieser stattliche Webervogel nur auf seinen Streifzügen die Vorberge des abessinischen Küstenlandes. Während der Fortpflanzungszeit habe ich ihn niemals hier angetroffen. In Naqfa im Februar in kleinen Flügen.

214. Der Antinori'sche Webervogel, Hyphantornis dimidiata (Ant. & Salv.).

H. badia, Cass. ? — *Textor rubiginosus*, Heugl. Cab. Journ. 1862. p. 27. — Antin. M. R. p. 120. t. III.

Vielleicht nur intensiver gefärbte Form von H. badia.

Von Antinori im September ein Männchen im Hochzeits=
kleid bei Kasalah erlangt, von uns während der Regenzeit im
oberen Barkah beobachtet.

215. Der Zeisig=Webervogel, Hyphantornis luteola (Licht.).

H. chrysomelas, Heugl. Cab. Journ. 1862. p. 25. —
Finsch, Coll. Jesse, p. 262. — Blanf. Abyss. p. 404. —
Antin. M. R. p. 122.

Im Gebiet des oberen Anseba nicht selten von Mai bis
October. Die Männchen verfärben im Juni, die Nistzeit fällt
in den Juli und August. Lebt meist nur paarweise im Busch=
wald und scheint im Spätherbst zu verstreichen.

216. Der gelbstirnige Weber, Hyphantornis olivacea (Hahn).

H. aurifrons, Tem. — Heugl. Fauna R. M. Nr. 158.
— Heugl. Cab. Journ. 1862. p. 26.

Im Frühjahr in kleinen Gesellschaften in den Thälern
westlich von Majana.

217. Der Feuerfink, Euplectes franciscana (Isert).

Antin. M. R. p. 118.

Arab. Sersur ah'mar. Ameh. Maskal oder Ja Maskal Wof.

In den Büschelmaispflanzungen des Barkah. Im benach=
barten Gebirgsland nicht angetroffen.

218. Der abessinische Weberfink, Euplectes habessinica
(Heugl. e Gmel.).

Antin. M. R. p. 118.

Allgemein im centralen Abessinien. Von Antinori im
September bei Kasalah eingesammelt.

Anmerkung. Keine Art aus der Familie der Trauer-Whida's (Penthetria, Coliuspasser) wurde bis jetzt in unserem Beobachtungsgebiet gefunden. Sie werden in Tigrié 'Elet genannt.

219. **Die rothschnäblige Wittwe, Vidua principalis (Linn.).**

Heugl. Fauna R. M. Nr. 169. — Heugl. Cab. Journ. 1862. p. 28. — Brehm, Habesch, p. 217. — Finsch, Coll. Jesse, p. 265. — Blanf. Abyss. p. 408. — Antin. M. R. p. 117.

Nicht selten im Gebiet des oberen Anseba und Barkah; ob Standvogel, kann ich nicht mit Sicherheit angeben. Die Männchen legen zur Regenzeit ihr Prachtkleid an.

220. **Die östliche Paradies-Wittwe, Steganura Verreauxii (Cass.).**

Heugl. Fauna R. M. Nr. 170. — Heugl. Cab. Journ. 1862. p. 28. — Brehm, Habesch, p. 217. — Finsch, Coll. Jesse, p. 265. — Blanf. Abyss. p. 407. — Antin. M. R. p. 117.

Scheint Standvogel in den Thälern und Flächen des Samhar, im Lebka, Bogos-Gebiet und Barkah. Unfern Ain bemerkte ich zu Ende Februar alte Männchen im Prachtkleid.

221. **Der Ultramarin-Fink, Hypochera nitens (Vieill.).**

Heugl. Fauna R. M. Nr. 167. — Heugl. Cab. Journ. 1862. p. 28. — Brehm, Habesch, p. 218.

Nicht häufig in der Waldregion am Abhang der abessinischen Gebirge, im Lebka und um Keren, in den genannten Gegenden jedoch nur im Frühjahr und Hochsommer beobachtet, und zwar die Form mit grünlichem Metallglanz, während die im Flachland von Nubien und Senar vorkommende gesellschaftlich lebt und ihre Wohnung in Dörfern und Gehöften aufschlägt, und zur stahlblauen Raſſe gehört.

222. Der äthiopiſche Blutſchnabel, Hyphantica aethiopica (Sund.).

Heugl. Cab. Journ. 1862. p. 27. (*Quelea orientalis*). — Finsch, Coll. Jesse, p. 263. — Blanf. Abyss. p. 405. — Antin. M. R. p. 119.

Langt ſchaarenweiſe im Juni und Juli im Gebiet des Anſeba und am Oſt=Abhang der abeſſiniſchen Gebirge an, ver=färbt im Auguſt vom Winter= zum Hochzeitskleid und ſcheint dann weiter weſtlich zu wandern.

223. Der Sperlings=Webervogel, Philagrus superciliosus (Rüpp.).

Heugl. Cab. Journ. 1862. p. 27. — Antin. M. R. p. 119.

Scheint Standvogel im Bogos=Gebiet und oberen Barkah bis Qalabat und Senar hinüber. Niſtet während der Regen=zeit in großen, überdachten Neſtern, die im Gipfel von Dorn=bäumen angelegt werden.

224. Das Schuppenköpfchen, Sporopipes frontalis (Licht.).

Heugl. Cab. Journ. 1862. p. 27. — Antin. M. R. p. 118.

Paar= und familienweiſe im Bogos=Land, ſowie am Oſt=Abfall der abeſſiniſchen Gebirge. Von uns nur während der Regenzeit bemerkt, dürfte jedoch Standvogel ſein. Niſtet ſowohl unter Strohdächern, als in vereinzelten Dornbüſchen.

225. Das Lanzenschwänzchen, Uroloncha cantans (Gm.).

Heugl. Fauna R. M. Nr. 164. — Heugl. Cab. Journ.
1862. p. 28.— Finsch, Coll. Jesse, p. 268. — Blanf. Abyss.
p. 408. — Antin. M. R. p. 116.

Allgemein im Samhar, an den Gehängen von Menſa, im
Bogos-Land und oberen Barkah, bis Takah hinüber. Auch an
der nördlichen Somal-Küſte und im ſüdlichen Arabien. Dürfte
nicht wandern; endlich an den Brunnen von To-Kar.

226. Die Band-Amadine, Sporothlastes fasciatus (Cab.).

Heugl. Fauna R. M. Nr. 163. — Heugl. Cab. Journ.
1862. p. 28. — Antin. M. R. p. 116.

Häufig während der Sommerregen unfern Ailat und bei
Keren. Von Antinori im Januar in Dembelas beobachtet,
ebenſo im Barkah.

227. Der rothzüglige Aſtrild, Habropyga rhodopyga
(Sund.).

Estrelda leucotis, Heugl. Cab. Journ. 1862. p. 29. —
Finsch, Coll. Jesse, p. 266. — Blanf. Abyss. p. 408.

Selten im Anſeba-Gebiet. Von Blanford in Flügen in
der Gegend von Zula gefunden.

228. Der rothbärtige Aſtrild, Habropyga rufibarba
(Ehr.).

Heugl. Fauna R. M. Nr. 168.

Im Mobat-Thal und deſſen Umgebung. Wie es ſcheint,
nicht ſedentär.

14*

229.　Der Rothbürzel, Coccopyga Ernesti (Heugl.).

Heugl. Cab. Journ. 1862. p. 29. — *Estrilda Quartinia*, Blanf. Abyss. p. 409.

Zwischen August und September im Gebiet des oberen Anseba und am Nord-Abfall der Berge von Mensa; paarweise und in kleinen Gesellschaften an Bächen und buschigen Hügeln.

230.　Der Zwerg-Blutfink, Lagonosticta minima (Vieill.).

Heugl. Fauna R. M. p. 165. — Heugl. Cab. Journ. 1862. p. 29. — Brehm, Habesch, p. 217. — Finsch, Coll. Jesse, p. 267. — Blanf. Abyss. p. 409. — Antin. M. R. p. 115.

Nicht selten im Samhar, an den Abhängen der benachbarten Gebirge und um Keren. Ebenso im südlicheren Barkah. Ob Standvogel, kann ich nicht angeben. Bewohnt meist Gehöfte und Dörfer.

231.　Der rothwangige Blutfink, Lagonosticta rubricata (Licht.).

Habropyga larvata, Heugl. Cab. Journ. 1862. p. 29.

Während der Regenzeit von mir öfter in der Gegend von Keren eingesammelt, wo er paarweise im Buschwald des Hügellandes vorkommt, aber nirgends häufig ist. Wahrscheinlich auch im Frühjahr an den Gehängen des oberen Lebka.

Anmerkung. Der Wachtelfink (Ortygospiza polyzona), von Blanford bei Senafé erlangt, könnte möglicher Weise auch in unser Gebiet herüberreichen.

232.　Der Granat-Astrild, Uraeginthus phoenicotis (Swains.).

Heugl. Fauna R. M. Nr. 166. — Heugl. Cab. Journ. 1862. p. 28. — Finsch, Coll. Jesse, p. 266. — Blanf. Abyss. p. 409.

Nicht selten, gewöhnlich paar= und familienweise am Ost=
Abfall der abessinischen Gebirge, um den oberen Anseba und im
südlichen Barkah. Wohl sedentär. Nistet während der Regenzeit.

233. Die gelbe Pytelie, **Zonogastris citerior**
(Strickl.).

Heugl. Fauna R. M. Nr. 162. — Heugl. Cab. Journ.
1862. p. 29. — Finsch, Coll. Jesse, p. 267. — Blanf. Abyss.
p. 410. — Antin. M. R. p. 115.

Nur vereinzelt im Samhar, bei Keren und im oberen
Barkah, unter Buschwerk auf heißen, sandigen Flächen.

Fam. F i n k e n (Fringillidae).

234. Der kurzzehige Steinsperling, **Carpospiza brachydactyla**
(H. & Ehr.).

Heugl. Fauna R. M. Nr. 175. — Heugl. Cab. Journ.
1852. p. 31.

Im Tiefland des Samhar und den benachbarten Gehängen.
Meist auf kahleren, mit Rollsteinen bedeckten Flächen und in
Truppen von 6 bis 12 Stück beisammenlebend. Scheint nur
auf der Wanderung vorzukommen. Von Ehrenberg in den Ge=
birgen von Oonfudah in Arabien, von uns am Mareb und in
Ost=Kordofan eingesammelt.

235. Der gemeine Kehlspatz, **Gymnorhis dentata** (Sund.).

Finsch, Coll. Jesse, p. 268. — ? *Passer canicapillus*,
Blanf. Abyss. p. 412. — ? *Passer sp.*, Antin. M. R. p. 114.

Dürfte Standvogel sein. Im Bogos=Gebiet, Lebka und

am Ost-Abfall der abessinischen Gebirge, paar- und familienweise im Buschwald.

Blanford's Passer canicapillus aus dem Lebka dürfte eben-falls zu Gymnorhis dentata gehören.

236.   Der falbe Kehlspatz, Gymnorhis pyrgita (Heugl.).

Heugl. Cab. Journ. 1862. p. 30. — Finsch, Coll. Jesse, p. 269. — Blanf. Abyss. p. 413.

Sehr einzeln in den Schluchten, welche von Keren nach dem Barkah führen, im Lebka und im Schoho-Gebiet. Wohl sedentär.

Anmerkung.   Brehm führt einen rothrückigen Hausspatz, Passer rufodorsalis (Brehm), der jedoch nirgends beschrieben ist, als Bewohner von Mensa auf (Habesch, p. 218), während er denselben (ibid. p. 342) in Mocha und Aden vorkommen läßt.

237.   Der Swainson'sche Sperling, Passer Swainsonii (Rüpp.).

Heugl. Fauna R. M. Nr. 169. — Heugl. Cab. Journ. 1862. p. 30. — Brehm, Habesch, p. 218. — Finsch, Coll. Jesse, p. 269. — Blanf. Abyss. p. 411. — Antin. M. R. p. 111.

Allgemein im Samhar, an den Gehängen von Mensa, im Bogos-Land und oberen Barkah, sowohl in Dörfern als im Buschwald.

238.   Der östliche Goldspatz, Chrysospiza euchlora (Licht.).

Heugl. Fauna R. M. Nr. 172.

Zufällig auf der Wanderung im Samhar. Kommt auch in den gegenüberliegenden arabischen Gebirgen vor.

Anmerkung. Ich beobachtete im Januar bei To-Kar einige Flüge von Goldspatzen. Doch kann ich nicht mit Bestimmtheit sagen, ob diese Vögel zu Chr. euchlora oder zu Chr. lutea gehörten.

239. Der gelbsteißige Grauspatz, Poliospiza xanthopygia (Rüpp.).

Heugl. Fauna R. M. Nr. 174. — Finsch, Coll. Jesse, p. 270. — Blanf. Abyss. p. 413.

Am Ost-Abhang der abessinischen Gebirge und im Anseba-Gebiet.

240. Der dreistreifige Grauspatz, Poliospiza tristriata (Rüpp.).

Heugl. Fauna R. M. Nr. 173. — Heugl. Cab. Journ. 1862. p. 31. — Blanf. Abyss. p. 413.

In Naqfa, am Ost-Abhang der abessinischen Gebirge und im Bogos-Land.

241. Der weißbürzlige Zeisig, Crithagra leucopygia (Sund.).

Heugl. Cab. Journ. 1862. p. 31.

Einzeln unfern Keren und im oberen Barkah. Häufiger um den oberen Atbarah bis zum Blauen Nil hinüber.

242. Der gestrichelte Zeisig, Crithagra striolata (Rüpp.).

Heugl. Cab. Journ. 1862. p. 31. — Brehm, Habesch, p. 219. — Finsch, Coll. Jesse, p. 270. — Blanf. Abyss. p. 413.

In Naqfa schaarenweise, ebenso allgemein im Mobat-Thal, um das Dedem-Gebirge, sowie im Lebka, an den Nord-Abfällen von Mensa und im Bogos-Land.

Anmerkung. In den Bergen der Beni Amer bemerkte ich öfter einen gimpelartigen Vogel, von röthlich-isabellgelber Färbung. Er zeigte sich gesellschaftlich auf buschlosem Terrain, zwischen Rollsteinen und zartem, dürrem Gras, war ziemlich schüchtern und ließ im Auffliegen einen kurzen, etwas flötenden Lockton vernehmen. Ob Carpodacus oder Bucanetes?

Fam. Ammern (Emberizidae).

243. Die graue Ammer, Emberiza cinerea (Strickl.).

Dieser in Kleinasien heimische Vogel besucht auf seinen Zügen das Bogos-Gebiet, wo wir im Herbst 1861 ein Exemplar einsammelten, das jetzt im Museum zu Braunschweig aufbewahrt wird. Es ist ein junges Männchen.

244. Die Garten-Ammer, Emberiza hortulana (Linn.).

Heugl. Cab. Journ. 1862. p. 30.

Wohl nur den Winter über, stellenweise recht häufig in unserem ganzen Beobachtungsgebiet; namentlich um Torrenten, sowohl im Gebirg als im Flachland.

245. Die rothbärtige Ammer, Emberiza caesia (Cretschm.).

Wie die vorhergehende Art. Ohne Zweifel auch nur als Zugvogel im Herbst, Winter und Frühjahr.

246. Die gelbbäuchige Ammer, Fringillaria flaviventris (Vieill.).

Finsch, Coll. Jesse, p. 270. — Blanf. Abyss. p. 411. — Antin. M. R. p. 113. — Heugl. Cab. Journ. 1862. p. 30.

Wahrscheinlich nur Sommergast in den Bergen am oberen Anseba und im südlichen Barkah. Nach Antinori im Djerid im Süden von Tunis vorkommend.

247. Die siebenstreifige Ammer, Fringillaria septemstriata (Rüpp.).

Brehm, Habesch, p. 218. — Blanf. Abyss. p. 410. — Antin. M. R. p. 113. — Heugl. Fauna R. M. Nr. 176. — Heugl. Cab. Journ. 1862. p. 30.

Häufig am Abfall der Berge von Mensa, im Mobat-Thal, um Keren und im oberen Barkah, sowohl im Buschwald und an Regenstrombetten, als um Gärten und Wohnungen. Dürfte nicht wandern.

Anmerkung. Ich beobachtete die gestrichelte Ammer (Fringillaria striolata) hin und wieder im Gebiet der Bischarin, auch in den Bergen der Beni Amer und Habab glaube ich diese Art gesehen zu haben. C. striolata wurde von Jesse auch in der Gegend von Senafié erlangt (Finsch, Coll. Jesse, p. 270).

Fam. Lerchen (Alaudidae).[1]

248. Die gemeine Haubenlerche, Galerita cristata (Linn.).

Finsch, Coll. Jesse, p. 272. — Blanf. Abyss. p. 387. (c. syn. *G. lutea*, Brehm). — Heugl. Fauna R. M. Nr. 179.

Allgemein im Küstenland und den benachbarten Vorbergen; weniger häufig im Gebirg. Scheint zum großen Theil Standvogel. Auf den Inseln bei Suakin sangen die Männchen schon recht fleißig im Monat Januar. Auch auf Dahlak, wo diese Art im Mai und Juni nistet.

---

[1] Die Lerchen heißen auf Arabisch Qonbar oder Qumber.

249. Die abessinische Haubenlerche, Galerita habessinica (Rüpp.).

? *G. abyssinica*, Brehm, Habesch, p. 218.

Nach Brehm in Mensa und den benachbarten Gebirgs=
abfällen.

250. Die gelbliche Haubenlerche, Galerita flava (Brehm).

? *G. lutea*, Brehm, Habesch, p. 218.

Nach Brehm im Samhar.

251. Die Blanford'sche Haubenlerche, Galerita praetermissa
(Blanf.).

Blanf. Abyss. p. 388. t. IV. — Antin. M. R. p. 111.

Nach Blanford allgemein um Senafié. Von Antinori in
Dembelas eingesammelt.

252. Die kurzzehige Lerche, Calandritis brachydactyla (Leisl).

Brehm, Habesch, p. 219. — Blanf. Abyss. p. 389. —
Heugl. Fauna R. M. Nr. 180.

Auf der Wanderung im Herbst, Winter und Frühjahr
schaarenweise im Tiefland. Wahrscheinlich kommt hier auch
Calandritis macroptera vor, welche Art Dr. Klunzinger bei
Koseïr erlangte.

253. Die rostköpfige Lerche, Calandritis cinerea (Lath.).

Antin. M. R. p. 111. — *A. ruficeps*, Rüpp.

Häufig auf den Gebirgen von Mensa, am Taranta und in
ganz Habesch. Von Antinori in Dembelas eingesammelt.

254. Die Andersson's-Lerche, Calandritis Anderssonii (Tristr.).

Blanf. Abyss. p. 389.

Von Blanford schaarenweise in der Gegend von Senafié beobachtet.

255. Die Wüstenlerche, Ammomanes lusitana (Gmel.).

Brehm, Habesch, p. 218. (*A. deserti*). — Finsch, Coll. Jesse, p. 272. — Blanf. Abyss. p. 390. — Heugl. Fauna R. M. Nr. 178.

Vereinzelt im Sahel zwischen Suakin und Masaua. Wohl Standvogel.

Möglich, daß auch A. pallida sich hier finde.

256. Die zweibindige Wüstenlerche, Alaemon desertorum (Stanl.).

Blanf. Abyss. p. 385. — *A. Jessei*, Finsch, Coll. Jesse, p. 273. — Heugl. Fauna R. M. Nr. 183.

Nicht häufig längs des ganzen Küstenlandes südwärts bis zum Golf von Aden. Auch auf einigen Inseln des Rothen Meeres habe ich diese Art gesehen.

257. Die schwarznackige Gimpellerche, Coraphites melonauchen (Cab.).

Pyrrhullauda crucigera, Brehm, Habesch, p. 219. — Finsch, Coll. Jesse, p. 275. t. XXVI. — Blanf. Abyss. p. 390. — *C. nigriceps*, Heugl. Fauna R. M. Nr. 185. — Antin. M. R. p. 112.

Schaarenweise im Küstenland und auf Inseln von Suakin südwärts bis zum Bab el Mandeb.

258. Die weißstirnige Gimpellerche, Coraphites albifrons (Sund.).

C. frontalis, Licht. — Blanf. Abyss. p. 391.

Nach Antinori und Blanford im Küstenland von Masaua und in der Bucht von Adulis. Nicht selten in Kordofan.

259. Die weißohrige Gimpellerche, Coraphites leucotis (Stanl.).

Blanf. Abyss. p. 292. — Heugl. Fauna R. M. Nr. 184.

Seltener als die vorhergehenden Arten im Küstenland, allgemein aber in Takah und Ost-Senar, westwärts bis Dongola.

Fam. Pisangfresser (Musophagidae).

260. Der weißohrige Helmvogel, Turacus leucotis (Rüpp.).

Brehm, Habesch, p. 219. — Finsch, Coll. Jesse, p. 276. — Blanf. Abyss. p. 316. — Antin. M. R. p. 51.

Amch. Sōrit. Tigr. Saqen.

Im ganzen abessinischen Tiefland; ebenso im Thal des Anseba und in den Schluchten des oberen Barkah. Besucht mit Vorliebe Sykomoren-Bäume. Ist wohl Standvogel und lebt familienweise, gewöhnlich auf 2500 bis 6000 Fuß Meereshöhe.

261. Die Guguka, Schizorhis zonoura (Rüpp.).

Brehm, Habesch, p. 219. — Finsch, Coll. Jesse, p. 277. — Blanf. Abyss. p. 316. — Antin. M. R. p. 52.

Aethiopisch Guguka.

In den Thälern am Ost- und Nord-Abfall von Mensa, nordwärts bis in den Lebka, ebenso im oberen Anseba und oberen Barkah allgemein. Scheint nicht zu wandern.

Fam. Mäuſevögel (Coliidae).

262. Der weißohrige Mäuſevogel, Colius leucotis (Rüpp.).

Brehm, Habesch, p. 219. — Finsch, Coll. Jesse, p. 276.
— Blanf. Abyss. p. 317. — Antin. M. R. p. 53.

Tigriſch Bela Ŝebti.

An den Bergen von Menſa und um Keren ſehr häufig,
auf Feigenbäumen, im Tundab= und Akaziengebüſch meiſt in
kleinen Geſellſchaften. Wohl Standvogel.

263. Der langſchwänzige Mäuſevogel, Colius macrourus (Linn.).

Finsch, Coll. Jesse, p. 275. — Blanf. Abyss. p. 318.
— Antin. M. R. p. 53.

Mehr im Tiefland als die vorhergehende Art; nordwärts
bis in die Berge der Beni Amer; auch bei Keren und in der
Umgegend von Maſaua. Lebt in kleinen Flügen beiſammen und
wandert nicht.

Fam. Ochſenhacker (Buphagidae).

**264. Der rothſchnäblige Ochſenhacker, Buphaga erythrorhyncha
(Stanl.).**

Amch. Areŝ. Tigriſch Tŝernā.

Heugl. Fauna R. M. Nr. 154. — Brehm, Habesch, p.
217. — Blanf. Abyss. p. 301. — Antin. M. R. p. 124.

Sehr häufig im Tiefland Scheb und in den benachbarten
Thälern, nordwärts bis an den Süd=Abhang von Naqfa beobach=
tet. Namentlich um Ortſchaften und Viehparke. Geſellt ſich
ſowohl zu Rinderheerden, als zu Kameelen, Pferden und Maul=

thieren. Wandert nicht, zieht jedoch mit den Heerden, welche je nach dem Mangel oder Ueberfluß von Futter ihre Weideplätze wechseln, im Land herum.

Fam. Nashornvögel (Bucerotidae).[1]

265. Der rothschnäblige Tock, Buceros erythrorchynchus (Tem.).

Heugl. Fauna R. M. Nr. 190. — Brehm, Habesch, p. 220. — Finsch, Coll. Jesse, p. 278. — Blanf. Abyss. p. 328. — Antin. M. R. p. 154.

Familienweise in buschigen und waldigen Thälern nordwärts bis zu den Bergen der Beni Amer. Sehr häufig in den Schluchten um Masaua und der Bucht von Abulis, im Lebka, bei Keren und im oberen Barkah, jedoch nicht hoch in die Gebirge ansteigend.

266. Der gelbschnäblige Tock, Buceros flavirostris (Rüpp.).

Heugl. Fauna R. M. Nr. 191. — Finsch, Coll. Jesse, p. 278. — Blanf. Abyss. p. 327.

In Familien um Brunnen und kleine Bäche im Schoho-Gebiet und in den Thälern um das Oedem-Gebirg.

267. Der Nasen-Tock, Buceros nasutus (Linn.).

Heugl. Fauna R. M. Nr. 189. — Brehm, Habesch, p. 219. — Finsch, Coll. Jesse, p. 277. — Blanf. Abyss. p. 329. — Antin. M. R. p. 55.

---

[1] Die Nashornvögel heißen arabisch Abu Tök, tigrisch Kutu.

Nicht selten und oft gemeinschaftlich mit B. erythrorhynchus im oberen Barkah, um den Anseba und in den Thälern des Samhar.

268. Der Hemprich's-Tock, Buceros Hemprichii (Ehr.).

Brehm, Habesch, p. 220. (*B. limbatus*). — Finsch, Coll. Jesse, p. 279. — Blanf. Abyss. p. 326.

An den Gehängen von Mensa und um den Taranta-Paß. Nicht unter 5000 bis 6000 Fuß Meereshöhe.

269. Der Hornrabe, Bucorvus habessinicus (Heugl. e Gmel.).

Brehm, Habesch, p. 220. — Finsch, Coll. Jesse, p. 279. — Blanf. Abyss. p. 330. — Antin. M. R. p. 57.

Amch. Aba Gamba und Erkum oder Herkum. Arab. Abu Qarn, auch Abu Turtūr.

Im Mobat-Thal, am oberen Anseba und im oberen Barkah meist paarweise auf Viehweiden und Ackerfeldern. Die Paarungs= zeit scheint in den September zu fallen. Dann vernimmt man häufig den eigenthümlichen dumpfen Ruf dieses Nashornvogels.

Ord. Klettervögel (Scansores).

Fam. Papageien (Psittacidae).[1]

270. Der Halsband=Sittich, Palaeornis torquata (Bodd.).

Heugl. Fauna R. M. Nr. 192. — Heugl. Cab. Journ. 1862. p. 37. — Brehm, Habesch, p. 220. — Finsch, Coll.

---

[1] Die Papageien heißen auf Arab. Babaχān und Dūrah. Tigr. H'ansai. Amch. Donkoro oder Donqoro.

Jesse, p. 280. — Blanf. Abyss. p. 305. — Antin. M. R. p. 41.

Nicht selten paarweise und in kleinen Gesellschaften in den Thälern am Ailat, bei Keren und im oberen Barkah, auf 1500 bis 4500 Fuß Meereshöhe. Nistet während der Regenzeit, rottet sich später zusammen und verstreicht da und dorthin, je nachdem eine Oertlichkeit reichlichere Nahrung, namentlich an Baumfrüchten bietet.

271. Der Meyer's-Papagei, Pionias Meyerii (Cretschm.).

Heugl. Fauna R. M. Nr. 193. — Heugl. Cab. Journ. 1862. p. 37. — Finsch, Coll. Jesse, p. 280. — Blanf. Abyss. p. 304. — Antin. M. R. p. 40.

Bewohnt ungefähr dieselben Localitäten, wie der Halsband-Sittich. Häufig im Lebka und den Thälern von Mensa, ebenso am oberen Anseba, meist in kleinen Flügen beisammenlebend und von sehr lärmendem Wesen. Frißt auch sehr gerne das Mark der Früchte von Adansonia digitata, sowie die Samen von Cassia.

272. Der Taranta, Agapornis Tarantae (Stanl.).

Heugl. Fauna R. M. Nr. 195. — Heugl. Cab. Journ. 1862. p. 37. — Finsch, Coll. Jesse, p. 281. — Blanf. Abyss. p. 304.

Dieser Zwergpapagei ist Gebirgsvogel und kommt meist zwischen 5000 und 9000 Fuß Meereshöhe vor, so am Taranta-Paß, an den Pässen von Mensa, um den Tsad Amba. Auch in Ragfa habe ich ihn gefunden. Lebt paarweise und in kleinen Gesellschaften, namentlich auf Kronleuchter-Euphorbien und Oelbäumen. Seine Stimme gleicht sehr derjenigen von Agapornis pullaria. Die Nahrung besteht vorzüglich in Gesäme, doch frißt der Vogel auch Beeren, selbst die von Juniperus.

Fam. Bartvögel (Capitonidae).

273. Der Salt'sche Bartvogel, Pogonorhynchus habessinicus (Heugl. e Lath.).

Heugl. Cab. Journ. 1862. p. 36. *(P. Saltii).* — Brehm, Habesch, p. 220. — Finsch, Coll. Jesse, p. 281. — Blanf. Abyss. p. 309. — Antin. M. R. p. 42.

Nicht selten im Mobat-Thal und an den benachbarten Gehängen, sowie im Gebiet des oberen Anseba. Sowohl im Gebüsch als auf Hochbäumen und meist paarweise vorkommend.

274. Der gewellte Bartvogel, Pogonorhynchus undatus (Rüpp.).

Heugl. Cab. Journ. 1862. p. 36. — Finsch, Coll. Jesse, p. 282. — Blanf. Abyss. p. 310. — Antin. M. R. p. 43.

Im Bogos-Gebiet und an den Ost-Abfällen des abessinischen Hochlandes auf 4000 bis 7000 Fuß Meereshöhe. Ziemlich vereinzelt im Buschwald und in Gebirgsschluchten.

275. Der gelbe Bartvogel, Pogonorhynchus Vieilloti (Leach).

Heugl. Cab. Journ. 1862. p. 36. — Antin. M. R. p. 42.

Einzeln im Anseba-Thal. Häufiger im benachbarten Barkah und im Tiefland von Takah.

276. Der schwarzköpfige Bartvogel, Pogonorhynchus melano-cephalus (Rüpp.).

Heugl. Fauna R. M. Nr. 196. — Heugl. Cab. Journ. 1862. p. 36. — Blanf. Abyss. p. 310. — Antin. M. R. p. 43.

Nur auf das Küstengebiet des Rothen Meeres zwischen dem 17. und 14. Grad nördl. Br. beschränkt, zeigt sich übrigens seltener im Flachland als in den Vorbergen und den benachbarten Gebirgsschluchten. Von Antinori am oberen Anseba und bei Keren eingesammelt, von mir noch im Falfat.

277. Der rothbürzlige Zwerg-Bartvogel, Barbatula uropygialis (Heugl.).

Heugl. Cab. Journ. 1862. p. 37. — Antin. M. R. p. 43. Abessinisch Raaria: Antinori.

Paarweise in vereinzelten Buschgruppen im Bogos-Gebiet. Meist paarweise. Läßt im Juli und August auf niedrigen Gipfeln seinen ungemein lauten Paarungsruf vernehmen und scheint in selbstgegrabenen Baumhöhlen zu nisten.

278. Der Dumont'sche Zwerg-Bartvogel, Barbatula pusilla (Dumont).

Finsch, Coll. Jesse, p. 282. — Blanf. Abyss. p. 311.

Jesse und Blanford haben diese Art im Lebta-Thal, im Anseba-Gebiet und um Senafié allgemein gefunden. Der Flügel und Schnabel der nordöstlichen Rasse oder Form ist kürzer, auch in der Färbung zeigen sich einige, wenn auch unbedeutende, so doch constante Abweichungen, so daß wir die nordöstliche Form wohl wenigstens als bestimmte locale Varietät (B. pusilla orientalis) trennen müssen.

279. Der Perlvogel, Trachyphonus margaritatus (Cretschm.).

Heugl. Fauna R. M. Nr. 197. — Heugl. Cab. Journ.
1862. p. 37. (bis). — Brehm, Habesch, p. 221. — Finsch,
Coll. Jesse, p. 281. — Blanf. Abyss. p. 311. — Antin. M.
R. p. 44.

Sehr allgemein im Samhar, Bogos-Gebiet und Barkah,
auch in Naqfa (5500 Fuß Meereshöhe) noch beobachtet. Nistet
in tiefen Erdhöhlen in den Böschungen der Torrenten und legt
4 bis 5 glänzend weiße Eier. Die Brutzeit fällt in den Juni
bis August. Lebt meist in kleinen Familien, die wohl etwas
schwerfällig von Zweig zu Zweig der Gebüsche schlüpfen, aber
namentlich zur Paarungszeit ihren lauten und eigenthümlichen
Ruf weithin erschallen lassen.

Fam. Kukuke (Cuculidae).

280. Der graue Kukuk, Cuculus canorus (Linn.).

Heugl. Cab. Journ. 1862. p. 35. — Heugl. Fauna R.
M. Nr. 205. — Finsch, Coll. Jesse, p. 286. — Blanf. Abyss.
p. 312.

Namentlich während der Herbstwanderung in unserem Beobachtungsgebiet, und zwar von Mitte August an. Auch auf die
Inseln des Rothen Meeres sich verstreichend.

281. Der erzgrüne Kukuk, Cuculus clamosus (Lath.).

C. chalybaeus, Heugl. p. 34. — Antin. M. R. p. 48.

Im Anseba-Thal unfern Keren im Juli, August und September nicht eben selten auf Hochbäumen; Stimme höchst eigenthümlich pfeifend und vielsilbig. Scheint zu wandern.

15*

282. Der weißbäuchige Goldkukuk, Chrysococcyx cupreus (Bodd.).

Heugl. Fauna R. M. Nr. 207. — Heugl. Cab. Journ.
1862. p. 36. — Finsch, Coll. Jesse, p. 286. — Blanf. Abyss.
p. 313. — Antin. M. R. p. 46.

Ziemlich häufig im Gebiet des oberen Anseba zwischen den
Monaten Juni und September. Halbflügge Junge sahen wir
im August auf Büschen, Hecken und Zäunen in der Nähe von
Keren. Einzeln auch im Mobat-Thal.

283.   Der Klaas'sche Goldkukuk, Chrysococcyx Claasii
(Cuv., Steph.).

Heugl. Fauna R. M. Nr. 206. — Heugl. Cab. Journ.
1862. p. 36. — Blanf. Abyss. p. 314. — Antin. M.
R. p. 47.

Wie der vorhergehende, doch weniger häufig. Zu Ende
Februar im Lebka und Hedai-Thal. Im Magen eines der Erlegten fand ich ausschließlich Käfer.

284. Der Smaragdkukuk, Chrysococcyx smaragdineus (Strickl.).

Heugl. Cab. Journ. 1862. p. 35.

Tigrisch Hasama H'eremdai (d. i. der Vogel der Regenzeit).

Nicht häufig während der Sommerregenzeit im oberen
Anseba-Thal und seiner Umgebung, im Buschwald und auf Hochbäumen, aus deren Laubdach die Männchen ihren flötenden Lockton und Paarungsruf hören lassen.

285.   Der Heherkukuk, Coccytes glandarius (Linn.).

Heugl. Cab. Journ. 1862. p. 34. — Heugl. Fauna R.
M. Nr. 204. — Antin. M. R. p. 48.

Sehr einzeln im Bogos-Land und im Samhar beobachtet, namentlich während und nach der Regenzeit. Scheint demnach nicht sedentär.

286. Der Ebolio, Oxylophus atei (Licht.).

Heugl. Cab. Journ. 1862. p. 34. — Finsch, Coll. Jesse, p. 285. — Blanf. Abyss. p. 312. — Antin. M. R. p. 49.

Im Hügelland des Samhar und im Gebiet des oberen Anseba, zwischen Juni und October. Im August gab es halb-gewachsene Junge. Ziemlich allgemein, namentlich auf Hoch-bäumen um die Ufer der Wildbäche.

287. Der Elsterkukuk, Oxylophus jacobinus (Bodd.).

O. serratus, Heugl. Cab. Journ. 1862. p. 34. — Finsch, Coll. Jesse, p. 286. — Blanf. Abyss. p. 313. — Antin. M. R. p. 49.

Wie der vorhergehende, nach meinen Beobachtungen übrigens weniger häufig.

288. Der kleine Spornkukuk, Centropus superciliosus (Rüpp.).

Heugl. Fauna R. M. Nr. 203. — Heugl. Cab. Journ. 1862. p. 33. — Brehm, Habesch, p. 221. — Finsch, Coll. Jesse, p. 284. (part.) — Blanf. Abyss. p. 315. — Antin. M. R. p. 50.

Ziemlich allgemein im Samhar, Lebka und im oberen An-seba-Gebiet, niemals in Gesellschaft mit C. monachus, mit dem der kleine Spornkukuk öfter verwechselt worden ist. Lebt nament-lich im hohen, mit Schlingpflanzen dicht durchwobenen Gebüsch

der Ufer von Torrenten, zumeist paarweise und in kleinen Fa=
milien. Wahrscheinlich auch in Takah. In Nubien nordwärts
bis Ambukol.

289. **Der Mönchs=Spornkukuk, Centropus monachus (Rüpp.).**

Heugl. Cab. Journ. 1862. p. 33. — Finsch, Coll. Jesse,
p. 284. (part.)

Arab. Abu-Burbūr. Tigr. Dadié.

In Mensa unfern Debra=Sina. Allgemein im abessinischen
Hochland zwischen 3000 und 8000 Fuß Meereshöhe, sowie an
den Torrenten um den oberen Atbarah, doch mehr auf Hoch=
bäumen und im Schilf, als im dichten Gebüsch. Klettert sehr
gewandt, oft kopfabwärts an Stämmen hinunter, kommt aber
auch viel auf die Erde, wo der Mönchskukuk gern unter Gestrüpp
und zwischen Wurzeln umherläuft.

290. **Der weißschnäblige Honigkukuk, Indicator Sparrmannii
(Steph.).**

Heugl. Cab. Journ. 1862. p. 33. — Finsch, Coll. Jesse,
p. 286. — Blanf. Abyss. p. 307. — Antin. M. R. p. 46.

Während der Regenzeit sehr einzeln im Mobat=Thal und
seiner Umgebung, im Lebka und um den oberen Anseba. Auch
in der Nähe des Tsad Amba noch zu Ende Septembers gesehen.
Alle Honigkukuke führen ein stilles, zigeunerartiges Leben im
dichten Gebüsch und in den Kronen der höheren Bäume. Ihre
unscheinbare Größe und Farbe verräth sie selten, aber das zischende
Geschrei macht bald auf ihre Anwesenheit in einer Gegend auf=
merksam. Die Nahrung besteht bekanntlich in Bienenlarven,
Honig und Wachs, doch nehmen sie im Nothfall auch mit anderen
Insecten vorlieb.

291. Der kleine Honigkukuk, Indicator minor (Steph.).

Heugl. Fauna R. M. Nr. 202. — Heugl. Cab. Journ.
1862. p. 33. — Brehm, Habesch, p. 221. — Finsch, Coll.
Jesse, p. 287. — Blanf. Abyss. p. 307.

Selten zur Regenzeit. Von Jesse in Waliko am Anseba
im Juli eingesammelt.

Die Honigkukuke heißen tigrisch Kerkerié und H'arh'arēt.

Fam. Spechte (Picidae.)

292. Der nubische Specht, Picus (Campothera) nubicus (Gm.).

Heugl. Cab. Journ. 1862. p. 37. (*P. aethiopicus*).
— Finsch, Coll. Jesse, p. 283. — Blanf. Abyss. p. 305. —
Antin. M. R. p. 45.

Im Samhar, Bogos-Gebiet und an den Gehängen von
Mensa. Nordwärts bis in das Hedai-Thal und Naro beobachtet.

Anmerkung. In den Bogos-Ländern sammelte ich einen
weiblichen Specht ein, welcher dem P. nubicus sehr ähnlich, aber
kleiner und doch etwas verschieden gezeichnet ist. Vielleicht eine
noch unbeschriebene Art. Das Männchen kenne ich leider nicht.
Vergl. Heugl. Orn. N.-O.-Afr. I. 2. p. 812.

293. Der Hemprich's-Specht, Picus (Dendrobates) Hemprichii
(Rüpp.).

Heugl. Cab. Journ. 1862. p. 37. — Brehm, Habesch,
p. 221. — Finsch, Coll. Jesse, p. 284. — Blanf. Abyss.
p. 306.

Meist paarweise am Ost-Abfall der abessinischen Gebirge,
im Lebka und Anseba-Thal sowie im Bogos-Land.

294. Der Maus-Specht, Picus (Ipophilus) murinus
(Sund.).

Sehr einzeln von uns im Bogos-Gebiet aufgefunden und
zwar während der Sommerregenzeit. Ich halte diese Form
für specifisch verschieden von Picus obsoletus, den ich häufig im
Gebiet des oberen Weißen Nil zu beobachten Gelegenheit hatte,
während P. murinus weiter nordöstlich wohnt. Beide Arten
kommen nicht gemeinschaftlich vor.

295. Der Wendehals, Junx torquilla (Linn.).

Heugl. Cab. Journ. 1862. p. 38. — Heugl. Fauna R.
M. Nr. 201. — Antin. M. R. p. 45.

Besucht einzeln auf seinen Wanderungen das Küstenland
und das Bogos-Gebiet, sowie Abessinien.

Ord. Tauben (Columbae).

Fam. Columbidae.

296. Die Papagei-Taube, Treron habessinica (Heugl. e Lath.).

Brehm, Habesch, p. 221. — Finsch, Coll. Jesse, p.
288. — Blanf. Abyss. p. 418. — Antin. M. R. p. 129.

Tigr. Hamhamo. Amh. Wālié. Die Tauben im Allgemeinen arab. H'amām.

Schaarenweise auf dicht belaubten Hochbäumen, namentlich auf
Feigen und Sykomoren, in der Waldregion auf 1000 bis 7000 Fuß
Meereshöhe. Nährt sich vorzüglich von Früchten und führt keine
sehr sedentäre Lebensweise. Den 16. Grad nördl. Br. wohl
nicht überschreitend.

297. Die Guinea=Taube, Columba guineensis (Briss.).

Brehm, Habesch, p. 222. — Finsch, Coll. Jesse, p. 288.
— Blanf. Abyss. p. 415. — Antin. M. R. p. 130.

Tigr. Erqui. Amch. 'Ergeb.

Nicht selten um den oberen Anseba und im Lebka, sowie auf
den Bergen von Mensa, wohl auch im Barkah, sowohl auf
Hochbäumen in der Waldregion, als auf Felsen, in Ruinen und
abessinischen Kirchen.

Anmerkung. Brehm (Habesch, p. 221) führt die
Felsentaube (C. livia, var. glauconotus) als in Mensa vorkom=
mend auf. Doch wurde der betreffende Vogel nicht erlegt und
konnte somit nicht mit Sicherheit die Art bestimmt werden.
Möglicher Weise erscheint dagegen die abessinische Rasse der
Schnarrtaube (C. arquatrix), welche in der Gegend von Halai
und Dikkan heimisch ist, in den Bergen von Mensa. C. albi-
torques fand ich noch im nördlichen Tigrié, Jesse bei Senafié.

298. Die Halsband=Lachtaube, Turtur semitorquatus (Rüpp.).

Brehm, Habesch, p. 222. — Blanf. Abyss. p. 416. —
Antin. M. R. p. 131.

Die Turteltauben heißen auf Arabisch G'imri und Qimri.

Ungemein zahlreich längs der Wildbäche von Naqfa, am
Anseba und im unteren Lebka, stets in der Nähe von fließenden
Gewässern. Die Stimme der Männchen klingt ungemein rauh
und schnarrend. Nistet während der Regenzeit.

299. Die blasse Lachtaube, Turtur decipiens (Finsch & Hartl.).

T. semitorquatus, Heugl. Fauna R. M. Nr. 208. (part.)
Viel seltener als die vorhergehende und ausschließlich mehr

auf trockenem, sandigem Boden des Tieflandes bis auf 3000 Fuß Meereshöhe. So im Falkat und Aqra und im Buschwald der Flächen von Scheb. Meist nur paarweise vorkommend.

300. Die weißbäuchige Lachtaube, Turtur albiventris (Gray).

Brehm, Habesch, p. 222. (*T. risorius*). — Finsch, Coll. Jesse, p. 289. — Blanf. Abyss. p. 417. — Antin. M. R. p. 131. (*Streptopelia barbara*).

Nicht gerade häufig im Samhar, Lebka und bei Keren, ohne Zweifel auch im oberen Barkah. Sehr gemein dagegen in den Steppen von Ost-Senar.

301. Die egyptische Lachtaube, Turtur senegalensis (Linn.).

Heugl. Fauna R. M. Nr. 209. — Brehm, Habesch, p. 222. — Finsch, Coll. Jesse, p. 290. — Blanf. Abyss. p. 417. — Antin. M. R. p. 131.

Um Suakin und To-Kar um Brunnengruben. Nicht selten im Samhar in den Gärten von Mekulu, in Naqfa, Naro und bei Keren, ebenso im Barkah.

302. Die gemeine Turteltaube, Turtur auritus (Ray).

Antin. M. R. p. 130.

Zur Zugzeit im Küstenland des Rothen Meeres.

303. Die metallfleckige Lachtaube, Chalcopheleia afra (Linn.).

Heugl. Fauna R. M. Nr. 211. — Brehm, Habesch, p. 222. — Finsch, Coll. Jesse, p. 290. — Blanf. Abyss. p. 417.

Vom Thal von Naro an südwärts im Tiefland sowie an

den Gehängen von Mensa und um den oberen Anseba. Meist paarweise im Buschwald. Treibt sich auch viel auf der Erde herum.

304. Die Kap-Zwergtaube, Oena capensis (Linn.).

Heugl. Fauna R. M. Nr. 212. — Brehm, Habesch, p. 222. — Finsch, Coll. Jesse, p. 290. — Blanf. Abyss. p. 418. — Antin. M. R. p. 132.

Arab. Om Belēmeh.

Im Tiefland und zwischen den Vorbergen vom 16. Grad nördl. Br. südwärts. Auch nicht selten um Keren. Sehr zahlreich um Mekulu und bei Arkiko. Von Antinori auch in der Gegend von Aden aufgefunden.

Ord. Hühnervögel (Gallinae).

Fam. Sandhühner (Pteroclidae).[1]

305. Das egyptische Sandhuhn, Pterocles exustus (Tem.).

Heugl. Fauna R. M. Nr. 222. — Finsch, Coll. Jesse, p. 291. — Blanf. Abyss. p. 419. — Antin. M. R. p. 132.

In den Niederungen der Gegend von Masaua, namentlich um Torrenten; ebenso im unteren Lebka. Gewöhnlich in Flügen von 3 bis 8 Stück beisammenlebend.

306. Das gestreifte Sandhuhn, Pterocles Lichtensteinii (Tem.).

Heugl. Fauna R. M. Nr. 224. — Brehm, Habesch, p. 223. — (*Pt. quadricinctus*). — Finsch, Coll. Jesse, p. 291. — Blanf. Abyss. p. 419. — Antin. M. R. p. 133.

---

[1] Die Sandhühner heißen arab. Qaṭā. Tigr. Boqboq und Bōbō.

An Regenstrombetten, so im Falkat, in Naro, am Anseba und Barkah und in den Niederungen der Küste südwärts bis ins Somal-Gebiet. Abends und Morgens in ungeheuren Schaaren an Wasserplätzen einfallend und oft noch bis in die späte Nacht in Bewegung. Ueber Tag mehr im Wüstenland und an Gehängen, wo vieles Geröll liegt, sich herumtreibend.

307. Das Busch-Sandhuhn, Pterocles tricinctus (Swains.).

Heugl. Fauna R. M. Nr. 224. (not.)

Nur in der Waldregion, stets einzeln und in kleinen Familien zwischen Rollsteinen, Gras und Buschwerk. Auf 1000 bis 4000 Fuß Meereshöhe. Nirgends häufig, aber hin und wieder im oberen Barkah und am Anseba vorkommend.

308. Das große Sandhuhn, Pterocles gutturalis (Smith).

Heugl. Fauna R. M. Nr. 224. (not.) — Blanf. Abyss. p. 421.

In kleinen Flügen auf Stoppelfeldern um die Quellen des Anseba. Standorte in Abessinien zwischen 5000 und 7000 Fuß Meereshöhe.

Fam. Perlhühner (Meleagridae).

309. Das nubische Perlhuhn, Numida ptilorhyncha (Licht.).

Heugl. Fauna R. M. Nr. 213. — Brehm, Habesch, p. 222. — Finsch, Coll. Jesse, p. 291. — Blanf. Abyss. p. 421. — Antin. M. R. p. 137.

Arab. Didjädj el Wadi. Amch. Zegra. Tigr. Hagul. Belen Jegranić.

Ungemein häufig in den Gebirgen und deren Verzweigungen, ja selbst an mit Büschen bestandenen Regenströmen des Sahel. Von Sauakin südwärts. Im Gebirg bis 8000 Fuß hoch ansteigend. Meist in Ketten von 6 bis 10 Stück, die sich jedoch im Herbst und Winter in ungeheure Flüge zusammenschaaren.

Fam. Waldhühner (Tetraonidae).

310. Das afrikanische Felshuhn, Ptilopachys ventralis.

Antin. M. R. p. 136.

Tigr. Derh'o Moqua.

In kleinen Gesellschaften in der Waldregion zwischen 1500 und 10000 Fuß Höhe. Vorzugsweise an felsigen Plätzen, so an den Gehängen von Mensa, bei Keren, am Tsad-Amba und in den Schluchten um den Taranta.

Die Falzzeit fällt in die Monate Juli, August und September. Dann kämpfen die Hähne unter heftigem Geschrei auf besonderen kleinen Plätzen zwischen Gebüsch und Felsen.

Das afrikanische Felshuhn hält sich, wenn die Ketten nicht auf Aetzung ausgehen, beständig zwischen Trümmergestein auf, in welchem die einzelnen Vögel sich ungemein rasch und gewandt zu verstecken wissen; dieselben fliegen nur, wenn man sie auf offenen Stellen überrascht, auf, fallen aber sogleich wieder ein und suchen durch Laufen und Niederdrücken der Gefahr zu entgehen.

Nur bei sehr heftigem Thau oder nach starken Regengüssen bäumen sie auch zuweilen; ein Aehnliches findet hier und da statt, wenn vereinzelte Glieder der Kette vom Vorstehhund aufgestöbert werden

311. Das Erckel'sche Frankolin, Francolinus Erkelii (Rüpp.).

Heugl. Fauna R. M. Nr. 215. — Brehm, Habesch, p. 223. — Finsch, Coll. Jesse, p. 293. — Blanf. Abyss. p. 423. — Antin. M. R. p. 134.

Tigr. Qŏqah Bādi. Amch. Qŏq.

Nicht selten im Gebirg um den oberen Anseba und Lebka, nordwärts bis Naqfa und die höheren Gelände von Agra. Wohl nicht unter 3500 Fuß herabsteigend. Auch über einen großen Theil von Ost= und Central=Abessinien verbreitet. Paarweise und in kleinen Ketten im Buschwald, an Regenstrombetten und am Rand von Gerstepflanzungen.

312. Das Clapperton-Frankolin, Francolinus Clappertonii (Child.).

Brehm, Habesch, p. 223. (*Fr. Rüppellii*). — Finsch, Coll. Jesse, p. 292. — Blanf. Abyss. p. 425. — Antin. M. R. p. 134.

Tigr. Berhié.

Kettenweise im Buschwald im oberen Anseba=Gebiet und Barkah, ebenso im Hügelland um den Taranta und Senafié=Paß.

313. Das isabellkehlige Frankolin, Francolinus gutturalis (Rüpp.).

Heugl. Fauna R. M. p. 214. — Finsch, Coll. Jesse, p. 293. — Brehm, Habesch, p. 223. — Blanf. Abyss. p. 425. — Antin. M. R. p. 135.

Tigr. Zerenié.

In kleinen Gesellschaften im Gebiet des oberen Anseba und an den Gehängen der Schoho=Berge bis nach Senafié, durch= schnittlich auf 4000 bis 8000 Fuß Höhe. Einzelner in Naqfa.

314. Das buntkehlige Frankolin, Francolinus leucoscepus (Gray).

Heugl. Fauna R. M. Nr. 216. (*Pternistes rubricollis*).
— Brehm, Habesch, p. 223. — Finsch, Coll. Jesse, p. 292.
— Blanf. Abyss. p. 426. — Antin. M. R. p. 136.

Tigr. Beit Abrehi.

Kettenweise im Sahel und den Vorbergen, auch im unteren Lebka, am Hodset und bei Af Abed. Sehr häufig namentlich um die Regenströme der Gegend von Ailet, Masaua und Abulis, südwärts längs der ganzen Denkeli-Küste. Niemals in Gesellschaft mit den vorhergehenden Arten.

315. Die gemeine Wachtel, Coturnix communis (Bonn.).

Heugl. Fauna R. M. Nr. 221. — Brehm, Habesch, p. 223.

Arab. Semān (d. i. der Fette, Wohlbeleibte). Amch. Dertšet. Tigr. Bernié-Higo.

Im Herbst und Frühjahr nicht selten auf der Wanderung in unserem ganzen Beobachtungsgebiet, sowohl im Sahel, als im Gebirg. Im Februar traf ich eine große Menge von Wachteln im Hochland von Naqfa und hörte ihren Paarungsruf im Land der Wolo-Gala im April und zwar auf den Gehängen des Dschimba-Gebirges, wohl 13000 Fuß über dem Meeresspiegel.

316. Das Zwerg-Steinhuhn, Ammoperdix Hayi (Tem.).

Heugl. Fauna R. M. Nr. 220. — *Perdix Israelitarum*, Hasselq. (?)

Arab. H'agel und Šeiān.

Dieses liebliche Steinhuhn, das namentlich im peträischen Arabien nordwärts bis zum Todten Meere heimisch ist, findet sich nach meinen Erfahrungen noch in den Gebirgen bei Sauakin.

Ord. Strauß-Vögel (Struthiones).

Fam. Struthionidae.

317. Der afrikanische Strauß, Struthio camelus (Linn.).

Heugl. Fauna R. M. Nr. 225. — Brehm, Habesch, p. 224. — Antin. M. R. p. 138.

Arab. N'aāmeh. Amch. Sagon. Geez Qaqano. Tigr. Seguani. Belen Saqan. Bedjah Guire oder Qurēb.

Der Strauß kommt nur im flachen Lande und in den benachbarten Hügeln vor, sowohl im Sahel nordwärts bis jenseits der Ruinen von Berenice, südwärts durch das ganze Denkeli- und Somal-Gebiet, als auch in den Steppen des Binnenlandes. Stellen- und zeitweise zeigt er sich in Truppen von Hunderten. Zur heißen Jahreszeit sieht man diese Riesenvögel selbst im Meer, wo sie gern zu baden scheinen. Nach Antinori legen die jüngeren Weibchen kleinere, glattere Eier als die älteren. Ein Ei, das wir zu Anfang März aus dem Sahel erhielten, wog 480 Drachmen, also 3⅓ egyptische Pfunde; aber es giebt welche, deren Gewicht 4 Pfund noch überschreitet.

Ord. Laufvögel (Grallae).

Fam. Trappen (Otidiae).

318. Die Arabs-Trappe, Otis arabs (Linn.).

Heugl. Fauna R. M. Nr. 226. — Brehm, Habesch, p. 224. — Finsch, Coll. Jesse, p. 294. — Blanf. Abyss. p. 427.

Arab. H'ubarah. Masauan. Dah'a. Tigr. Ṭaqadat-Harasdai.

Ziemlich allgemein im Sahel zwischen Sauakin und dem Golf von Adulis, hauptsächlich auf Oertlichkeiten, wo Wüstengras und vereinzelte Akazienbüsche stehen. Oft begegnete ich Arabs-Trappen hart am Meeresufer, ja sie sollen auch auf der Insel Dahlak vorkommen. Leben meist paarweise und in kleinen etwas zerstreuten Familien, laufen, wenn sie verfolgt werden, rasch und weit und suchen sich dann in die Büsche abzustehlen. Auch ihr Flug ist übrigens hoch, majestätisch und unter Umständen sehr ausdauernd.

319. Die Senegal-Trappe, Otis senegalensis (Vieill.).

Antin. M. R. p. 140.

Von Antinori im oberen Barkah eingesammelt. Vereinzelt kommt sie auch im südlichen Kordofan, am unteren Weißen Nil, am Westabfall der abessinischen Gebirge und im Niederland von Schoa vor, meist im Hochgras und in Büschelmais-Pflanzungen.

Fam. Regenpfeifer (Charadriadae).

320. Der gemeine Dickfuß, Oedicnemus crepitans (Tem.).

Heugl. Fauna R. M. Nr. 229. — Brehm, Habesch, p. 224. (O. affinis). — Finsch, Coll. Jesse, p. 294. — Blanf. Abyss. p. 428. — Antin. M. R. p. 142.

Arab. Keruān.

Nicht selten im Sahel zwischen Sauakin und Masaua. Ob Standvogel, kann ich nicht angeben.

321. Der ähnliche Dickfuß, Oedicnemus affinis (Rüpp.).

Heugl. Fauna R. M. Nr. 230. — Finsch, Coll. Jesse, p. 294. — Blanf. Abyss. p. 428. — Antin. M. R. p. 142.

In den sandigen Ebenen um Masaua, südwärts bis an die Somal-Küste. Wandert wohl. Von mir auch in Kordofan, am oberen Weißen Nil und unfern des Gazellenflusses angetroffen.

322. Der Steppenkiebitz, Sarciophorus tectus (Bodd.).

Heugl. Fauna R. M. Nr. 235. (*S. pileatus*). — Brehm, Habesch, p. 224. — Finsch, Coll. Jesse, p. 296. — Blanf. Abyss. p. 430. — Antin. M. R. p. 144.

In kleinen Gesellschaften im Tief- und Steppenland, nordwärts bis in die Thäler um Aqiq. Hält sich mit Vorliebe in der Gegend von Viehweiden und verlassenen Ansiedlungen auf, und ist ein schlauer, munterer und muthwilliger Gesell.

323. Der schwarzflüglige Kiebitz, Stephanibyx melanopterus (Rüpp.).

Blanf. Abyss. p. 429. — Antin. M. R. p. 144.

Sehr allgemein in Abessinien, gewöhnlich auf Viehweiden und Wiesenland zwischen 6000 und 12 000 Fuß Höhe. Von Antinori im Monat April bei Azuz, zwischen Ailet und Mekulu angetroffen. Soll auch an der arabischen Küste vorkommen.

324. Der Lappenkiebitz, Hoplopterus senegalensis (Müll.).

Finsch, Coll. Jesse, p. 296. (*H. albicapillus*). — Blanf. Abyss. p. 431. — Antin. M. R. p. 143.

Im Mai und August und September von Antinori und

mir im oberen Anseba-Gebiet aufgefunden. Lebt mehr paarweise als seine Verwandten und ist weniger lebhaft und lärmend.

325. Der Spornkiebitz, Hoplopterus spinosus (Linn.).

Brehm, Habesch, p. 224. — Finsch, Coll. Jesse, p. 295. — Blanf. Abyss. p. 431.

Paarweise an den Regenstrombetten und Wildbächen des Samhar.

326. Der Kiebitz-Regenpfeifer, Squatarola varia (Linn.).

Heugl. Fauna R. M. Nr. 236.

Vereinzelt im Januar und Februar an seichten Stellen des Meeres bei Suakin und Aqiq eingesammelt. Es fiel mir auf, daß alle von uns dort gesehenen Kiebitz-Regenpfeifer sich nur wenig schüchtern zeigten. Ich maß einige Exemplare im Fleisch, wie folgt: Ganze Länge 11″ 8‴. Schnabelfirste 12,5‴ bis 15‴. Flügel 7″. Tarsus 1″ 8‴. Schwanz 2″ 9½‴ bis 2″ 10‴.

327. Der rostkehlige Regenpfeifer, Charadrius asiaticus (Pall.).

(?) Brehm, Habesch, p. 225. — Blanf. Abyss. p. 429. — *Ch. damarensis*, Strickl.

Hin und wieder zur Zeit der Wanderung an den Ufern des Rothen Meeres. Von Blanford im August auf grasigen Flächen nordwärts vom Lebka beobachtet und eingesammelt.

328. Der Geoffroy-Regenpfeifer, Charadrius Geoffroyi (Wagl.).

Heugl. Fauna R. M. Nr. 241 u. 243. — Finsch, Coll. Jesse, p. 297. — Blanf. Abyss. p. 429. — Antin. M. R. p. 143.

16*

Gemein das ganze Jahr über an den Ufern und auf den Inseln und Sandbänken des Rothen Meeres. Nicht im Binnenland angetroffen.

329. Der mongolische Regenpfeifer, Charadrius mongolicus (Pall.).

Heugl. Fauna R. M. Nr. 240.

Von mir in kleinen Flügen zur Herbst- und Winterzeit an den Gestaden des Rothen Meeres, südwärts bis zum Golf von Aden aufgefunden.

330. Der buntschnäblige Regenpfeifer, Charadrius hiaticula (Linn.).

Heugl. Fauna R. M. Nr. 239. — Brehm, Habesch, p. 224.

Nicht selten an den Ufern des Rothen Meeres. Im Herbst in zahlreichen Flügen, oft gemischt mit anderen Regenpfeifern und Strandläufern, den Sommer über dagegen vereinzelt und paarweise.

331. Der Fluß-Regenpfeifer, Charadrius fluviatilis (Bechst.).

Heugl. Fauna R. M. Nr. 238. — Finsch, Coll. Jesse, p. 296.

Im Herbst und Winter sehr häufig an der Meeresküste, seltener an Wildbächen des Samhar.

332. Der dreibindige Regenpfeifer, Charadrius tricollaris (Vieill.).

Heugl. Fauna R. M. Nr. 242. (*Ch. cinereicollis*). — Finsch, Coll. Jesse, p. 296. — Blanf. Abyss. p. 429.

Paarweise und wohl als Standvogel an Wildbächen und Wasserlachen im Samhar, bei Abulis, Azuz und Ailet, ebenso um den oberen Anseba.

333. Der Hirten=Regenpfeifer, Charadrius pecuarius (Tem.).

Finsch, Coll. Jesse, p. 297.
Nicht selten im Nil=Thal. Von Jesse auch in der Gegend von Abulis erlangt. Ich habe diese Art niemals am Rothen Meer gesehen.

334. Der blasse Regenpfeifer, Charadrius marginatus (Vieill.).

Blanf. Abyss. p. 429.
Nicht häufig im Juni, Juli und August, bei Djedah, auf Dahlak, bei Masaua und im Golf von Abulis. Die von mir erlegten Vögel trugen ihr Winterkleid.

335. Der See=Regenpfeifer, Charadrius cantianus (Lath.).

Heugl. Fauna R. M. Nr. 237. — Brehm, Habesch, p. 225.
Ungemein häufig längs den Küsten des ganzen Rothen Meeres, theilweise als Standvogel.

Fam. Brachschwalben (Glareolidae).

336. Die gemeine Brachschwalbe, Glareola pratincola (Linn.).

Heugl. Fauna R. M. Nr. 232 u. 233. — Finsch, Coll. Jesse, p. 295. — Blanf. Abyss. p. 431. — Antin. M. R. p. 141.
Im August und September in zahllosen Flügen in Buchten

und um Inseln mit seichtem, schlammigem Ufergrund im Golf von Masaua.

Auch Glareola melanoptera kommt am Rothen Meere vor, doch kann ich nicht angeben, ob sie ihre Wanderungen bis über den Wendekreis hinaus ausdehnt.

337. Der Krokobilwächter, Pluvianus aegyptius (Hasselq.).

Antin. M. R. p. 141.

Arab. Tēr el Temsah'.

Allgemein am Nil und Atbarah. Von Antinori auch in der Gegend von Kasalah erbeutet.

338. Der Wüstenläufer, Cursorius gallicus (Gm.).

Heugl. Fauna R. M. Nr. 231.

Arab. Keruān gebeli.

Im Sahel in kleinen Gesellschaften bei Sauakin und im Samhar. Ob Standvogel, weiß ich nicht anzugeben.

339. Der metallflüglige Wüstenläufer, Cursorius chalcopterus (Tem.).

Finsch, Coll. Jesse, p. 295.

Von Jesse im August in Wakifo, im Thal des oberen Anseba eingesammelt. Ueberhaupt von seltenem Vorkommen im ganzen östlichen tropischen Afrika.

Fam. Reiherläufer (Dromadidae).

340. Der Reiherläufer, Dromas ardeola (Paykull).

Heugl. Fauna R. M. Nr. 261. — Heugl. Cab. Journ. 1866. p. 285. — Brehm, Habesch, p. 226. — Finsch, Coll.

Jesse, p. 295. — Blanf. Abyss. p. 433. — Antin. M. R. p. 142.

Arab. H'ankōr.

Allgemein am Rothen Meer, meist auf sandigen Uferstellen und Inseln. Lebt paarweise und gesellschaftlich, nährt sich von kleinen Fischen, Fischbrut und Weichthieren und führt zum Theil eine nächtliche Lebensweise. Die Brutstätten fand ich im Juni und Juli auf flachen Korallen-Inseln. Legt wohl nur ein einziges Ei und zwar in tiefe Höhlen im Sand. Scheint im Winter mehr nach Süden zu verstreichen. Nach Antinori im März nicht auf der Südhälfte des Rothen Meeres.

Fam. Austerfischer (Haematopodidae).

341. Der europäische Austerfischer, Haematopus ostralegus (Linn.).

Heugl. Fauna R. M. Nr. 245. — Brehm, Habesch, p. 225.

Einzeln und in kleinen Flügen das ganze Jahr über am Rothen Meer, doch wie es scheint, häufiger im Winter als im Hochsommer.

342. Der schwarze Austerfischer, Haematopus Moquinii (Bp.).

Heugl. Fauna R. M. Nr. 246.

Von Dr. Rüppell auf Dahlak eingesammelt. Dürfte nur zufällig in unser Beobachtungsgebiet verschlagen werden.

343. Der Steinwälzer, Cinclus interpres (Linn.).

Heugl. Fauna R. M. Nr. 244. — Brehm, Habesch, p. 225.

Sehr häufig am Strand und auf Inseln des Rothen

Meeres, namentlich in der Nähe von Korallenbänken. Im Winter vermehrt sich die Zahl der Steinwälzer noch durch nordische
Ankömmlinge.

Fam. Reiher-Vögel (Ardeidae).

344. Der graue Reiher, Ardea cinera (Linn.).

Heugl. Fauna R. M. Nr. 248.

Dürfte Standvogel an den Küsten zwischen Suakin und
Masaua sein.

345. Der Purpur-Reiher, Ardea purpurea (Linn.).

Heugl. Fauna R. M. Nr. 249. — Brehm, Habesch, p.
225. — Antin. M. R. p. 147.

Vereinzelt das ganze Jahr über auf den Inseln des Rothen
Meeres, namentlich an Stellen, die mit Büschen bestanden sind.

346. Der Riesen-Reiher, Ardea Goliath (Rüpp.).

Heugl. Fauna R. M. Nr. 247. — Antin. M. R. p. 147.

Nicht eben selten zwischen Suakin und Masaua, ebenso
auf Dahlak. Ruht über Nacht auf Büschen und Bäumen der
Korallen-Inseln.

347. Der große Silber-Reiher, Ardea alba (Linn.).

Scheint in größerer Anzahl auf der Insel Schech Said
bei Masaua im März zu nisten. Auch während des Hochsom-
mers dort nicht selten. Eier, welche ich dieser Art zuschreibe,

erhielt ich am 4. März. Dieselben waren noch nicht bebrütet, zwei an der Zahl, und messen im Längendurchmesser 2" 1''' bis 2" 2'''. Größte Dicke 1" 7'''

348. Der kleine Silber-Reiher, Ardea garzetta (Linn.).

Heugl. Fauna R. M. Nr. 250. — Blanf. Abyss. p. 435.

Nicht gar allgemein an den Küsten des Rothen Meeres, sowohl im Sommer, als im Winter.

349. Der See-Reiher, Ardea Gularis (Bosc.).

Heugl. Fauna R. M. Nr. 251. — Heugl. Cab. Journ. 1867. p. 283. — Brehm, Habesch, p. 255. — Finsch, Coll. Jesse, p. 297. — Blanf. Abyss. p. 435. — Antin. M. R. p. 147.

Einer der häufigsten Reiher unseres Beobachtungsgebietes, jedoch nur an der Meeresküste und auf Inseln heimisch. Es giebt sowohl graue als rein weiße Individuen jedes Alters und Geschlechts; auch findet man nicht selten Junge, die auf weißem Grund dunkelgrau gescheckt sind, und umgekehrt auf grauem Grund weiße Flecken zeigen. Nistet auf Avicennien von März bis Juni. In seinen Bewegungen ist der See-Reiher sehr gewandt. Er fischt häufig auch in raschem Lauf, zuweilen selbst im Flug. Auch fand ich ihn im Allgemeinen weniger schüchtern, als seine Gattungsverwandten, und er läßt sich zuweilen auf Hafendämmen, ja selbst auf Giebeln von Mattenhäusern nieder.

Am 4. März nahm ich drei Eier aus einem Horste. Das kleinste derselben mißt 1" 8''' in der Länge und ist 1" 3''' dick. Das größte 1" 9³/₄''' Länge bei 1" 3''' Dicke.

350. Der Kuh-Reiher, Ardea Ibis (Hasselq.).

Heugl. Fauna R. M. Nr. 252. — Antin. M. R. p. 149.
Zur Herbstzeit in Flügen längs der Meeresküsten und der
Torrenten.

351. Der Schopf-Reiher, Ardea comata (Pall.).

Heugl. Fauna R. M. Nr. 253. — Blanf. Abyss. p. 435.
Hauptsächlich erscheint der Schopf-Reiher zur Zugzeit an
den Küsten des Rothen Meeres und den abessinischen Gewässern,
einzeln traf ich ihn jedoch auch den Sommer über. Wandert
zuweilen in Gesellschaften von 10 bis 20 Stück, die dicht zu-
sammenhalten.

352. Der Zwerg-Reiher, Ardea minuta (Linn.).

Heugl. Fauna R. M. Nr. 255.
Wohl nur während der Wanderung im Herbst und Früh-
jahr ziemlich vereinzelt am Ufer des Rothen Meeres und an
Lagunen.

353. Der kurzfüßige Zwerg-Reiher, Ardea brevipes
(H. & Ehr.).

Heugl. Fauna R. M. Nr. 254. — Heugl. Cab. Journ.
1866. p. 283. — Finsch, Coll. Jesse, p. 297. — Blanf.
Abyss. p. 435. — Antin. M. R. p. 149. (*Butorides atricapilla*).

Standvogel am Rothen Meer, namentlich häufig auf Korallenbänken und auf Inseln, die mit Gebüsch bestanden und von
Canälen durchschnitten sind. Nistet im Mai, Juni und Juli in

hohen, konisch geformten Ständen, die auf der Erde, auf Klip=
pen, Wurzelwerk, ja selbst auf Büschen und Bäumen angelegt
werden.

354. Der Nacht=Reiher, Scotaeus nyclicora (Linn.).

Heugl. Fauna R. M. Nr. 257.

Auf der Wanderung im Juni, Juli, August und Septem=
ber hin und wieder an der Küste des Rothen Meeres und zwar
in ungeheuer zahlreichen Flügen, die sich den Tag über im Laub=
dach der Oondel=Bäume (Rhizophora) niederlassen.

355. Der Schattenvogel, Scopus umbretta (Gm.).

Heugl. Fauna R. M. Nr. 262. — Brehm, Habesch, p.
226. — Finsch, Coll. Jesse, p. 298. — Blanf. Abyss. p.
436. — Antin. M. R. p. 150.

Paarweise an Wildbächen und Wasserplätzen in stillen Ge=
birgsthälchen, sowohl am Ost=Abhang der abessinischen Gebirge,
als im Gebiet des Anseba. Auch in Naqfa beobachtet. Lebt
von Würmern, Insecten, Dipteren=Larven, Fröschen und kleinen
Fischen.

Fam. Störche (Ciconiidae).

356. Der Abdim=Storch, Ciconia (Sphenorrhynchus) Abdimii
(Licht.).

Brehm, Habesch, p. 226. — Finsch, Coll. Jesse, p. 298.
— Blanf. Abyss. p. 436. — Antin. M. R. p. 150.

Arab. Sinbilah.

Anfangs März in großer Menge auf der Insel Schech

Said bei Masaua, ebendaselbst im Juni beobachtet. Im August und September auf Dahlak und bei Tedjurah. Bringt den Tag gewöhnlich im Binnenland zu, wo er Heuschrecken nachstellt. Morgens und Abends sieht man ihn im seichten Wasser am Strand oder längs der Sandbänke und Korallenriffe; Nachts bäumt er mit Pelikanen, Geiern und Reihern auf den Gipfeln der Avicennien. Nach Antinori im Juni bei Keren.

357. Der weiße Storch, Ciconia alba (Linn.).

Heugl. Fauna R. M. Nr. 260. — Antin. M. R. p. 151. Nr. 215. not.

Arab. Belārig und Baġah.

Im Winter in größeren Gesellschaften in den Steppen von Takah, namentlich gerne Büschelmaisfelder besuchend.

Vereinzelte Paare auch den Sommer über im Thal des Anseba beobacht. Nach Antinori im September flugweise im oberen Barkah.

358. Der weißhalsige Storch, Ciconia (Dissoura) episcopus (Bodd.).

Antin. M. R. p. 151.

Von Antinori während der Regenzeit im Anseba-Thal eingesammelt. Derselbe Reisende begegnete Mitte Septembers im Barkah-Thal einem großen Flug dieser Vögel, welche südwärts zogen.

359. Der Marabu, Leptoptilus crumenifer (Cuv.).

Antin. M. R. p. 151.

Arab. Abu Sēn oder Abu Zēn.

Zur Herbstzeit im Barkah.

? 360. Der Sattel-Storch, Mycteria senegalensis (Shaw).

Arab. Abu Mījeh und Abu Mīlieh. Amch. Rāza.

Ich glaube den Sattel-Storch im Monat Juni öfter in Dahlak gesehen zu haben. Am oberen Atbarah kommt er zuweilen vor, auch um Qalabat, seine eigentlichen Standorte in Nordost-Afrika sind die Sümpfe und Altlachen des Blauen und Weißen Nil.

Fam. Löffler (Plataleidae).

361. Der europäische Löffler, Platalea leucorodia (Linn.).

Heugl. Fauna R. M. Nr. 258. — Heugl. Cab. Journ. 1867. p. 282. — Brehm, Habesch, p. 226 (*Pl. tenuirostris*)?
Arab. Abu M'alaqa und Dauās.

Scheint das ganze Jahr über am Rothen Meer vorzukommen. Im Januar und März in Flügen bei Massaua und Sauakin beobachtet; brütet im Juni in zahlreichen Colonien auf den Inseln des Archipels von Dahlak und der gegenüberliegenden arabischen Küste. Die Stände befinden sich auf Bäumen, Büschen, Grasschöpfen, ja zuweilen auf der bloßen Erde.

Fam. Nimmersatt-Vögel (Tantalidae).

362. Der afrikanische Nimmersatt, Tantalus Ibis (Linn.).

Heugl. Fauna R. M. Nr. 263.
Arab. N'ageh.

Verirrt sich selten und vereinzelt während der Regenzeit (Juli und August) an die Wildbäche des Samhar. So habe ich Anfangs August ein Exemplar am Torrent von Amba geschossen.

363. Der europäische Sichler, Ibis falcinillus (Linn.).

Antin. M. R. p. 152.

Von Antinori im August am Anseba beobachtet.

364. Der Schopf-Ibis, Geronticus comatus (Ehr.).

Heugl. Fauna R. M. Nr. 266. — Blanf. Abyss. p. 436.
Tigr. Gomarēt.

Ende Januar trafen wir einige Flüge dieses sonderbaren
Vogels um die Brunnen von To-Kar. Häufiger waren sie Anfangs Februar im Sahel zwischen Aqiq und Wold Dan, sowie
im unteren Falkat. Scheint das Küstenland und die Hochplateaur
von Abessinien nur zur Winterzeit zu besuchen. Hemprich und
Ehrenberg fanden diese Art auch in den arabischen Gebirgen.
Bekanntlich nistet sie im Innern von Algerien.

Lebt stets gesellschaftlich und besucht die Gegenden, wo Viehheerden ausgetrieben werden, deren Dünger der Vogel nach
Käferlarven durchstöbert. Doch nährt er sich auch von Heuschrecken. Die Iris ist feuergelb. Die Stirngegend und der
Kamm am Hinterkopf fleischfarbig; Oberkopf blauschwärzlich;
Schnabel und kahle Halshaut fleisch- bis purpurbraunroth; Ring
um das Auge hochroth; Füße blaß und schmutzig purpur- bis
fleischroth, Zehen dunkler; Sohlen der Zehen aschgrau. Ganze
Länge 2" 8'''. Schnabel vom Mundwinkel 4" 10'''. Flügel
15" 6'''. Tarsus 3". Mittelzehe mit Nagel 2" 10½'''.
Schwanz 7" 8'''. Die Flügel erreichen fast die Schwanzspitze.

Die von uns untersuchten Schopf-Ibisse waren ungemein
fett, das Wildpret schwärzlich und mit einem höchst widerlichen
und penetranten Geruch behaftet.

365. Der Kropf-Ibis, Geronticus carunculatus (Rüpp.).

Heugl. Fauna R. M. Nr. 265. — Finsch, Coll. Jesse, p. 298. — Blanf. Abyss. p. 437.

Tigr. Bā oder B'ah.

Allgemein als Standvogel in den abessinischen Hochländern. Besucht nur die Grenzen unseres Beobachtungsgebietes, nämlich die Hochflächen von Mensa, wo er sich meist auf Wiesen und Hochmooren herumtreibt.

366. Der heilige Ibis, Geronticus aethiopicus (Lath.).

Heugl. Fauna R. M. Nr. 264. — Antin. M. R. p. 152.

Im Spätsommer an den Küsten und auf den Inseln unsern Masaua; nur zufällig am Anseba mit Beginn der Regenzeit. Häufig von Ende Mai ab bis Januar im Barkah und am oberen Atbarah.

Fam. Schnepfen-Vögel Scolopacidae.

367. Der große Brachvogel, Numenius arquata (Linn.).

Heugl. Fauna R. M. Nr. 267. — Brehm, Habesch, p. 226. — Blanf. Abyss. p. 432. — Antin. M. R. p. 145.

Einzeln jahraus jahrein, häufig aber zur Winterszeit auf Sandbänken und Korallenriffen des ganzen Rothen Meeres; besucht auch hin und wieder die benachbarten Dünen und Weideplätze.

368. Der Regen-Brachvogel, Numenius phaeopus (Linn.).

Finsch, Coll. Jesse, p. 299. — Blanf. Abyss. p. 432. — Antin. M. R. p. 145.

Seltener als der vorige und wie es scheint nur zur Win=
terszeit, längs den Ufern des Rothen Meeres.

Bei Sauakin schoß ich im Januar einen kleinen Brachvogel,
welcher nicht speciell gemessen, beschrieben und präparirt werden
konnte. Derselbe hatte blaugrauliche Ränder und fleischfarbige
Wurzelhälfte des Unterschnabels.

369. Die rostfarbige Pfuhl=Schnepfe, Limosa lapponica (Linn.).

Heugl. Fauna R. M. Nr. 268. — Brehm, Habesch,
p. 227.

Den Winter über einzeln und gesellschaftlich längs dem
Gestade des Rothen Meeres.

370. Die Terek=Schnepfe, Terekia cinerea (Güldenst.).

Blanf. Abyss. p. 433. — Antin. M. R. p. 145.

Sehr einzeln und wohl nicht alljährlich am Rothen Meer
auf der Wanderung. Blanford sammelte ein Exemplar im
Januar bei Adulis, Antinori ein anderes im September unfern
Masaua ein.

371. Der Teich=Uferläufer, Totanus stagnalis (Bechst.).

Finsch, Coll. Jesse, p. 299.

Im Frühjahr und Herbst einzeln am Rothen Meer und an
den Wildbächen des Westabfalls der abessinischen Gebirge. Hier
von uns noch im Monat Mai Exemplare im vollkommenen
Sommerkleid erlegt.

372. Der getüpfelte Wasserläufer, Totanus ochropus (Linn.).

Heugl. Fauna R. M. Nr. 271. — Brehm, Habesch, p. 227. — Finsch, Coll. Jesse, p. 299. — Blanf. Abyss. p. 433. Am Rothen Meer vereinzelt. Paarweise den Herbst und Winter über an Gebirgsbächen. Auch in Naqfa beobachtet.

373. Der Rothschenkel, Totanus calidris (Linn.).

Heugl. Fauna R. M. Nr. 270. — Brehm, Habesch, p. 227. — Finsch, Coll. Jesse, p. 299. - Blanf. Abyss. p. 433. — Antin. M. R. p. 145.

Von August an den Winter über, zuweilen in großen Flügen, an den Gestaden des Rothen Meeres, namentlich an sumpfigen Stellen und auf Korallenriffen.

374. Der schwärzliche Wasserläufer, Totanus fuscus (Linn.)

Heugl. Fauna R. M. Nr. 271. (not.)

Selten. Im Januar einige Stück bei Sauakin gesehen, welche sich in Lachen herumtrieben, die durch Zurücktreten des Meeres entstanden waren.

375. Die Strandschnepfe, Totanus glottis (Linn.).

Heugl. Fauna R. M. Nr. 269. — Brehm, Habesch, p. 227.

Allgemein am Rothen Meer, viel häufiger zur Winterzeit als im Hochsommer. Jedoch niemals in größeren Flügen, sondern einzeln unter Gesellschaften von anderen Strandläufern und Regenpfeifern.

376. Der Fluß-Uferläufer, Tringoides hypoleucus (Linn.).

Heugl. Fauna R. M. Nr. 272. — Brehm, Habesch, p. 227. — Finsch, Coll. Jesse, p. 299. — Blanf. Abyss. p. 433.

Das ganze Jahr über am Rothen Meer, jedoch immer nur vereinzelt und paarweise. Namentlich gerne in Hafenplätzen, auf Ankertauen, Schiffen, Bojen, ja selbst auf Dächern sich niederlassend.

377. Der Stelzfuß, Himantopus autumnalis (Hasselq.).

Finsch, Coll. Jesse, p. 300.

Jesse beobachtete diese Art unfern Senafié. Sie mag wohl auf ihren Wanderungen hin und wieder im Barka erscheinen.

378. Der Kampf-Strandläufer, Philomachus pugnax (Linn.).

Brehm, Habesch, p. 227. — Antin. M. R. p. 146.

Im August und September in kleineren und größeren Flügen an den Küsten des Rothen Meeres, wie es scheint von Brehm auch im Frühjahr dort beobachtet. Antinori erlangte im September mehrere Junge in der Nähe von Keren.

379. Der Alpen-Schlammläufer, Tringa cinclus (Linn.).

Heugl. Fauna R. M. Nr. 276. — Blanf. Abyss. p. 433.

Sehr allgemein in Flügen am Rothen Meer, vorzüglich zur Herbst- und Winterzeit; treibt sich um die Brandung, um Lachen, welche vom Fluthwasser zurückbleiben, und auf Korallenbänken herum.

380. Der Zwerg-Schlammläufer, Tringa minuta (Leisl.).

Heugl. Fauna R. M. Nr. 275. — Brehm, Habesch, p. 227. — Blanf. Abyss. p. 433.

In kleinen Flügen den Winter über auf Korallenbänken und in den Lagunen.

381. Der Temmink's-Schlammläufer, Tringa Temminckii (Leisl.).

Brehm, Habesch, p. 227.

Wie der vorhergehende, doch, wie es scheint, weniger allgemein und sogar selten.

382. Der bogenschnäblige Schlammläufer, Tringa subarquata (Güldenst.).

Heugl. Fauna R. M. Nr. 274. — Brehm, Habesch, p. 227.

Das ganze Jahr über am Rothen Meer. Sehr häufig und flugweise im Herbst und Winter.

Anmerkung. Ohne Zweifel findet sich auch der plattschnäblige Schlammläufer (Tringa platyrhyncha) hin und wieder im Küstenland von Masaua, denn ich habe denselben aus der Gegend von Sues erhalten und bei Ras Belul gesehen.

383. Der Sandläufer, Calidris arenaria (Linn.).

Heugl. Fauna R. M. Nr. 277.

Ungemein häufig in großen, meist aber etwas aufgelösten Flügen im Herbst und Winter auf Sandbänken und in Lagunen des Rothen Meeres und Golfs von Aden.

17*

384. Die Goldschnepfe, Rhynchaea capensis (Linn.).

Blanf. Abyss. p. 432. — Antin. M. R. p. 146.

Von Antinori im September in Mensa, von Blanford am fließenden Wasser bei Ain und Ailet erlangt.

Im Monat Mai begegnete ich der Goldschnepfe auch in Torrenten am West-Abhang der abeffinischen Gebirge.

Anmerkung. Auch die Sumpfschnepfe (Gallinago scolopacina), welche in Abessinien und an der Somal-Küste von uns als Zugvogel öfter gesehen und erlegt worden ist, dürfte das Küstengebiet des Rothen Meeres, das Barkah- und das Anseba-Thal zuweilen besuchen.

Fam. Rallen (Rallidae).

385. Das marmorirte Teichhuhn, Ortygometra porzana (Linn.).

Auf der Wanderung im Herbst in Lagunen um das Rothe Meer. Im October 1864 erlegte ich diese Art im Hafen von Sauakin. Hemprich und Ehrenberg fanden dieselbe an der arabischen Küste.

Anmerkung. Möglich, daß noch verschiedene Rallen (Crex pratensis) und Wasserhühner (Gallinula und Fulica) hin und wieder auf ihren Wanderzügen unser Beobachtungsgebiet berühren.

Fam. Kraniche (Gruidae).

386. Der graue Kranich, Grus cinerea (Linn.).

Arab. Kurq.

Im Januar und Februar im Sahel in kleinen Gesellschaften, so unfern To-Kar, bei Aqiq und Darova.

387. Der Jungfern-Kranich, Anthropoides virgo (Linn.).

Arab. Raho.

Im März in großen Flügen auf sandigen Uferstellen im Hafen von Suakin.

Ord. Schwimmvögel (Natatores).

Fam. Flamingos (Phoenicopteridae).

388. Der europäische Flaming, Phoenicopterus antiquorum (Tem.).

Heugl. Fauna R. M. Nr. 282. (*Ph. erythraeus*). — Brehm, Habesch, p. 228.

Arab. Bāsū roš.

Ich beobachtete den Flamingo das ganze Jahr über am Rothen Meer, im Frühjahr mehr paar- und familienweise, im September in zahllosen Flügen. Hält sich zumeist auf Sandbänken und im ruhigen seichten Wasser.

Im Magen fand ich neben Sand und schwärzlicher Erde zahlreiche kleine ein- und zweischalige Muscheln.

Anmerkung. Rüppell läßt auch den Zwerg-Flaming (Ph. minor) am Rothen Meer vorkommen, doch fehlen bis jetzt alle bestimmten Nachweise über diese Angabe.

Fam. Enten-Vögel (Anatidae).

389. Die Fuchs-Gans, Chenalopex aegyptiacus (Gm.).

Heugl. Fauna R. M. Nr. 285. — Brehm, Habesch, p. 228. — Finsch, Coll. Jesse, p. 300. — Blanf. Abyss. p. 438.

Arab. Wuz. Amchar. und Tigr. Jebra.

Hin und wieder paar- und familienweise auf Sandbänken der Hafenplätze des Rothen Meeres. Auch an den Torrenten des Samhar und am Anseba.

390. Die weißstirnige Gans, Anser albifrons (Gm.)

Im Januar 1874 fand ich mehrere todte Exemplare in der Nähe der Brunnen von To-Kar. Häufig flugweise zur Winterzeit in Egypten, auf Sandbänken und in Getreidefeldern in der Nähe des Nil.

391. Die Krick-Ente, Querquedula crecca (Linn.).[1]

Blanf. Abyss. p. 438.

In kleinen Flügen wohl das ganze Jahr über am Rothen Meer, jedoch nicht häufig.

392. Die Pfeif-Ente, Mareca penelope (Linn.).

Im October und November bei Suakin erlegt.

393. Die Löffel-Ente, Spatula clypeata (Linn.).

Heugl. Fauna R. M. Nr. 289. — Finsch, Coll. Jesse, p. 301.

Hin und wieder, auch zur Sommerzeit in Paaren und kleinen Gesellschaften am Rothen Meer.

---

[1] Die Enten im Allgemeinen heißen auf Arabisch Baṭ. Amch. Ja woh'a döro. Tigr. Döro Maï.

394. Die Schnatter-Ente, Chaulelasmus streperus
(Briss.).

Im October fing ich ein sehr abgemagertes Exemplar in einer Lagune bei Sauakin.

Fam. Taucher (Podicipidae).

395. Der Zwerg-Steißfuß, Podiceps minor (Lath.).

Heugl. Fauna R. M. Nr. 292. — Finsch, Coll. Jesse, p. 301. — Blanf. Abyss. p. 440.

Arab. ǵutēs.

Hin und wieder zur Winterszeit in Lagunen des Rothen Meeres.

Anmerkung. Aus der Familie der Sturmvögel ist uns keine Art in der Nähe der Küsten des Samhar vorgekommen. Einen oder mehrere Sturmtaucher sahen wir an der Somal-Küste, Zwergsturmvögel aber in Bab el Mandeb.

Fam. Möven (Laridae).

396. Die Härings-Möve, Larus fuscus (Linn.).

Heugl. Fauna R. M. Nr. 295. — Blanf. Abyss. p. 440. — Antin. M. R. p. 155.

Arab. Daǵābah.

Standvogel am Rothen Meer und hier im Allgemeinen ziemlich häufig. Die Brutstätten habe ich niemals finden können, erlegte aber hin und wieder auch junge Vögel.

397.　Die Lach-Silbermöve, Larus Heuglinii (Bree).

Larus cachinnans, Pall. (part.) — *L. leucophaeus*, Hartl.,
Finsch, Heugl. nec Licht. — Heugl. Fauna R. M. Nr. 296
u. 298. — Finsch, Coll. Jesse, p. 302.

Scheint im centralen und westlichen Asien heimisch und besucht nach meinen Erfahrungen ziemlich vereinzelt zur Winterzeit
die Küsten des Rothen Meeres und des Golfs von Aden. Im
Januar traf ich einige Paare im Golf von Sanakin. Dieselben
waren eben im Begriff, das Gefieder zu wechseln.

Nach Finsch wurde ein Exemplar im Juni im Golf von
Adulis eingesammelt.

398.　Die weißwimprige Möve, Larus leucophthalmus
(Licht.).

Heugl. Fauna R. M. Nr. 300. — Brehm, Habesch, p.
228. — Finsch, Coll. Jesse, p. 302. — Blanf. Abyss. p. 441.
— Antin. M. R. p. 155.

Arab. ˀÄgameh.

Sehr häufig und zwar als Standvogel an den Küsten und
auf den Inseln des Rothen Meeres. Nistet im Juli bis September.

399.　Die Hemprich's-Möve, Larus Hemprichii (Bp.).

Heugl. Fauna R. M. Nr. 299. — Brehm, Habesch, p.
228. — Finsch, Coll. Jesse, p. 302. — Blanf. Abyss. p.
441. — Antin. M. R. p. 156.

Arab. wie die vorhergehende.

Eben so häufig wie die vorhergehende Art, jedoch selten mit

derselben in Flüge vereinigt. Brütet viel früher, und zwar im Juni und Juli auf Inseln und Sandbänken.

400. Die Raub-Seeschwalbe, Sterna caspia (Pall.).

Heugl. Fauna R. M. Nr. 305. — Brehm, Habesch, p. 229.

Arab. Abu G'irah.

Jahraus, jahrein von uns am Rothen Meere gesehen. Nistet ohne Zweifel daselbst.

401. Die Berg'sche Seeschwalbe, Sterna Bergii (Licht.).

Sterna affinis, Rüpp. — Heugl. Fauna R. M. Nr. 309. — Brehm, Habesch, p. 229. — Blanf. Abyss. p. 441. — Antin. M. R. p. 154.

Arab. El H'eqt.

Häufig, namentlich auf den südlicheren Theilen des Rothen Meeres, wo diese Art im Juni und Juli in großen Colonien auf Felsinseln ihre Brutstätten aufschlägt.

402. Die mittlere Seeschwalbe, Sterna media (Horsf.).

St. velox, Rüpp. — Heugl. Fauna R. M. Nr. 308. — Brehm, Habesch, p. 228. — Finsch, Coll. Jesse, p. 303. — Antin. M. R. p. 154.

Arab. Abu Qesäs.

Wohl in noch größerer Anzahl als die Berg'sche Seeschwalbe am Rothen Meere; einzeln, sowie in zahlreiche Flüge vereinigt, zuweilen gemischt mit anderen Arten. Nistet im Juni und Juli auf Madreporen-Inseln.

403. Die großflüglige Seeschwalbe, Sterna macroptera
(Blas.).

Blas. Cab. Journ. 1866. p. 76. — Finsch, Coll. Jesse,
p. 303.

Ein Exemplar dieser bisher nur aus dem Süden und Süd=
westen von Afria bekannten Art wurde von Jesse in der Bucht
von Adulis im August erlangt.

404. Die Lach=Seeschwalbe, Sterna anglica (Mont.).

St. meridionalis et *St. anglica*, Heugl. Fauna R. M. Nr.
310 u. 311.
Arab. El Wēq.
Im Herbst von mir in Flügen bei Masaua beobachtet.

405. Die Zwerg=Seeschwalbe, Sternula minuta (Linn.).

Heugl. Fauna R. M. Nr. 316. — Finsch, Coll. Jesse,
p. 304.
Arab. Diźēz.
Einzeln und in kleinen Gesellschaften wohl das ganze Jahr
über am Rothen Meere. Jesse und ich fanden sie daselbst im
Juni und Juli. Scheint hier zu nisten, was auch in Unter=
Egypten der Fall ist.

406. Die schwarze Seeschwalbe, Hydrochelidon fissipes
(Linn.).

St. nigra, Heugl. Fauna R. M. Nr. 315. — ? Brehm,
Habesch, p. 229. — Finsch, Coll. Jesse, p. 305. — Antin.
M. R. p. 155.

Nicht häufig am Rothen Meere. Von Jesse im Juni in der Bucht von Adulis, von Antinori im September im Bogos-Gebiet erlegt.

407. Die weißwangige Meerschwalbe, Hydrochelidon albigena (Licht.).

Heugl. Cab. Journ. 1867. p. 285. — Heugl. Fauna R. M. Nr. 307. — Brehm, Habesch, p. 229.

Arab. Abu Baten.

Sehr häufig im Sommer und Herbst am Gestade des Rothen Meeres und auf Korallen-Inseln. Hält gern flugweise zusammen, brütet im Juni und Juli auf Klippen und scheint im December südwärts zu streichen.

Anmerkung. Noch einige hierher gehörige Arten finden sich wenigstens auf der nördlichen Hälfte des Rothen Meeres, so Sterna fluviatilis, wahrscheinlich auch Hydrochelidon hybrida. Dr. Finsch berichtet über eine sehr kleine, von Jesse gesammelte Form, die nicht bestimmt werden konnte.

408. Die dunkle Meerschwalbe, Hydrochelion infuscata (Licht.).

St. infuscata, Heugl. Fauna R. M. Nr. 312. — Finsch, Coll. Jesse, p. 305. (St. panaya.) — Blanf. Abyss. p. 441.

Nicht selten am Rothen Meer und Golf von Aden. Nistet im Juni auf Felsklippen und verstreicht wohl im December weiter südwärts.

409. Der Nobby, Anous stolidus (Linn.).

Heugl. Fauna R. M. Nr. 317.

Häufig und meist in größere Flüge vereinigt auf der Südhälfte des Rothen Meeres. Nistet in großen Colonien während der Sommerregenzeit auf den Guano-Bergen in der Gegend von Ed und auf dem Bur da Rebschi unfern Med an der Somal-Küste.

410. Der Scheerenschnabel, Rhynchops flavirostris (Vieill.).

Heugl. Fauna R. M. Nr. 318.

Von mir nur einmal unfern Sauakin bemerkt. Eine Ge-sellschaft von 6 bis 8 Stück, die am späten Abend fischend über seichtes Wasser zogen. Häufig auf dem ganzen Nil.

Fam. Tropik-Vögel (Phaëthontidae).

411. Der rothschnäblige Tropik-Vogel, Phaëthon aethereus (Linn.).

Heugl. Fauna R. M. Nr. 319. — Heugl. Cab. Journ. 1867. p. 283. — Brehm, Habesch, p. 229.

Paar- und familienweise namentlich im Archipel von Dah-lak, wo der Tropik-Vogel im Mai und Juni in Felslöchern nistet.

412.   Der rothschwänzige Tropik-Vogel, Phaëthon rubricauda
(Bodd.).

Heugl. Fauna R. M. Nr. 320. — Brehm, Habesch, p. 229. — Blanf. Abyss. p. 441.

Ich habe diese Art nie selbst eingesammelt. Von Blanford wurde ein junger Vogel dieser Art im Golf von Adulis erlangt. Brehm versichert, der Hamburger Capitän Rodatz habe auf einer Insel im Süden des Rothen Meeres den rothschwänzigen Tropik-Vogel in Menge brütend gefunden.

Anmerkung. Zu Anfang März 1874 beobachtete ich einen Tropik-Vogel auf See unfern der Harat-Insel. Derselbe flog über die Masten unseres Dampfers hinweg, hatte zwei lange weiße Schwanzfedern und, wie ich deutlich zu sehen glaubte, einen vollkommen schwarzen Schnabel.

Fam. Pelikane (Pelecanidae).

413. Der braune Tölpel, Sula fiber (Linn.).

Heugl. Fauna R. M. Nr. 321. — Brehm, Habesch, p. 229. — Antin. M. R. p. 153.

Arab. Somet oder Sometah.

Sehr häufig in großen Colonien auf Klippen und Inseln des Rothen Meeres. Die Küste besuchen diese Vögel nur höchst selten, nicht einmal in tiefen Buchten habe ich sie angetroffen. Scheint Standvogel.

Anmerkung. Nach Brehm käme auch Sula cyanops auf der Südhälfte des Rothen Meeres vor. Ich fand sie dagegen nicht nordwärts von Bab el Mandeb.

414. Der afrikanische Kormoran, Graculus africanus (Gm.).

Blanf. Abyss. p. 441. — Antin. M. R. p. 152.

Arab. 'Aqaq.

An den Wildbächen des Küstenlandes von Masaua, sowie am Anseba. Scheint nicht eigentlich zu wandern.

415. Die Trauer-Scharbe, Graculus lucidus (Licht.).

Heugl. Fauna R. M. Nr. 324. — *Gr. lugubris*, Rüpp. Syst. Uebers. t. 50.

Von Rüppell an den Regenströmen des Ost-Abfalls der
abessinischen Gebirge gefunden. Dürfte nicht Standvogel sein.

416. Der rosenrückige Pelikan, Pelecanus rufescens (Gm.).

Heugl. Fauna R. M. Nr. 325. — Brehm, Habesch, p.
230. — Blanf. Abyss. p. 442. — Antin. M. R. p. 153.
Arab. Abu G'urāb.

Blanford führt Pelecanus rufescens und Pelecanus phil-
lipensis als in der Umgegend von Majaua und Zula vorkommend auf. Ersterer giebt zu, daß sich beide weder in Größe,
noch in Form der Stirnschneppe und Haube unterscheiden. Bei
ersterer Art sei der Kehlsack fleischfarbig, mit feinen gelben Quer-
linien, bei der letzteren einfarbig falb (livid).

Andere Forscher wollen die ostasiatische Form wegen der
regelmäßigen schwarzen Flecken längs des Oberschnabels als besondere Art ansprechen. Aber ähnliche Flecken, wenn auch nicht
so zahlreich und regelmäßig vertheilt, kommen auch bei alten
afrikanischen Vögeln vor, so daß wohl beide Formen specifisch
vereinigt werden können.

Häufig zwischen Suakin, Majaua und der Asab-Bai, theils
vereinzelt, theils in großen Flügen, die sich zur Abendzeit auf
den mit Büschen und Bäumen bestandenen Inseln sammeln. Ist
wenig scheu und fischt oft in der Nähe der Fahrzeuge mitten in
Hafenplätzen.

Verzeichniß

der im nordöstlichen Afrika gebräuchlichen Benennungen
der Säugethiere und Vögel.

A. Säugethiere.*

Ord. Affen (Simiae).

Colobus Quereza — Amch. Gueriéza, Aethiop. Fonges.

Cercopithecus griseoviridis — Amch. Tōṯa, Aethiop. Xalestejo
(Ludolf), Arab. Abū Leng̣ u. Abeleng̣, Tigr. Wāg̣ u. Woāg̣.

Cercopithecus ruber — Arab. Abū Leng̣ aḥ'mar, in Kordofan Nango (Rüppell).

Inuus ecaudatus — Arab. Nisnās, in Algerien Šādi und Qird.

Theropithecus Gelada — Amch. Tšelada.

Theropithecus obscurus — Amch. Ṭoqur Zendšero.

Theropithecus spec.? — Amch. Unquolāl.

Theropithecus spec.? — Amch. Taneš Zendšero.

Cynocephalus Hamadryas — Amch. Zendšero, Aethiop. He-
bej, Arab. Qird und Robāḥ', Belen *Djogura, Darfur und
Kordofan Farkale (Rüpp.), Danak. Domātu, Masaua
*Kombai, Halenga Hawōleh, Somal. Dājer, Tigr. H'obej.

Cynocephalus Netscho — Amch. Netšo und Netš-Zendšero.

Cynocephalus Babuin — Arab. Qird, Türk. Maimūn, in
Syrien S'adān, Senar Bedīr (Rüpp.).

Cynocephalus porcarius — Amch. *Dokerié oder *Doquerié.

Otolicnus galago — Sudan-Arab. *Ten oder *Teng̣.

---

* Die Orthographie der mit einem Stern (*) bezeichneten Namen ist
dem Verfasser nicht mit Sicherheit bekannt.

Ord. Fledermäuse (Chiroptera).

Die Chiropteren im Allgemeinen heißen Arab. Wut-wāt und
Abū Ruẓeā, Amch. *Jeflet und Ja Liélit 'Of, Tigr. 'Of-
Liéti und *Aura, Belen *Qerka 'areb, Danak. *Hari-
Kunbaro, Somal. Fi-Mer.

Ord. Raubthiere (Rapacia).

Erinaceus in genere — Arab. Qonfeḍ.

Sorex in genere — Arab. Om Sisi od. Zizi, auch Sunki (Ehrenb.).

Ratelus capensis — Amch. Fāro, Tigr. *Mogoza und Ḥ'ofar,
Arab. *Abū G'aka und *Leslūs, in Dongelah Abū Kem.

Rhabdogale mustelina — Arab. Abū Wusiẓ und Abū 'Afen,
Aethiop. *T'setgi.

Lutra spec. — Amch. *Aquesta, Tigr. Daquesta, in Senar
Saborah und Kelb oder Kebš el Mā.

Viverra habessinica — Amch. Aner.

Viverra genetta — Arab. Qot-Zobad.

Viverra ciretta — Arab. Qot-Zobad und Muskich, Amch.
*Dēri Zebād und Teren', Tigr. *Haẓel Muzu, Danak.
Domed Zobada.

Herpestes fasciatus — Arab. Qotnch, Tigr. *Tedha oder
*T'setha.

Herpestes Mutscheltschela — Amch. Mutšeltšela, Tigr. *Se-
loẓ-Loẓod.

Herpestes gracilis — Amch. Mutšeltšela, Majananisch Säkich
(Rüpp.).

Herpestes Pharaonis — Arab. Nems, Tigr. *Surda, auch *Tedha.

Herpestes sanguineus — Arab. Abū Wusiẓ.

Herpestes leucurus — Arab. Abū Wutan und Om Sisi, nach
Rüppell Abu Turbān, Tigr. *Surdoḥ'.

Canis variegatus — Arab. Dīb und Abū Šōm (Bašōm).

Canis mesomeles — Arab. Abū el Hʿoseīn, auch Tʾaleb und
Oʾaleb, Tigr. Quontsal; andere Benennungen für Vulpes
in genere sind Hʿašil und Bejhʿo. Abbadie führt auch
einen Wad Hʿašil auf. Amchar. Qabero und *Bohʿaria.

Canis vulpes var. nilotica — Arab. Abū el Hoseīn.

Canis famelicus — Arab. Sabora (d. i. Höhlengräber) und
Oʾaleb.

Canis semiensis — Amchar. Walgié, Gala *Serendida.

Canis zerda — Arab. Abū Sūf, auch Fenēk.

Canis familiaris — Arab. Kelb, Amch. Wuša, Gala Serić,
Tigr. Kelbi, Belen Giding, Bedj. O-Jas, Berb. Wel-gi.

Lykaon pictus — Amchar. Takuila, Tigr. Tokla, Bedjanieh
Manōb, Arab. *Semʾa oder *Simīr.

Hyaena striata — Arab. Dabʾa oder Dabaʾa, Berberinisch
*Atigi oder Ati-gi.

Hyaena crocuta — Arab. Marʾafil, Aethiop. Zeēb, Tigr.
Kerai, Kereds und Zeb, Belen Wagʾa, Gala Warabēza,
Denkel. Jengula, Somal. Warabeh, Bedj. Keraio, Berb.
Dib-gi, Sudan-Arab. Ab Gʾimah.

Felis Leo — Arab. Asad, Sabūʾa und Lebūah, Schoho Lā-
bak, Gala Alāti und Lentša, Belen Gamana, Amchar.
Anbasa, Tigr. ʾOf oder Of, Aiet und Hʿajet, Bedj. Haldāb und Hadāb, Danak. Lōbak, Somal. Lība und Līwa.

Felis pardus — Arab. Nimer, Amch. Newer, Tigr. Neweri
und Hʿomom (Hʿumlhʿum?), Bel. Dšilba, Somal. Šebel,
Danak. Kabai, Bedj. Ehʿām und Schʿedo, Gala Kerensa.
Die schwarze Varietät Aethiopisch Gesela und Gešela.

Felis guttata — Arab. Fahad und Fahʿad, Amch. *Newer-
quolquol, auch *Newer arār, Somal. *Hermād.

Felis Serval — Arab. Baǵ, Amch. *Newer quolquol.

Felis Lynx (?) — Amch. Tšoχ Anbasa, auch Derq-Anbasa.

Felis caracal — Arab. Om-Rišad und Om Rišad, Amch. 'Afen und Afen, Belen *'Anaq.

Felis caligata — Amch. Hazla Demat und Ja-dūr Demat, Tigr. *Okul Dumo.

Felis maniculata — Arab. Qot̲ el-Xalā; nach Brehm in Masaua Miur.

Felis chaus — Arab. Tifā und Tifah, Tšaus: Brehm.

Felis spec. — Amch. Wobo, Tigr. Mendelit.

Felis spec. — Arab. Abū Sotān.

Felis domestica — Arab. Qot̲, Qotah, *Bis und *Bisah, auch *Kadīs, in Syrien Hir, Amch. Demat, Tigr. Demu, Gala Adūri, Belen Dimo, Bedj. Dšimo und Noliš, Berb. Sab-gi.

Ord. Nagethiere (Rodentia).

Sciurus multicolor — Masauanisch *Sakie (Rüpp.).

Sciurus rutilus — Arab. Saborah, Masauan. Silu (Rüpp.).

Sciurus leuco-umbrinus — Saborah, Amch. Dšedšera.

Rhizomys splendens — Amch. Filfel und Felfal.

Dipus in genere — Arab. G'erbū'a, auch Abū Nauar und Far el G'ebel.

Mus in genere — Arab. Fär, Amch. Ajet̲, Tigr. 'Antšowa, 'Aintšowa und Entsej, Bedj. Sīda und Gowo.

Meriones in genere — Arab. Far el G'ebel, Far gebeli, auch G'erbū'a.

Hystrix cristata — Arab. Abū Šok, bei Dosïer el Niš, um Sauakin Hanhan, Aethiop. Qonfez, Amch. Zert und *Geradša, Tigr. Gerаša, Schoho Endet, Somal. Ano-gob.

Lepus in genere — Arab. Arneb, Aeth. Mentelié, Amch. Tšentšel und Tentšel, Danaf. Bakēla, Somal. Bakeila, Bedj. Helei, Berb. Utlang und Wendlai-gi, Gala Hilesa.

Ord. Zahnlücker (Edentata).

Orycteropus aethiopicus — Arab. Abū Zeläf, *Abū Diqen, auch 'Ānak el Ard, Tigr. H'otär (nach Münzinger Xofar) und Dāro Merax.

Orycteropus (?) spec. — Tigr. *Tsehera, Amch. *Afer genait.

Manis Temminkii — Arab. Om Qirfah, am oberen Mareb Butu.

Ord. Einhufer (Solidungula).

Equus caballus — Arab. Hengst und Pferd im Allgemeinen H'osān, Stute Fares, Wallach Tawāsi, Fohlen Moher; Aeth. und Amch. Faras, in Amch. der Hengst Korma, die Stute Bazra, der Wallach *Sanga, Verb. Hengst Kadj-mundi, Stute Kadj-keri; Gala Ferda und Farda, Bedj. Hadai, Somal. Feres, Sudan=Arab. Q'aud.

Equus hybridus — Arab. Bxal und Baxlah, Amch. Baqelo, Aeth. Baqeli, Somal. Beret.

Equus asinus — Arab. H'omär, Aeth. Adgi, Amch. Ahija, Tigr. Edig, Gala Häre und Harje, Schoho Ekoleti, Belen Doghära, Bedj. O-Meq, Verb. Hanū.

Equus (Asinus) africanus — Arab. H'omär el Wädi, Bedj. Halai-Meq.

Equus (Asinus) taeniopus — Arab. H'omar el Wädi, Aeth. Adgi gédam, nach Rudolf Jabada Axaja, Amch. Jabada Aheja, Tigr. Adgi Baraxa, Danak. Debu Kolo, Somal. Damer Debadeh.

Ord. Dickhäuter (Pachidermata).

Elephas africanus — Arab. Fil, Sudan=Arabisch Abū Nebe-

18*

qah, Bedj. Kurūb, Somal. Merōde, Danak. Dekan, Gala
Arba, Belen Dšana, nach Munzinger Gane, Aeth. Negié,
Amch. Zohon, nach Rudolf Zoẓōn, Tigr. H'armaz, (H'ar-
mas: Munz.), das junge Thier Aual, das Weibchen Jéruet.

Rhinoceros Keitloa — Arab. Om Qarn, 'Anazah, H'ariš
Kerkend und H'ardīd, Aeth. Arwié-ẓaris, Amch. Awraris,
Tigr. Aris (Xaris: Munzinger), Belen Gedangik, Somal.
Wūil, Bedj. Endit und Haris, auch Soh'ot (i. e. Einhorn).

Hippopotamus amphibius — Arab. G'amūs el Bah'er (auch
*Aziṉṯ), Aeth. Biẓat, Amch. Gomari und Gomarié, Gala
Rōbi, Berb. Jasinti, Eretk und Gelōbeh.

Phacochoerus Ailiani — Arab. H'alūf Abū Qarnēn, Aeth.
H'arawea haqel (Rudolf), Amch. H'areja, auch Moflos,
Tigr. Freja (H'arawije: Munz.), Danak. H'araja, Somal.
Dofār, Bedj. O-Jak.

Nyctochoerus Hasama — Tigr. Asama, Amch. Hasama.

Sus scrofa domestica — Arab. H'anzīr, auch Qedrūk.

Hyrax in genere — Aeth. und Tigr. Geh'ié, Amch. Aškoko,
Danak. Ekeio, Arab. Waber, X'anem Beni Isrāl und
*Qēqo, nach Hempr. und Ehr. auch Qleidōm, Bedj. Qégé,
Majanau. Geh'ej.

Ord. Wiederkäuer (Ruminantia).

Antilope dorcas — Arab. X'azāleh, auch *Dabi, Majanau.
und Tigr. Šoquen, Bedj. Ganai, Danak. Woir-ari, Somal.
Dēro, Berb. Gel.

Antilope laevipes — Arab. Abu H'arabāt.

Antilope tilonura — Tigr. *Telbadu oder Tel-badu.

Antilope leptoceros — Arab. Abu H'arab.

Antilope Soemmerringii — Arab. Om S'abah, auch *Ariel, Tigr.
Arab und H'arab, Danak. Bus-adu, Somal. Auel oder Awul.

Antilope Dama — Arab. 'Adra, Lēdra, el Rīel und 'Ariel.

Antilope montana — Amch. Fiéqo, Aeth. Waital, Arab. H'amra, *Atrob, *Odrob und Mor (?).

Antilope (Oreotragus) saltatrix — Amch. Sasā, bei Masaua *Qobtu, Tigr. *Embiraga und Humber-h'aqa, Bedj. Mašokib.

Antilope Hemprichiana — bei Masaua Beni Isrāēl, Tigr. 'Atro, Tigrenj. Endšu, am Setit *Diq-diq, Danak. Séqéré, Somal. Saqaro.

Antilope Madoqua — Aethiop. Orna, Amch. Midāqua, auch Miédakua (Abbadie), Tigr. *Qalbadu ('Atro?), Denanīd und Mīdaq, Masauan. Danido, Sudan-Arab. *Om 'Otrud (?).

Antilope redunca — Amch. Bohor.

Antilope Defasa — Amch. Defāsa, Arab. *Om Hetehet, in Kordofan Bura und Xora (Rüpp.).

Antilope Bakerii — Arab. Abū M'aāref, Amch. Woadembi (?).

Antilope Beisa — Arab. Bēidah, Danak. 'Ari, Somal. Beid, in Kordofan Dama (Rüpp.)?, Tigr. B'eza.

Antilope leucoryx — Arab. Wah'š el Baqer.

Antilope nasomaculata — Arab. Baqer el Wah'š und 'Akaš und 'Aqaš.

Antilope strepsiceros — Arab. Nelet und Jeled, im Homran *Unqutīr (Om Qutīr) und Miremreh, Amch. Agazēn, Tigr. Garua (wohl vom semitischen G'ari), auch Dšauen.

Antilope Decula — Amch. Dokula, Arab. H'uš.

Antilope bubalis — Amch. Tóra, Tigr. Tōri und Tōtel, Be-len *Qaraqua, in Senar Tētel.

Antilope (Eleotragus?) spec. — Arab. *Xondieh.

Antilope (Acronotus?) spec. — Amch. *Soäda.

Antilope (Hippotragus?) spec. — Amch. Worobo.

Antilope (Calotragus?) spec. — Arab. Mor.

Antilope spec. — Arab. *Om Xat.

Antilope spec. — Arab. H'amrah.

Aegoceros Beden — Arab. Beden und W'ael oder Wa'el, in Egypten Tetal, im nördlichen Nubien Kebŝ el G'ebel und Neqer, Bedj. 'Eu oder E'o.

Capra hircus in genere — Arab. X'anem, der Bock Tes, die weibliche Ziege M'ezah und 'Anz, Amch. Fijel, Tigr. *Del, Negel, Mädef und Mefred, Belen Fintira, Bedj. Te-Naï, Verber. Berti.

Ovis aries in genere — Arab. Xaruf, der Bock Kebŝ, Amch. Bag oder Bag'e, Bedj. Tirfem und Argeno, Verb. Kariu.

Bos pumilus — Arab. G'amūs el Xalā, Amch. Goŝ, Gala Gefersa, Tigr. und Bedj. Agaba, Aethiop. Dasekano (Ludolf).

Bos taurus domest. — Arab. der Ochse Oör, die Kuh Baqer, das Kalb 'Igel, Rindvieh im Allgemeinen Beheim; Amch. der Ochse Berié, der Farren Wojetān, die Kuh Lam, Kalb Tedŝa und Enbasa, Rindvieh Kabt; Tigr. der Ochse Beriéj, die Kuh Wot oder Lami, Stier Wahar; Aethiop. Ochse Lahem; Verb. Ochse Gurki, Kuh Ti-keri; Bedj. Ochse Laga (nach Munzinger O-Jo), Kuh O'-Sā; Belen Stier Bile (Munzinger); Somal. der Ochse Dibi, die Kuh Lō; Gala der Ochse Kotijo, die Kuh Sāa.

Bos bubalus domest. — Arab. G'amūs.

Camelus Dromedarius — Arab. G'emel, das Reitkameel Hegīn, Stute Nāqah; das junge Kameel Q'aud; Aethiop. Gemle, Stute Aneb; Amch. Gemale, Sudan-Arab. Kalqeh, Verb. der Hengst Kam-nudi, die Stute Kim-gi; Barkah Kam-baro, Belen Gedem (nach Munzinger Gimile), Gala Gāla, Somal Geil und Gel, Danak. Rekiba, Bedj. O-Qam oder O-Kam, Bazen Arkoba, Schoho Galati.

Camelopardalis Giraffa — Arab. Zerāfeh und Zerifah, Aethiop. Zerat, Amch. G'erata-Qatŝin, Tigr. Zeota und Zerafa, Somal. Hal-Gēri, Bedj. Serāf.

Ord. See-Säugethiere (Pinnata).

Halicore cetacea — Arab. Tauīleh, G'ilid und Nāqah el Bah'er, nach Ehrenberg Lotēm, Danak. Urum, Somal. Gel-Bade, Hebr. Taχaš(?).

Manatus spec. — Arab. Om Zebeibeh, Amch. *Auli, 'Aila und Ja-Bah'er Tedša.

Delphinus Abu Salam — Arab. Abū Salam, Danak. Hoberi, Somal. Hombaro.

Phocaena spec. — Arab. Būmah.

Balaenoptera Bitan — Arab. Betān, Aethiop. 'Asa-Anberi, Danak. Betānch, Somal. Neberi.

B. Vögel.

Der Araber hat keinen Collectivnamen für Vögel, die größeren Formen nennt er Ter, (Plur. Tiūr), die kleineren 'Asfur (Plur. 'Asafir). Amcharisch heißt der Vogel 'Of, Tigrisch *Wof.

Ord. Raubvögel (Accipitres).

Gypaëtus meridionalis — Arab. Biš, Aethiop. *Qilqil-Agafi, Amch. *Fijel 'Aqafi und *Tšowita.

Neophron percnopterus — Arab. Raχūm, Tigr. *Setei Hakan und Gam.

Neophron pileatus — Amch. *Tenb Amora, Tigr. Bel'a Χāri.

Vultur in genere — Arab. Niser, Amch. Neser und *Amora, Tigr. Bel'a Qambi, auch Guma, Belen Qab.

Buteo Augur — Amch. Gidigidi, Tigr. *Tsugedim.

Aquila in genere — Arab. Saqer el Arnab, Amch. Neser und Nezer, Tigr. *Gambi.

Pandion haliaëtus — Arab. Mansūr und Ketāf.

Pteroaëtus vulturinus — Amch. Neser Worka.

Helotarsus ecaudatus — Arab. Saqer el H'akīm und Saqer
    el Arnab, Tigr. Hebej-Semaj, Somal. Nabodi.

Falco in genere — Arab. Saqer, Amch. Gidigidi.

Falco saqer — Arab. Saqer šahīn.

Falco tinnunculus — Arab. Saqer Abū Šerageh und Saqer
    Abū G'erād.

Milvus aegyptius — Arab. H'edaieh, Amch. Tšelät, Tigr. *Lito.

Elanus melanopterus — Arab. Abū Hauām und Hauān.

Melierax polyzonus — Arab. Abū Šikl (Hartm.), Somal.
    Hatkaadak (Spcke).

    Anmerkung. Munzinger und d'Abbadie erwähnen noch
nachstehender tigrischer Benennungen für einige Raubvögel: Lilo
(aigle: Munz. = épervier: d'Abbadie); Nāhil (aigle: Munz.),
Gam (vautour blanc à cou long: Munz.), Gän (esp. de
voutour très grand: Munz.), Alets (épervier: d'Abbadie).

Serpentarius reptilivorus — Arab. Tēr el Nesīb, Tigr. *Fares
    Seitän.

Strigidae in genere — Arab. Bumah, Tigr. und Amch. Gugut,
    Gobqa, Gugit, Gugua, nach d'Abbadie Gän.

Ord. Singvögel (Passeres.)

Caprimulgus in genere — Arab. *X'ureh *Qurch.

Hirundo in genere — Arab. 'Asfūr el G'eneh, Sununu,
    Xotāf, 'Asfūr el Amaneh, Amch. *Ladšud, Tigr. *Loha
    h'eidu und Gedo.

Coracias habessinica — Tigr. *Wade-Gimēle (Lefeb.), wohl
    besser Wad Gimet, d. i. Kind der Wolken.

Alcedo in genere — Arab. Saiad el Samak und Abū Reqe'a,
    Tigr. Bel'a 'Asa, Amch. 'Asau Dšin.

Merops in genere — Arab. Saqax und Saqaq, Tigr. Bel'a Nehbi.

Upupa epops — Arab. Hudhud, Tigr. Endearmamilo (Lefeb.),
    Amch. Endermamiti: Antinori, Belen. Abukihi: Antinori.

Irrisor erythrorhynchus — Tigr. *Berẕa Wibo, Amch. *Berko-
  Akoa: Lefeb.

Nectarinia — Arab. Abū Riš.

Camaroptera brevicaudata — Belen Isa.

Aëdon galactodes — Arab. Bulbul.

Sylvia — Amch. und Tigr. *Ṯemba und *Thembit.

Ruticilla — Amch. *Kola-beït: Lefeb.

Saxicola — Amch. *Dekula: Lefeb.

Turdus semiensis — Amch. Zagra-godēf: Lefeb.

Pycnonotus Arsinoë — Arab. Bulbul.

Oriolus — Arab. Ṣufer, Tigr. *Ambala oder Ombala.

Dicrourus divaricatus — Belen Boliä: Antinori.

Terpsiphone melanogastra — Tigr. *Wof Weber, Amch.
  'Of-Anbasa: Antinori.

Lanius humeralis — Amch. *Gura-majale (mēale): Lefeb.,
  Gruamakli: Antinori.

Malaconotus erythrogaster — Amch. *Osaïtsabo oder *Wai-
  nabo: Lefeb.

Dryoscopus aethiopicus — Tigr. *Gura-mele: Antinori.

Telephonus erythropterus — Amch. *Kenefe-Kola (Quola?): Lefeb.

Corvus in genere — Arab. X'urāb, Tigr. *Goah', nach Munz.
  Kuwā, Amch. Qura.

Corvus umbrinus — Arab. X'urāb el Nōh'i.

Archicorax crassirostris — Amch. Baqāq, Netše-Räs-Qora: Lefeb.

Fregilus graculus — Tigr. *Dšadšadié (*Hora: Lefebvre),
  Amch. *Wof Thaga: Lefeb.

Lamprocolius — Amch. *Wordit, Tigr. *Wōri und *Wāro,
  nach Lefebvre Tigr. und Amch. *Suhali oder Wohali.

Pholidauges superbus — Somal. Šimber-Load: Speke.

Notauges albicapillus — Somal. Planagūr.

Pilorhinus albirostris — Tigr. und Amch. Warda.

Amydrus Rüppellii — Tigr. und Amch. Warda.

Textor alecto — Tigr. Wudšerek, Bel. Bokurdumū: Antin. (Toqur Demu?)

Hyphantornis in genere — Amch. Ombala.

Hyphantornis galbula — Tigr. *Keraje: Lefeb., Amch. *Sebenié: Lefeb.

Euplectes franciscana — Arab. Sersūr ah'mar, Amch. Masqal oder Ja Masqal-'Of, Tigr. Wof-Masqale.

Penthetria in genere — Tigr. 'Elet.

Steganura Verreauxii — Amch. *Deme, Diéme.

Hypochera niteus — Tigr. T̲ito.

Habropyga in genere — Tigr. T̲ito, Amch. *Tembit̲.

Passer Swainsonii — Tigr. *Boqhuadi: Lefeb.

Poliospiza tristriata — Tigr. *Ainū-Kolo: Lefeb.

Chrithagra striolata — Amch. *Santārita: Lefeb.

Critrinella nigriceps — Amch. * Tšelo, Tšiélo.

Alauda in genere — Arab. Qonbar, Amch. *Derdšet: Lefeb.

Turacus leucotis — Amch. *Sōrit, Tigr. *Saqen oder Saganié.

Schizorhis zonura — Amch. Guguqa, nach Antinori *Duldulo.

Colius leucotis — Tigr. Bel'a Šebti.

Colius macrourus — Arab. Abu Denūb, Abu Qarn: Brehm.

Buphaga erythrorhyncha — Amch. Aretš, Tigr. Tšerna, u. Lefeb. Tšernahai, nach d'Abbadie Kumbēret, Arab. 'Asfūr el Baqer.

Buceros in genere — Arab. Abu Tok, Tigr. Kutu, Amch. Macidū: Antinori, Bel. Katuro.

Buceros flavirostris — Somal. Kuduu-Kutu.

Bucorvus habessinicus — Arab. Tēr Abu Qarn, nach Brehm Om Tortor, Amch. Erkum und Herkum, Tigr. Aba Ganba, Majauau. Gumguma.

Ord. Klettervögel (Scansores.)

Psittacus in genere — Arab. Babažan und *Durah, Tigr. *H'ansai, Amch. Donkoro.

Palaeornis torquata — Amch. Girta: Antinori, Bel. Karura.

Pionias Meyeri — Tigr. *Ensa: Antinori, (potius *H'ansai), Bel. Dalalā: Antinori.

Agapornis Tarantae — Tigr. Dura: Lefeb.

Pogonorhynchus habessinicus — Tigr. *Onhali: Lefeb.

Trachyphonus margaritatus — Tigr. *Trunqo, nach Lefeb. Šelchek, Amch. Gindogurgur: Antinori.

Chrysococcyx smaragdineus — Tigr. *Hasama χeremtei.

Centropus monachus — Arab. Abū Burbūr, Tigr. Dēdié ob. Diéde.

Indicator in genere — Tigr. H'arh'ariét oder Arariét, Amch. Kerkerié.

Picus in genere — Arab. Naqar el h'ašab, auch Negār.

Ord. Tauben (Columbae).

Treron habessinica — Tigr. *Hamhamo, Amch. Walié.

Columba guineensis — Tigr. 'Ergui, Amch. 'Ergeb.

Columba in genere — Arab. H'amāmeh.

Turtur in genere — Arab. G'imri und Qemri, Tigr. *Wanez, Amch. Dabo.

Oena capensis — Arab. Om Belëmah.

Anmerkung. Munzinger und d'Abbadie erwähnen auch einiger tigrischen Benennungen für Taube, nämlich: Bedalié, Tukor-šah'ar und Gududalié.

Ord. Hühnervögel (Gallinae).

Pterocles in genere — Arab. Qatā, Tigr. *Bōbo und *Boqboq, nach Lefebvre *Berhié.

Numida ptilorhyncha — Arab. Digāg el Wādi, Tigr. Dšegra und H'aqal, Amch. Zegra, Bel. *Jegranié.

Ptilopachys ventralis — Arab. Digāg el H'agar, Tigr. Dirho-

Moqua, nach Antinori Mai-Daro (wohl besser Mai Doro), in Kordofan *Quēra.

Francolinus Erkelii — Tigr. *Qōqah'-Bādi, nach Lefebvre *Qoquh'a, Amch. Qōq, nach Lefebvre *Qaqhe, Bel. Koia.

Francolinus Clappertonii — Arab. Digāg el Qes, Tigr. *Berhié.

Francolinus gutturalis — Tigr. *Zerenié, nach Lefebvre *Suruh'ej.

Francolinus leucoscepus — Tigr. *Biét Abrēχi.*

Coturnix communis — Arab. Semān, Amch. Dertšet, Tigr. *Bernié-h'iqo (Bernigo: Lefeb., Kok'aj: d'Abbadie).

Ammoperdix Hayi — Arab. Hagel und Šeiān.

Gallus domesticus. Der Hahn. — Arab. Dik, die Henne Ferχah und Digāgah, Hühner im Allgemeinen Digāg, Tigr. Dirho, Amch. der Hahn Aura-Doro, die Henne Dorō, Verb. Dermadi-gi.

Ord. Straußvögel (Struthiones).

Struthio camelus — Arab. N'aāmeh, Amch. Sagon, Aeth. Qoqano, Tigr. *Seguani (Segen: Munz.), Buraj, Belen Sagan, Bedj. Quire oder Gurēb, Somal. Goroio, Danak. Goroja.

Ord. Laufvögel (Grallae.)

Otis arabs — Arab. H'ubārah, Mašauan. *Dah'a, Tigr. *Tagadat-H'arasdai.

Oedicnemus crepitans — Arab. Keruan, Tigr. *Ja Liélit Wof.

Oedicnemus affinis — Somal. Kedinhitu, Mašauan. *Gara-Ali (Brehm).

Hoplopterus spinosus — Arab. Siqsaq.

---

* Wahrscheinlich von berzé, kahl werden, vielleicht auch von barh'a, glänzen; dann Biét abreh'i zu schreiben.

Squatarola varia — Arab. Abū Hʿaġar.

Carsorius gallicus — Arab. Keruān ġebeli und Durēġ.

Pluvianus aegyptius — Arab. Ṭrēel Temsāhʿ.

Dromas ardeola — Arab. Hʿankōr.

Ardea cinerea — Arab. Balašān und Balazān, auch Abū
   ʾAnqā, Tigr. *Waa-teiméise: Lefeb., Amch. *Watamiéne.

Ardea Goliath — Arab. El-Mirah und El-Waq.

Ardea gularis — Arab. Xʾarnūq, Abū Ṣarāhʿ und Anazʾa.

Ardea alba — Arab. *Xʾedi und Waq el abīad̤.

Ardea garzetta — Arab. Beīadi.

Ardea ibis — Arab. *Abū Qerdān.

Ardea comata — Arab. *Sabīsah.

Scotaeus nycticorax — Arab. Waq.

Scopus umbretta — Amch. Ja-Woxa Qūra.

Ciconia Abdimii — Arab. Sinbileh, Amch. und Tigr. Šu-
   mala: Lefeb., und Wangu: Munz.(?)

Ciconia alba — Arab. Belārig und Baġah.

Leptoptilus crumenifer — Arab. Abū Ṣēn und Abū Zēn.

Mycteria senegalensis — Arab. Abū Mēieh und Abū Mɪlieh,
   Amch. Rāza.

Platalea leucorodia — Arab. Abū Mʾalaqah und *Dauās.

Tantalus ibis — Arab. Naʾeġah.

Ibis falcinellus — Arab. Hʿerēz, Amch. *Ti-hanhia: Lefeb.

Geronticus comatus — Tigr. *Gomarēt.

Geronticus carunculatus — Tigr. *Bā, *Baʾah (Ha-ha: Lefeb.).

Geronticus aethiopicus — Arab. Naʾeġeh, Abū-Mingel und
   Abū Qadūm, Amch. Gagano.

Numenius arquata — Arab. Karuān-ẋēti.

Gallinago scolopacea — Arab. *Xoseh und Bekatšin.

Rhynchaea capensis — Arab. *Xōseh-hindi.

Himantopus autumnalis — Arab. Bɪgi und *Suqdah.

Fulica atra — Arab. Xʾur und Xʾurah.

Gallinula chloropus — Arab. Digāǵ el-Mā, Amch. Ja-Woẕa
  Doro.

Grus cinerea — Arab. Kurq.

Anthropoides virgo — Arab. Rahō.

Anmerkung. Der Pfauenkranich wie seine Verwand=
ten heißen in Amchara Simel.

Ord. Schwimmvögel (Natatones).

Phoenicopterus antiquorum — Arab. Nih'āf und Bāschā Roš.

Anseres in genere — Arab. Wuz, Amch. Jebra.

Anates in genere — Arab. Baṯ, Amch. Ja Woẕa Doro.

Podiceps — Arab. X'utēs.

Larus fuscus — Arab. Daẕābah.

Larus leucophthalmus — Arab. 'Agāmeh.

Larus Hemprichii — Arab. 'Agāmeh.*

Sterna caspia — Arab. Abū G'irah und Abū Belah'.

Sterna media — Arab. Abū Qešeš.

Sterna Bergii — Arab. *El H'eqt.

Sterna anglica — Arab. *El Ueq.

Sterna minuta — Arab. *Diẕēz.

Sterna albigena — Arab. Abū Batēn.

Rhynchops flavirostris — Arab. Abū Moqas.

Sula fiber — Arab. Smeṯ und Sometah.

Graculus in genere — Arab. 'Aqq.

Pelecanus in genere — Arab. G'emel el-Bah'er, Abū Sil-
  bah und Baǵa.

Pelecanus rufescens — Arab. Abu G'irbeh und Abu G'urab,
  Danaf. Antele: Brehm.

* In Egypten heißen die Möven im Allgemeinen Nurs und Tuhṯ, in
Algrien Bū 'Omeirah.

Nachträge und Berichtigungen

zur Aufzählung der Säugethiere und Vögel des Gebietes der Beni Amer und Habab.

pag. 6, Zeile 10 von unten statt arab. zu setzen amchar.

pag. 7, Zeile 4 von oben statt Damo zu setzen Damo.

pag. 12, Zeile 1 von oben statt Gnola zu setzen Quola.

pag. 12, Zeile 11 von unten statt Otolienus zu setzen Otolicnus.

pag. 13, Zeile 3 und 4 von oben statt Otolienus zu setzen Otolicnus.

pag. 13, Zeile 11 von unten statt schweifen zu setzen unternehmen.

pag. 14, Zeile 7 von oben statt der zu setzen des.

pag. 15, Zeile 2 von oben statt Ob diese Art zu setzen Ob Pteropus palmarum.

pag. 15, Zeile 18 von oben zu Pteropus Geoffroyi einschalten:

Im Januar und Februar 1876 besuchten allabendlich kleine Flüge dieses Flederhundes den Garten des Hotel du Nil in Cairo. Es waren zumeist einzelne Paare, die dicht zusammenhielten, nebst je zwei bis vier noch nicht vollständig ausgewachsenen Jungen, welche die halbreifen Früchte der Nabaq-Bäume (Zizyphus) plünderten. Die Thiere hingen sich, nachdem sie die betreffenden Bäume mehrfach schnellen, niedrigen und geräuschlosen Fluges umkreist, an die äußeren Zweige an, fleischten die ein-

zelnen Pflaumen ab und ließen den sauber abgeschälten Kern
zur Erde fallen. Beim Auffliegen und Abstehen, sowie bei plötz-
lichen Wendungen im Flug vernimmt man ein Geräusch, ähnlich
demjenigen, welches ein in der Luft geschlagenes seidenes Taschen-
tuch hervorbringt. Ende Februars zeigten sich die Männchen sehr
rauflustig; sie verfolgten sich gegenseitig, stießen wie kämpfende
Raubvögel aufeinander und ließen dabei zuweilen eine durch-
dringend quiekende Stimme hören. Bei Mondschein flogen
die Flederhunde die ganze Nacht über, sie erschienen übrigens
auf ihren Futterplätzen erst etwa eine Stunde nach Sonnenuntergang, als die meisten insectenfressenden Arten sich schon
längst zurückgezogen hatten.

Ich maß ein altes Männchen wie folgt: Körper von der
Schnauzenspitze zum Schwanzende 6″ 4‴; Flugweite 1′ 6″ 9‴;
Kopflänge 1″ 8,8‴; Ohrhöhe 1″ 2‴; Länge des fast nackten
Schwanzes, soweit derselbe über die Haut herausreicht 3,7‴;
Vorderarm 3″ 6‴; zweiter Finger fast 6″; Daumen mit Nagel
fast 1″ 3,5‴. — Die Nase vorn sehr tief gespalten. — Das
große Auge hell erdbraun.

pag. 18, Zeile 1 von oben statt (Heugl. et Rüpp.) zu
setzen (Heugl. e Rüpp.).

pag. 26, Zeile 9 von oben:

Maße von Taphozous nudiventris. Körperlänge 3″ 7‴;
Kopflänge gegen 1″ 2‴; Entfernung des Auges von der Nasen-
kuppe 6‴; Ohrhöhe 6,7‴; Vorderarm 2″ 8‴; Daumen mit
Nagel gegen 4‴; Mittelfinger 4″ 4‴; Schwanz 1″ 0,5‴.

pag. 30, Zeile 1 von oben statt Heftohr zu lesen Haftohr.

pag. 33, Zeile 6 von oben statt Antibrach zu lesen
antibrach.

pag. 46, Zeile 5 von unten:

Canis variegatus ist eine durch beträchtliche Größe, gedrungene Gestalt, straffere buschige Behaarung mit viel Bei-

mischung von Schwarz und mäßig kurze, außen auffallend lebhaft
rostfarbige Ohren ausgezeichnete Form. Schwanzspitze schwärz=
lich. Iris hell bräunlichgelb.

pag. 47, Zeile 10 von unten:

Canis vulpes niloticus. Unterseite von der Oberbrust ab
gewöhnlich schwärzlich; Außenseite des Ohres tief schwarz, an
der Basis abrupt röthlich weiß; Schwanzspitze weißlich, dahinter
auf der Oberseite meist ein verwaschener schwärzlicher Fleck, ein
zweiter ähnlicher etwa auf dem ersten Drittheil des Rückens
der Ruthe. Iris hell rostigbraun. — Körperlänge mit Schwanz
durchschnittlich 3' bis 3' 1''; Schwanz mit Haarspitze 1' 3'' bis
1' 4''; Kopflänge gegen 6''; Ohrhöhe 3'' 3'''; Schulterhöhe 1' 2''.

Außer der beschriebenen Form findet sich in Egypten noch eine
etwas schmächtigere, weit fahlere, mit eigenthümlich fleischröth=
licher Unterseite und breiter, weißer Schwanzspitze.

pag. 27, Zeile 1 von unten:

Canis famelicus heißt in Egypten allgemein T'aleb oder
O'aleb; in Sudan dagegen Sabora, wie Canis pallidus.

In unserem Beobachtungsgebiet nicht vorzukommen scheint
C. pallidus und C. Zerda. Letztere Art, der Fennek, ist nicht
selten in einzelnen Gegenden Egyptens bis ins peträische Arabien
hinüber, besonders häufig im Faium und in den benachbarten
Oasen; südwärts bis zur Baiudah=Wüste auftretend. Er lebt
familienweise in selbstgegrabenen Höhlen im Wüstensand. Weite
Stellen sind oft derart von den Ohrenfüchsen unterminirt, daß
es gefährlich ist, über solche Flächen zu reiten, indem Pferde
und Kameele bei jedem Tritt einbrechen.

Nach gefälliger Mittheilung von Dr. Schweinfurth nährt
sich Canis Zerda im Freileben fast ausschließlich von Eidechsen,
besonders von Uromastyx, die mit Haut und Hornstacheln ver=
zehrt werden. Eigenthümlich organisirt ist das Ohr des Fennek.
Dasselbe wird beim Graben im Sande vor= und abwärts ge=

schlagen und legt sich dann in regelmäßigen Falten über die Oeffnung des Gehörganges.

pag. 83, nach Zeile 6 von unten:

Im Reiche Monbutu muß ein Quasten-Stachler nicht selten vorkommen. Ich verdanke der Freundlichkeit Dr. Schweinfurth's das Schwanzstück einer Atherura, das mit anderen ähnlichen als Zierde an Schilden und Lanzen der Eingeborenen angebracht war. Die Borsten und Haare der Quaste stimmen ganz mit denjenigen von Atherura africana aus Fernando Po und Sierra Leone überein. Leider kennen wir nur wenige Arten von Säugethieren und Vögeln aus dem Quellgebiet der im Niamniam-Lande entspringenden und von dort nach Westen abfließenden Ströme, aber diese schon liefern den Beweis, daß die Fauna des Central-Continents westwärts von 25 Grad Ost von Greenwich bereits ein entschieden westafrikanisches Gepräge trägt.

pag. 98: Die Klippschliefer sind weit über Nordost-Afrika verbreitet. In Egypten habe ich dieselben zwar nicht angetroffen, aber in den Felsgebirgen Nubiens, auf den Bergen von Ost- und Süd-Senar und in Kordofan, wo sie südlich bis in das Nubah-Gebiet stellenweise recht häufig auftreten.

pag. 96, Zeile 11 von unten statt A l l i a n i zu setzen A i l i a n i.

pag. 125, Zeile 12 von oben statt C e p h a l o l o g u s zu setzen C e p h a l o l o p h u s.

pag. 125, Zeile 11 von unten statt A g a d zu setzen A g a w.

pag. 126, Zeile 8 von oben statt B a e d e n zu setzen B e d e n.

pag. 132, Zeile 2 von oben statt G e r r e i d' s c h e n zu setzen G e r r e r d' s c h e n.

pag. 132, Zeile 9 von oben statt am zu setzen im.

pag. 150, Zeile 8 von oben nach Anseba-Thal zu lesen sowie im Hochland von.

pag. 151, nach Zeile 4 von oben einzuschalten:
Ich gebe nachstehend einige Maße von Falco barbarus.

	I. ♀ Heuglin.	II. ♂ Antinori.	III. ♀ Blanford.	IV. ? Finsch.
Länge ca.	16″ —‴	—	—	ca. 15″ —‴
Firste	—″ 10,5‴	—	—	—″ 8‴
Flugweite	11″ 6‴	10″ 1‴	12″ 2‴	12″ —‴
Schwanz	5″ 1‴	5″ 2‴	6″ 1‴	6″ 6‴
Tarsus	1″ 8‴	1″ 6‴	1″ 10‴	1″ 10‴
Mittelzehe m. Nagel	2″ 6‴	—	—	—

Nr. III. von Blanford im Anseba-Thal gesammelt und Nr. IV. von Jesse in der Gegend von Ain erlangt, dürften eher zu Falco tanypterus zu rechnen sein, worauf namentlich der längere Schwanz hindeutet.

pag. 178, Zeile 3 von unten, zu Sylvia undata:
Ich bin über die Bestimmung der von mir eingesammelten Exemplare nicht ganz im Reinen. Es waren alte Vögel im Winterkleid und Jährlinge. Die Flügelbildung stimmt mit Sylvia undata, während beim Männchen eine Spur von braun=röthlicher Kropfzeichnung und weißem Bart auftritt, ähnlich wie bei Sylvia provincialis. Auch zeigt ersteres schwärzliche Zügel mit sehr schmalem nacktem röthlichem Augenlid, während dieser Rand bei den jungen Thieren kaum bemerklich und grau ge=färbt ist.

pag. 180, nach Zeile 11 von oben:
Anmerkung. An der arabischen Küste des Rothen Meeres und bei Sues erlangte ich einen eigenthümlichen Drosselrohrsänger, Calamodyta arabica, Heugl. Bei Dosöer fand Dr. Klunzinger im Monat März Calamodyta (Pseudoluscinia) luscinioides, Savi. — Neu für die Fauna Europa's dürfte sein Calamodyta agricola, Jerd.; ein Exemplar dieser in Centralasien und In=

19*

dien heimischen Art fand ich unter Bälgen, welche Herr Hencke
aus der unteren Wolga-Gegend und vom Caspischen Meere ein=
sandte.

pag. 180, Zeile 5 von unten (zu Ruticilla phoenicurus):
Wurde von uns noch am 25. April 1876 bei Cairo einge=
sammelt.

pag. 188, Zeile 11 von oben (Monticola saxatilis): Am
11. April 1876 bei Cairo auf dem Durchzug ziemlich häufig.

pag. 190, Zeile 5 von unten (zu Motacilla boarola):
Ich beobachtete ein Pärchen dieser Bachstelzen-Art zwischen De=
cember 1875 und Mitte Februar 1876 im Garten des Hotel
du Nil in Cairo.

pag. 193, Zeile 9 von oben (zu Muscicapa grisola): Wie
bei vielen Zugvögeln scheinen die Weibchen später zu wandern
als die Männchen. M. grisola dürfte wohl in Unteregypten
brüten. Am 25. April 1876 erlangten wir dort ein Paar.
Das Weibchen zeigte Brutflecken.

pag. 194, Zeile 4 von unten statt Weibchen zu setzen
Weichen.

pag. 196, Zeile 7 von oben (Oriolus galbula): Gegen
Ende Aprils 1876 waren die Pirole in der Nähe von Cairo
recht häufig auf dem Durchzug. Die alten Männchen trugen
ihr Prachtkleid noch nicht vollständig.

pag. 197, Zeile 4 von unten statt Rhodophoreus zu
setzen Rhodophoneus.

pag. 211, Zeile 8 von oben. Der Satz „endlich an
den Brunnen von To-Kar" auf Zeile 6 nach „hinüber" zu
verlegen.

pag. 216, Zeile 12 von oben statt widr zu setzen wird.

pag. 217, Zeile 12 von unten statt C. striolata zu
setzen F. striolata.

pag. 227, nach Zeile 6 von unten (Cuculus canorus):

Mitte Aprils 1876 ziemlich allgemein bei Cairo auf der Wanderung nach Norden.

pag. 228, Zeile 3 von unten statt Coccytus zu setzen Coccystes.

pag. 229, Zeile 4 von oben statt atoi zu setzen cafer.

pag. 239, nach Zeile 5 von unten (Coturnix communis): Im Frühjahr 1876 begann der Durchzug der Wachteln in Unteregypten bereits Mitte Februars. Am 1. April vernahm ich den Schlag der Hähne und fand am 15. April in der Nähe von Djizeh ein Nest mit 8 unbebrüteten Eiern.

pag. 243, Zeile 9 von unten zu Charadrius asiaticus: In meiner „Ornithologie Nordost-Afrika's" habe ich diese Art fälschlich als Ch. Damarensis aufgeführt und Ch. veredus als Ch. asiaticus behandelt.

pag. 247, nach Zeile 11 von oben: Auch nach meinen neueren Beobachtungen zwischen Januar und Anfang März nicht in genannter Gegend, obgleich mir in Masaua ein angeblich dieser Art zugehöriges Ei am 4. März überbracht wurde.

pag. 249, Zeile 9 von oben statt Ardea Gularis zu setzen Ardea gularis.

pag. 251, Zeile 4 von oben statt Scotaeus nycticora zu setzen Scotaeus nycticorax.

pag. 256, Zeile 5 von oben statt Ränder zu setzen Ständer.

Berichtigung zu den Illustrationen.

Auf Tafel „Philothamna minor, Hgl." ist zu lesen: zu Vögel Nr. 134, statt zu Vögel Nr. 143.

Auf Tafel „Batis orientalis, Hgl." ist zu lesen: zu Vögel Nr. 177, statt zu Vögel Nr. 186.

Nachträge

zum Verzeichniß der Fremdwörter,
Th. I. p. 266 ꝛc.

pag. 268. Atabah. Ich leitete diese sowohl im Arabischen als im Tigrischen übliche Benennung für Gebirgspaß von der Wurzel t'ab = ermüden ab. Munzinger übersetzt das tigrische Wort 'Atebe mit fatiguer, also vielleicht besser 'Ateba statt 'Atabah oder At'abah zu schreiben.

In der Nähe von Sauakin liegt ein kleiner Gebirgsstock, der Waratäb heißt, welche Benennung, wenn sie überhaupt arabischen Ursprungs ist, wohl mit Warā T'ab, d. i. das Ende der Arbeit oder Ermüdung (des Weges) zu umschreiben.

pag. 268. Athara. — Vielleicht vom äthiopischen Xare, sich brennen, dann Atzara.

pag. 268, nach Atharah einzuschalten Aualid Eret. — Paß im Lebkathale. — Nach Munzinger zu schreiben Aualid oder Awalid Eret.

pag. 269, Z. 13 von oben nach Bade zu setzen: (Bād'e.)

pag. 272, Z. 3 von oben zu lesen Xartum statt Xartum.

pag. 272, Z. 5 von unten zu lesen Dedsch-Azmatsch (nicht Dedsch = Azmatsch).

pag. 272, am Schluß der Seite einschalten:

Denkeli und Dankāli, Plur. Danākil. — Arabisch Danākil und Danakil, aber auch Danāqil und Danaqil. — Völkerschaft, welche das Tiefland und einige Inselgruppen zwischen der Bai von Adulis und dem Golf von Tedjurah inne hat und theilweise dem Chediv von Egypten unterworfen ist. Die Benennung Danākil ist wohl arabischen oder äthiopischen Ursprungs (nach Rüppell von Donak abstammend, was in der Tigrié-Sprache Schiff bedeuten soll), die Völkerschaft selbst nennt sich Āfer, 'Afer oder 'Afar, Sing. Aferi, und nur ein Zweig derselben Dankāli. Ihre Sprache hat nichts gemein mit der arabischen und äthiopischen, sie bildet mit derjenigen der Gala und Somalen einen besonderen afrikanischen Sprachstamm. Die Abessinier bezeichnen das Danakil-Gebiet mit der Benennung Adāl (vergl. Th. I. pag. 266), nach einer Familie (Liāl) des Afer-Stammes, welche in der Nähe am Tedjurah ansässig ist.

.   Ich bereiste im Jahre 1857 das ganze Küstengebiet der Danakil. Nach den mir damals gemachten Angaben zerfallen die Afer in zwei Hauptstämme, nämlich Asahian-Mara und Adohian-Mara; erstere wiederum in die Zweige Debenek Wuēma, zu welchem die Adul gehören, und H'edārem. Die Adohian-Mara theilen sich in die Familien Domhoito, Dahimēla, Hamfila und Modeido oder Modeitu. Letztgenannte Qabileh scheint den übrigen numerisch weit überlegen. Sie ist in den Ebenen um den Hawasch-Fluß (Hawas oder Auas) bis an den Fuß der Gebirge von Schowa ansässig und erstreckt sich ostwärts bis zum Ufer des Rothen Meeres zwischen Richeita (Rixeita) und Ed ('Ed). Ihr Sultan Mohamed el Aferi hat seinen Sitz in der Stadt Aosa oder Hausa unfern des Bada-Sees, in welchen sich der Hawasch ergießt. Die Gegend besteht in einer sehr weitläufigen Bodeneinsenkung, die vielleicht tiefer gelegen ist als der Meeresspiegel, denn man kennt mit Sicherheit keine Verbindung des Stromes mit der See, obgleich der Hawasch, namentlich während der Regenzeit, eine ganz enorme Wassermenge führt. Seine periodischen Ueberschwemmungen setzen, im Verein mit zahlreichen anderen Regenströmen, einen namhaften

Theil der Depression von Haosa unter Wasser und bedecken die Ebene mit fruchtbaren Niederschlägen von Dammerde. Die derart genügend befruchteten und gedüngten Flächen liefern den Umwohnern einen reichlichen Ertrag an Büschelmais. Die Felder erhalten übrigens nicht allein und unmittelbar durch den Sommerregen die nöthige Bodenfeuchtigkeit. Sie sind durch Canäle mit dem Seebecken in Verbindung und es kann die Bewässerung mittelst Schutzdämmen geregelt werden. Ueberdies fallen hin und wieder im Tiefland während der Winterzeit, von October bis Februar, feuchte Niederschläge.

Das Bassin, in welches der Hawasch mündet, enthält mehrere Seen, die das ganze Jahr über nicht austrocknen. Das Wasser des südlicheren ist salzig.*

Die meisten Danakil des Binnenlandes treiben Viehzucht und sie besitzen eine nahmhafte Anzahl von Kameelen, Hornvieh, Ziegen und Schafen, seltener Esel und Pferde, welche letztere aus den nahen Gebirgen eingeführt werden. Die Küsten- und Inselbewohner befassen sich dagegen mit Seegewerbe, besonders mit dem Fang von Fischen, Schildkröten, Dugong, Perl- und Münzmuscheln, Einsammeln von Vogeldünger (Guano, arabisch Reb*) und etwas Handel mit Masana, Zela und den arabischen Küstenstädten, während die in der Umgegend der natürlichen Salinen hausenden Stämme sich auf Salz- und Schwefelgewinnung verlegen. (Vergleiche Th. I. pag. 168.)

---

* Am östlichen Ufer des Bada fand (wahrscheinlich am 11. November 1875) der Ueberfall der Modeitu, Döda, Azöbo, Woëta und Taltal auf die egyptische Truppen-Abtheilung statt, welche Munzinger-Bei begleitete. Kurz nach Ausbruch des egyptisch-abessinischen Krieges wurde Munzinger seiner Stelle als Generalgouverneur von Takah enthoben und mit einer Mission nach Edjat (Amchar, Efät und Ifät) und Schowa beauftragt. Ras Buru, der Gesandte des Königs Menelek von Schowa, schloß sich ihm an. Eine Escorte von 350 Mann mit zwei Feldgeschützen unter dem Befehl Ismaël Efendi's bildete die Bedeckung. Die Truppe bestand theils aus Egyptern

Alle Afer, die Somalen und die meisten Gala bekennen sich zum Islam. Viele Zweige der Danakil leben in vollkommener Unabhängigkeit, sie werden zum Theil von Stammesältesten, zum Theil von erblichen Fürsten regiert, die trotz ihres geringen Ein=

---

theils aus Negersoldaten. Diese militärische Expedition landete nur mit wenigen Lebensmitteln ausgerüstet in Ghubet Harab (X'ubet h'aráb). Auch die Anzahl der indeß dorthin bestellten Lastthiere genügte nicht. Als Führer diente ein Verwandter des Sultan von Aosa, Mohamed el Chetah, der vorher von Munzinger im Namen des Chediw als Schech eingekleidet worden war. Dieser Schech Mohamed schlug nicht den geraden und nächsten Weg nach dem See ein, sondern nahm Anfangs eine mehr südliche Richtung, durch glühende, wasserlose Wüsten. Ein Theil der Kameele erlag schon in der ersten Woche dem Durst und der Ermüdung, andere mußten wegen Nahrungsmangel geschlachtet werden. Nach sechzehntägigem Marsche erreichte die Karawane am späten Abend endlich die Niederung von Aosa und lagerte nahe am Gewässer, auf einer engen, einerseits vom See, andererseits von felsigen Hügeln umschlossenen Fläche.

Unter dem Vorwand, einiges Schlachtvieh zu beschaffen, verließ Mohamed el Cheta die Gesellschaft. Nur wenige Wachtposten wurden ausgestellt und auch diese überließen sich, von Müdigkeit und Hunger überwältigt, dem Schlaf. Ungefähr zwei Stunden nach Mitternacht, nachdem der Mond untergegangen, erfolgte plötzlich von allen Seiten her der Angriff der Eingeborenen auf das dicht gedrängte Lager. Eine große Anzahl der egyptischen Truppen wurde, ehe sie sich sammeln konnten, in der ersten Verwirrung niedergemacht, Munzinger selbst und dessen Frau tödtlich verwundet, der Rest aber in den seichten See geworfen. Von hier aus war die Vertheidigung leichter und nach sechsstündigem Kampfe zogen sich die Modeïtu mit großem Verlust zurück. Die Egypter hatten etwa 170 Todte, der Rest flüchtete in äußerster Verwirrung in der Richtung nach Tedjurah zu, vier Tage lang beständig verfolgt von den Eingeborenen. Munzinger verschied in Folge seiner Wunden schon am Mittag nach dem Ueberfall, von seinen Leuten gingen noch etwa sechzig Mann während des Rückmarsches zu Grunde und nur fünfzig Verwundeten und siebzig Unverletzten gelang es, nach achttägigem Marsche Tedjurah zu erreichen. Munzinger's Landsmann Haggenmacher erlag, obgleich unverletzt durch die Waffen der Feinde, den Anstrengungen und Entbehrungen in der Nähe des Asal-Sees, also ganz nahe an der Küste. Versuche, dessen Tagebücher zu retten, scheinen nicht gemacht worden zu sein. Ebenso dürfte eine Züchtigung der verrätherischen Modeïtu für alle Zeiten unterbleiben.

flusses den Titel Sultan führen, wie z. B. der Schech von
Anfila (oder 'Anfila, Hamfila) und derjenige von Tedjurah.

Außer den oben schon erwähnten Stämmen wurden mir
noch folgende namhaft gemacht: Herto, um die Halbinsel Buri,
Taltal, die Bewohner der Salzseen von 'Asaleh, Bar-Azuli, in
der Gegend von Ras Rachamah (13 Grad 40 Min. nördl. Br.),
Saroita, neben Modeidos um die Bucht von Belul (13 Grad
12 Min. nördl. Br.), und Haisomali, bei der Asab-Bai (12 Grad
50 Min. nördl. Br.) ansässig. Letztere Qabileh soll gleichfalls
zu den Danakil gehören, mit denen sie übrigens in keinem Ver=
kehr steht. Die Bewohner von Anfila und Ed nordwärts bis
Buri sind Domhoito, diejenigen von Tedjurah Debenek-Wuema,
und Adalu oder Adal.

Die obengenannten Herto zählt man zu den Saho oder
Schoho (Soho), einem ziemlich mächtigen Stamm, dessen Wohn=
sitze sich westwärts von der Bai von Adulis, um den Oedem bis
zum Taranta=Gebirge hin erstrecken. Die Saho bedienen sich
der Afer=Sprache, Viele unter ihnen verstehen übrigens den
Dialekt von Masana. Mehrere meiner Gewährsmänner rechnen
diese Völkerschaft aber nicht zu den wirklichen Danakil und ver=
sichern, sie sei eingewandert. Mir wurde gesagt, daß die Saho
früher Asaorta oder Hasaurta hießen und jetzt in zwei Haupt=
zweige Asaorta und Taroa (Toro'a?) zerfallen. Erstere theilen sich
wiederum in die Familien der Asalisan, 'Asakari, Faqaratu,
Bēd Faqi und Bēd Lehsch (Lehs), die Taroa in Bed Mu=
scheh (Mūseh) und Bed Sarach (Saraz).

Nach freundschaftlicher Mittheilung des Philologen Dr. Rei=
nisch weisen die Sprachen der Saho und Danakil nur leichte
dialektische Verschiedenheiten auf.

Die Schoho, in ihrer Sprache Sahoita, d. i. ein Mann
des Saho-Volkes, Plur. Saho, zerfallen, von Nord nach Süd
gerechnet, in folgende Stämme:

Asaurta, Taru'a, Dasmu, Ga'aso, Haso, Debrimēla und Herto.

Von den Danakil-Stämmen erhielt mein Gewährsmann zwei Listen, die eine durch einen unterrichteten Schoho, die andere durch einen Denkeli aus Makalili. Sie lauten wie folgt:

I. 1) Hertó; 2) Ankalá; 3) Dankáli; 4) Balúsu'a; 5) Wadó; 6) Dad-wadó; 7) Asá-wadó; 8) Bubá; 9) Dahimēla; 10) Goba'ado; 11) Alá; 12) Amulé.

II. 1) Hertó; 2) Ankalá; 3) Dankáli; 4) Bal'o-sūwa; 5) Bala'o; 6) Wadó; 7) Datá-wado; 8) Asówado; 9) Bubá; 10) Hadarmó; 11) As-mumintó; 12) Gobadó; 13) Ow; 14) Dahimēla; 15) Henoná; 16) Ga'asó; 17) As-háker; 18) Bala'a; 19) Ga_nintó; 20) We'aitá; 21) Aluluté; 22) Digibót; 23) Asála; 24) Dulúma; 25) Aboná; 26) Ironába; 27) Dūna; 28) Alkradó; 29) Nagartó; 30) Aratá.

Diesen Stammlisten schließt sich noch ein Verzeichniß der Distriete des Denkeli-Gebietes an:

III. 1) Böri, Būri; 2) Bairré; 3) Galatá; 4) Bardöle; 5) Dohūla; 6) Ederadin; 7) Galalu; 8) Bidarré; 9) Kataré; 10) Ga'asēla; 11) Dīmo; 12) Data-dīmo; 13) Adó-dīmo; 14) Mesérre; 15) Dalé; 16) Yalu'á; 17) Gadírri; 18) Harena; 19) Hawáki; 20) Endé'; 21) Beká'; 22) Sarabaí; 23) Dalgámann; 24) Awan.

Die hier aufgezählten Stämme und Bezirke beziehen sich nach meiner Ansicht nur auf den nördlichen Theil des Denkeli-Gebietes.

Bela'o (II. Nr. 5) könnte mit Belaw (das auf Aethiopisch edel, adelig bedeutet), einer im Samhar ansässigen Qabileh, zusammenhängen; dort haust ein anderer Stamm 'At's 'Asker

(II. 17). Buri (III. 1) ist der Name der Halbinsel östlich vom Golf von Adulis. Auf der Ostküste von Buri liegt eine Niederlassung Arena oder Harena (III. 18), an der Nordspitze der Halbinsel ein Dorf und Hafen Dolāma (II. 24). Der District Hawāki wird um die Hanakil- oder H'auāqil-Bucht unter 15 Grad 10 Min. nördl. Breite zu suchen sein. Baká' (III. 21) ist sicher identisch mit der Insel Vaka im gleichnamigen Golf. Eine Bucht westlich von Ras Rachamah unter 13 Grad 10 Min. nördl. Br. wurde mir Auān oder Awān (III. 24) benannt. Etwas südöstlich von Anfila liegt ein Vorgebirge 'Erata, dessen Name an Arata (II. 30) erinnert. — Asála (II. 23) könnte sich auf die Bewohner der Salzebene 'Asaleh (Th. I. p. 168 Anmerkung) beziehen.

Aus einem Bericht, welchen mir mein Reisegefährte, Graf W. Zichy, kurz vor seinem Tode einsandte, entnehme ich noch nachstehende weitere Notizen über die Danakil.

Das ganze Denkeli-Gebiet soll früher von Abessiniern bewohnt gewesen sein.* Die Adali, Domhoito, Dahimela und Modeito stammen aus Arabien, die Hedarem (wie ihr Name schon besagt) aus Hadramaut (H'adramaut). Die Adali und Domhoito ließen sich in Tedjurah und Recheita, die Modeito in Belul nieder. Die Eial (Stämme, Oabileh) der Hedarem, Modeito und Dahimela stellten sich unter den Befehl des Damho und drangen weiter nordwärts vor. Ueber ähnliche Einwanderungen aus Arabien kurz nach den Kriegszügen des Sultan Selim, der sich die Küstenländer des Rothen Meeres zinsbar machte (im Jahre 1516?), berichten auch ältere arabische Schriftsteller.

Der gemeinschaftliche Stamm der Afer zerfällt erstens in Hirten oder Bewohner des Binnenlandes und zweitens in Küstenbewohner.

---

* Dies ist sehr wahrscheinlich, indem sich das äthiopische Reich bis zu Anfang des 7. Jahrhunderts selbst über einen großen Theil von Süd-Arabien ausdehnte.

Es giebt freie Adelige, welche „Rothe Männer", und Unterthanen, die „Weiße Männer" (wohl besser Schwarze Männer) genannt werden.

I. Die Hirtenvölker sind:

1) Domhoito* (Aussprache etwas abweichend; ich hörte Domhoido und Damhoitu); 2) Dahimela (I. 9 und II. 14. Reinisch); 4) Hadarem (II. 10. Reinisch).

II. Die Küstenbewohner:

1) Scheika (wahrscheinlich Seiza, kein Afer-Name, sondern ein arabischer, der Freie, Adelige bezeichnet); 2) Adola (unsere Adal?); 3) Hado (Wado; Reinisch I. 5, 6, 7 und II. 6, 7, 8?) 4) Nagarto (II. 29. Reinisch); 5) Dulum, (II. 29. Reinisch); 6) Somal, wohnhaft auf der Insel Baka und in Harena. (Sind nach meinen Erkundigungen wahrscheinlich wirkliche, eingewanderte Somalen); 7) Danakil (I. 3. und II. 3. Reinisch).

III. Zählt Graf Zichy einige Stämme auf, über deren Herkunft und verwandtschaftliche Beziehungen zu den übrigen Danakil er keine eingehende Kunde erhalten konnte.

1) Mandeito, um Belul wohnend (wohl meine Modeito); 2) As-Subura, (wahrscheinlich 'At's-Subura); sind vielleicht identisch mit den Belasua; 3) Asanato (wohl 'At's-Anato?); 4) Woyaita, in der Salzebene ansässig (II. 20. Reinisch); 5) Genninto, Dahimela(?) in Buri (II. 19. Reinisch); 6) Asamela oder Assimominto, Abkömmlinge des Damho (wohl 'At's-Muminto; II. 11. Reinisch); 7) Wuema (meine Debenek Wuema); 8) Ironabo (II. 26. Reinisch); 9) Belasoa oder Belasua, mächtiger Stamm nördlich von der Salzebene (I. 4. und II. 4. Reinisch); 10) Mochto, in Mader; 11) Abua, in Eb; 12) Hadaru, 13) Lakena, südlich von der Salzebene.

Die Domhoito bewohnen nach Zichy folgende Orte und

---

* Ich behalte die Schreibweise meiner beiden Gewährsmänner bei.

Bezirke: Dagara südlich von Adulis; Aló bei Doka; Doda zwei Tagereisen westlich von Doka; Guyah sechs Tagereisen nördlich von den Azoba-Gala; Yelota zwei Tagereisen von Ed; Bidu vier Tagereisen von Ed; Alab zwei Tagereisen von Bidu; Ad-Gaban eine halbe Tagereise von Adari Durra unsern Mader (bei Anfila); Ed und Elal am Fuße des Berges Mufelali.

Die Dahimela: Aithos 8 Stunden von Mader bei La-lule; Adari-Durra eine halbe Tagereise von Mader; Doka westlich von der Salzebene, Rocheita südlich von Ed; Ed selbst und Tirafiru 4 Stunden von Ed.

Die Hadarem: Mabra eine halbe Tagereise von Ed; Sa-lah-Sima vier Tagereisen südlich von Ed; Merayo drei Tage-reisen nordwestlich von Ed; den Fuß des Berges Falollo; Serali am Fuße der beiden Berge Mogoo; Ed und Kurum.

Die Scheika: Darufile vier Tagereisen von Ed, jenseits des Berges Kamm; Arafle; Rocheita; Tedjura; Buri; Doka.

Die Adola: Belul; Djebel Abu Aly zwischen Belul und Mir Gabra, eine halbe Tagereise von Afab; Meffanah.

Die Hado: Belul; Wengabo.

Die Regarto: Mader; Djezireh Hanakil; Djezireh Aguja (ist G'ezīret 'ag'uzeh im Hanakil-Golf); unter den Azobo-Gala.

Somal vom Eial Abd ur rahim ('Abd el Rah'im): Insel Bata; Harena.

Die Dankali: Belul; Mader; Dolza und Buri.

pag. 274, nach Zeile 3 von oben einschalten:

Dolām — Bah'er Zolam I. 269. — Mit der semitischen Wurzel zolm hängt wohl auch das tigrische t'selme, sich ver-dunkeln, und t'selim, schwarz, zusammen.

pag. 274, Zeile 14 von oben — zu Ela:

Munzinger (Voc. Tigr. p. 42) schreibt Ele oder Jéle. — Nach meinem Gehör ist der Anfangsbuchstabe unbedingt ein

'Ain, also 'Ele. Damit steht wohl auch im Zusammenhang der Eigenname eines Dorfes mit thermalischen Quellen in der Nähe von Mafaua, das 'Ajelat heißt. — Vergl. Ailet I. p. 267.

pag. 264, Zeile 9 von unten einzuschalten:

Falfat, Regenstrom, welcher das Gebiet der Habab nach Norden begrenzt. Wohl vom äthiopischen Felq, d. i. Hacken, Gabel, Bifurcation oder Zusammenfluß von Bächen. — Daher zu schreiben Falqat.

pag. 275, vor Zeile 1 von oben:

Galeb, Hauptort der Provinz Menfa, ebenso der Regenstrom Galeb t'faqla vom äthiop. Geleb, d. i. Schild. Also Galeb oder Geleb.

pag. 276, Zeile 12 von unten zu lesen Mundarten statt Mundart.

pag. 276, nach Zeile 12 von unten einzuschalten:

Hader, arab. = bereit, zu Diensten, fertig. — h'ader.

pag. 278, Zeile 13 von oben zu setzen Hegin statt H'egin.

pag. 278, Zeile 12 von unten H̲e̲t̲ statt Het.

pag. 278, Zeile 11 von unten:

Die Benennung Hotfet wahrscheinlich vom tigrischen H'ot'sa, d. i. Sand eines Flußbettes, daher richtige Schreibart H'ot'set.

pag. 279, Zeile 2 von oben statt Lanzëb soll stehen Lanz'eb.

pag. 279, Zeile 10 von unten Minah statt Minah.

pag. 280, Zeile 3 von oben: Mohaber vom äthiopischen zabra, d. i. vereinigen, daher Mozäber.

pag. 280, Zeile 2 von unten roth statt Roth.

pag. 281, Gan — Wold Gan. — Nach d'Abbadie und Munzinger Gan, daher Wold Gan. Munzinger übersetzt Gan mit großer Geier (Voc. Tigr. p. 67), d'Abbadie dagegen richtiger mit Eule.

pag. 281, vor Zeile 7 von oben:

Rahib, Rehib — Name eines Torrenten im Gebiet der Habab. — Wahrscheinlich vom äthiopischen raḥ'be, breit werden, daher Reḥ'ib.

pag. 282, nach Zeile 9 von oben einzuschalten:

Sanbuk (Th. I. p. 20). Besser wohl Sambūq. Diese Benennung für gewisse Fahrzeuge des Rothen Meeres scheint äthiopischen Ursprungs. Vergl. Isenberg, Dict. of the Amharic Language II. p. 29.

pag. 282, Zeile 9 von unten:

Schakat-qaih. — Ohne Zweifel ist Schakat vom äthiopischen Saqiéti abzuleiten, was nach d'Abbadie einen vegetationsreichen, grünen Platz bedeutet. — Also Saqat 'qajeh'.

pag. 284, nach Zeile 13 von oben einzuschalten:

Tsaga, Dorf in der Nähe von Masaua, ebenso Benennung einer Niederlassung der Beni Amer um Barkah. — Munzinger schreibt Zaga, ich hörte Tsaga oder Tsaq'a, der Anfangsbuch-stabe ausgesprochen wie das arabische T. — Vielleicht vom äthiopischen T'saga, d. i. als Stütze, als Zufluchtsort dienen, also gleichbedeutend mit fester Platz. Erinnere ich mich recht, so brauchen die Tigrianer den gleichen Ausdruck auch für eine Um-zäunung, in welcher die Heerden untergebracht werden, ebenso für feste, ständige Niederlassung im Gegensatz zu den ambulanten Zeltlagern der Hirtenvölker. Nach Munzinger hieße Deqi' in der Tigrie-Sprache Dorf.

pag. 284, nach Zeile 11 von unten einzuschalten:

Soqotra, Sokotra — Große Insel gegenüber der östlichsten Spitze Afrika's. Arabisch gewöhnlich daher Soqotrah.

pag. 284, Zeile 14 von unten:

Tschau, Amhar. Salz — Tsew, Tsewe. — Tigr. nach Munzinger Tsiéwa.